高等院校艺术设计专业精品系列教材
“互联网+”新形态立体化教学资源特色教材

潘鲁生　总主编

产品系统设计开发

主　编　林宇峰
副主编　汤超颖　张公明　刘志刚

中国轻工业出版社

图书在版编目（CIP）数据

产品系统设计开发／林宇峰主编．—北京：中国轻工业出版社，2023.11

ISBN 978-7-5184-3838-9

Ⅰ．①产…　Ⅱ．①林…　Ⅲ．①工业产品—系统设计—教材　Ⅳ．①TB472

中国版本图书馆 CIP 数据核字（2022）第 002932 号

责任编辑：李　红　　责任终审：李建华　　整体设计：锋尚设计
策划编辑：毛旭林　李　红　　责任校对：吴大朋　　责任监印：张　可

出版发行：中国轻工业出版社（北京东长安街6号，邮编：100740）
印　　刷：艺堂印刷（天津）有限公司
经　　销：各地新华书店
版　　次：2023年11月第1版第1次印刷
开　　本：870×1140　1/16　印张：9.75
字　　数：260千字
书　　号：ISBN 978-7-5184-3838-9　定价：49.80元
邮购电话：010-65241695
发行电话：010-85119835　传真：85113293
网　　址：http://www.chlip.com.cn
Email：club@chlip.com.cn
如发现图书残缺请与我社邮购联系调换
200425J1X101ZBW

序言

2021年7月，国家教材委员会印发《习近平新时代中国特色社会主义思想进课程教材指南》通知明确提出：课程教材集中体现党和国家意志，是育人的载体，直接关系到人才培养方向和质量。大学阶段的教育重在形成理论思维，实现从学理认知到信念生成的转化，增强使命担当，引导学生深入地理解习近平新时代中国特色社会主义思想的理论体系、内在逻辑、精神实质和重大意义，增强建设社会主义现代化强国和实现中华民族伟大复兴中国梦的使命感。高等院校教材要系统阐释习近平总书记关于社会主义文化建设的重要论述，展示文化自信是一个国家、一个民族发展中更基本，更深层，更持久的力量，要深刻把握中国特色社会主义道路的历史逻辑，推动中华优秀传统文化的创造性转化和创新性发展。

截止到2021年，我国各类高校2738所，其中本科院校1270所，高职（专科）院校1468所，半数以上开设“设计学类”专业，在学总人数已逾百万，培养规模居世界之首。设计人才已成为深度参与产业升级、塑造文化自信、建设美丽中国的重要力量，此类教材的编写显得尤为重要。2019年11月，中国轻工业出版社与山东工艺美术学院共同举办“全国高等院校‘新时代’设计学类本科教学改革与一流课程建设”系列学术活动。其间，中国轻工业出版社王磊光总经理、李颖总编辑一行访问山东工艺美术学院，向我介绍该社正在规划的高等院校设计学系列教材，并邀我担任总主编。由此，我开始思考此套教材的时代背景、学科专业建设需求和总体编写思路。在我看来，这套教材应立足全员育人宗旨，立足“专业+思政”，在遵循设计类学科专业人才培养规律的基础上，应突出强调以下几个方面。

一、突出协同育人效应，专业教材与课程思政有机融合

目前，大学教师中80%是各类专业课师资，而专职思政课教师仅占20%，大学教育如何解决“为谁培养人、培养什么人、怎样培养人”的问题，很大程度上要充分发挥专业课阵地作用，因而设计类教材编写，必须坚持“思政+设计”育人导向，应明确中国站位、突出中国案例、体现中国智慧、展示中国力量、叙述中国成就，充分体现其“课程思政”主战场、主阵地、主渠道作用；激发学生的专业自信心与民族自豪感；树立设计服务民生、设计服务区域经济发展、设计服务国家重大战略的立足点和价值观；培养“知中国、爱中国、堪当民族复兴大任”的新时代设计人才。

二、立足新文科、新工科建设要求，服务设计学科发展和完善

设计学科与新文科、新工科发展密切相关，设计类教材建设需基于新时代新文科、新工科建设要求，服务中国经济转型、乡村振兴，探索设计学一级学科与社会学、经济学、民俗学等学科的关系，强调学科的实用性、交叉性与综合性，具备以产业需求为导向的前瞻性，以学科交叉为主体的融合性，以实践创新的全面性，服务新技术、新产业、新业态和新模式为特征的人才培养需要。设计学科发展需依托科学技术，服务国计民生，推动经济发展，因此本套系列教材体现新时代设计专业教育的新站位、新要求、新精神，阐释中国设计学的学科体系、学术体系、话语体系和应用服务体系。

三、一流教材与一流课程有效衔接，服务国家“双万计划”

2019年，教育部正式启动“一流本科专业建设点”评定工作，计划三年建设10000个左右国家级一流本科专业点，其中设计学类专业474个，与之相匹配，教育部同步实施了10000门左右的国家级“一流课程”的建设工作。“一流课程”需要一流教材支撑，教材建设作为课程建设的重要组成部分，发挥着搭建教学团队、引领教学理念、固化教学成果、丰富教学资源的重要作用，是一个长期积累、持续改进、厚积薄发的过程。本套教材编写对标“一流课程”，支撑“一流专业”，构建一流师资团队，形成一流课程资源，服务国家“双万计划”。

四、立足文化自信，融入中华传统造物思想观念

“文化自信是一个国家、一个民族发展中更基本、更深沉、更持久的力量”，2017年，国家制定《关于实施中华优秀传统文化传承发展工程的意见》，提出“推动中华优秀传统文化创造性转化、创新性发展”，中华造物思想体现了自然、人文、社会与政治生态观念，在网络时代和国际化大趋势下，中华传统造物体系是世界文化生态的一环，是生产生活的活态文脉，是民族文化的标志。设计学科承担着对中华优秀传统文化创造性转化、创新性发展的重要责任。设计类教材的编撰工作，特别是在相关案例的选择上，更应充分体现中华传统造物体系，让学生在教材中感知中华造物传统与生活方式，汲取传统造物智慧。

这套教材涵盖产品设计、视觉传达设计、环境设计、风景园林、包装工程等设计类专业的主干课程，理论与实践各有所侧重，以“知识阐述”和“项目训练”为模块，并配备丰富的立体化教材资源，强化教学互动，启发学生的创新思维，提升其专业实践能力。作者多为高校一线教师，具有丰富的教学与设计实践经验，相信本套教材定会对设计专业的学习者明确专业方向、构建专业知识、树立价值观念、提升专业技能大有裨益，成为他们设计学习之路上的津梁舟楫。

潘鲁生

辛丑年孟冬于泉城

建议课时安排

128课时
理论：32课时
实践：96课时
周课时：8课时
教学周：16周

章节	课程内容	课时	
第一章　产品系统设计概述	第一节　产品与产品设计	1	4
	第二节　系统的基本概念	1	
	第三节　产品与产品系统	1	
	第四节　产品系统设计与产品开发	1	
第二章　产品系统体系的构成	第一节　产品系统体系	1	6
	第二节　产品的生命周期	1	
	第三节　产品系统的外部因素	2	
	第四节　产品系统的基本要素	2	
第三章　产品系统设计程序与方法	第一节　认识程序与方法	1	8
	第二节　产品系统设计的一般程序	1	
	第三节　产品策划	2	
	第四节　设计提案	1	
	第五节　设计深化	1	
	第六节　产品生产转化	1	
	第七节　进入市场	1	
第四章　产品系统设计类型	第一节　产品系统设计类型概述	2	10
	第二节　产品平台化	2	
	第三节　产品标准化	2	
	第四节　产品模块化	2	
	第五节　产品系列化	2	
第五章　产品系统设计开发综合案例	第一节　基于产品平台化的设计案例	1	4
	第二节　基于产品系列化的系统设计案例	1	
	第三节　基于产品模块化的系统设计案例	1	
	第四节　基于品牌形象的系统设计案例	1	

前言

众所周知，人类发展史就是人类创造文明与文化发展的历史，而设计活动也一直伴随着人类的文明与进步在发展壮大。在古代的手工艺生产方式时期，设计活动与生产活动是合二为一的。随着工业化时代的到来，人类的创造活动分工越来越细，设计活动与生产活动日益分离，设计学科也逐渐走向成熟和专业化。但是由于设计活动置身于人类的创造活动中，特别是在经营产品的生产企业中，就产品设计活动本身来说，经营管理的决策者、产品开发的设计者、批量生产的制造者、市场营销的销售者、消费市场的使用者等都参与和制约着设计行为，影响着产品开发活动。

对新产品目标的认识、理解、分析、判断水平都会影响和决定新产品设计方案及其实现。所以说，设计与社会消费行为以及生活方式有关，设计与生产制造息息相关，设计与市场销售唇齿相依，设计与管理决策紧密相连，设计与设计团队的设计能力也有直接的关系。可以说，设计问题是一个复杂的系统工程问题。系统科学是处理复杂事物的科学有效方法，设计问题所表现出的复杂性需要系统设计方法来处理。

而且，现代产品的基本特征是，以工业化手段、以机械化分工的可互换式生产方式进行生产和制造。不仅如此，每一个现代产品都是一个系统化过程的具体体现。从社会、文化和经济背景下的产品决策到现代科技条件下的产品生产制造，无不体现出一个在广泛领域里多种因素间相互依存和制约的过程系统的存在。随着科技的发展、学科间的渗透以及社会人文的变化，产品的系统化特征更为强化。比如，小米科技打造的产品生态链，囊括智能手机、手机配件、路由器、笔记本电脑、电视机顶盒、生活方式、影音设备、极客酷玩、机器人、智能白色家电、儿童智能、个人交通、可穿戴设备等，就是产品系统化、产品品牌化的典型代表。

所以，产品的设计问题是一个多层次、多方面的系统工程。科学的设计方法立足于系统地、动态地解决设计过程中出现的各类课题，而系统的设计方法可以产生具体、明确的步骤和有针对性的解决方法。

本教材将试图建立产品自身以及产品系统所涉及的整体的系统设计分析方法以及产品系统综合创新方案流程，通过大量的产品设计案例来展现系统设计的思想方法以及设计流程。

本教材的核心价值，就是应用系统科学思想方法的精髓，解决产品设计与开发问题；而体系框架则由系统基础、系统设计思想方法以及产品系统设计体系组成。

本教材将分为五章来讲授。

第一章，产品系统设计概述。本章将通过“系统”“产品系统”和“产品系统设计”三个层级的概念阐释来说明如何用系统的方法来完成产品设计，从而构建产品设计的系统基础。

第二章，产品系统体系的构成，主要讲解产品系统的基本要素、外部因素以及多学科融合的特点分析。

第三章，产品系统设计程序与方法，将详细地学习产品系统设计的全流程体系与节点具体任务，梳理产品系统设计方法的逻辑动线与思路。

第四章，产品系统设计类型。本章主要讲产品系统设计的横向类型铺陈与对比。

第五章，产品系统设计开发综合案例。本章将运用具有代表性的设计案例来支撑、验证前述系统设计的理论体系，展现理论指导实践的设计成果。

深刻领会党的二十大精神，全面建成社会主义现代化强国、实现第二个百年奋斗目标，在中国式现代化全面推进中华民族伟大复兴的新征程中，设计人才已成为推动产业升级和提高文化自信的助力器，是加快建设美丽中国、全面推进乡村振兴的重要力量。

用系统设计推进人类的进步，是现代设计师肩负的使命。由于人类社会的飞速发展，设计师们不能用单一的途径去满足人类对某一产品深层次的需求，要综合考虑多方面的要素，并能够在具体操作中细化到每一个产品的具体构成形态。学习产品系统设计，就是要综合考虑产品系统构成中的技术、人因、材质、结构、界面等要素，将它们汇集成统一的设计观和评价观。把这些要素和特点融合在一件或一类产品的设计开发生产中，并通过产品这一载体来调节人与社会之间的关系，这便是学习产品系统设计的目的和任务所在。

经济、社会、技术、民俗、哲学、文化等社会因素因时间、使用者、生产或使用环境等的不断变化，直接或间接地影响产品构成实体。而生产力的发展，生产效率的提高，生产成本的变化，新材料、新技术的广泛运用都会影响到产品构成的内涵。一个有效的产品系统能够及时地将经济、社会、人性、技术、民俗、哲学、文化等社会因素转化为产品系统表达因素，通过产品这一特殊的载体来调节人与社会之间的关系，这是学习产品系统设计的任务所在。

编著者

2023年1月

目录

第一章 产品系统设计概述

PPT课件

产品、系统、设计，是人类创造活动与创新方法的三个不同的概念名词，彼此之间存在着多种排列组合与逻辑层级。本章将通过“系统”“产品系统”和“产品系统设计”三个层级的概念阐释来说明三者之间的递进关系，说明如何用系统的方法完成产品设计,从而构建产品设计的系统基础。

第一节 产品与产品设计

一、产品

产品即劳动产品的简称，主要是指人们有目的的生产劳动所创造的、能满足人们某种需要的物品。产品是永恒的经济范畴，存在于任何社会形态中。按其用途划分，产品分为生产资料和消费资料。在不同的生产力水平下，产品的品种、性能、质量等也会有所不同，并且随着生产力的发展而变化。例如家用电器等电器产品，在奴隶社会和封建社会就没有，因为当时的生产力水平无法满足要求。产品只有进入流通领域并被人类消费之后，才能完成其根本使命。没有流通和消费，产品的价值就不能被最终证实。因此，在商品经济条件下，产品具有商品的属性。

工业革命以来，各种产品的陆续出现逐渐改变了人类的生活方式，促使人类的生活水平和生活质量日益提高。很难想象，现代人离开产品将如何生存和发展。出行要有代步工具，吃饭要有餐具和各种食品，穿衣要适应季节、跟随潮流、满足个性。所以，人类要确保持续发展，必须认真研究人与产品、产品与产品系统之间的联系。

不妨想象一下：

清晨起床，先去洗手间，会用到马桶、洗脸盆、牙膏、牙刷、毛巾整理个人卫生；用到智能手机速览当天的头条新闻。

在用早餐时，会使用木质餐桌、陶瓷餐具、玻璃水杯。

出门之前，穿好衣服鞋子，用护肤品、梳妆品打扮好自己。

上班途中，会乘坐公交车、搭乘地铁，或者骑自行车、开私家车。

到达工作岗位，或者使用电脑操控流水线、机器人、开动运输车辆，或者打开卷帘门、整理货物、打开收银台、开启验钞机，开始一天的工作。

这些场景及所用到的物品都是人们非常熟悉的。在科技、信息、文明高度发达的今天，这些有形的产品都是人为设计与制造出来的，它们满足了人们衣食住行各方面的生活体验，提升了农业、工业和服务业的工作效率，这都要归功于产品设计。

二、产品设计

产品设计是将某种目的或需要转换为具体的物理形式或工具的过程，是将一种计划、规划设想、需求问题加以解决的方法，通过具体的载体表达出来的一种创造性活动过程。在这个过程中，通过多种元素，如线条、符号、数字、色彩、材料等的组合把产品的形状以平面或立体的形式展现出来。

如我们上文所列举的各种场景，在生产与生活中，产品设计无处不在，而且包含的范畴非常广泛，与生活有关的各种器物都存在设计的需求，小到杯盘、刀叉、电子产品，大至家具、汽车、轮船、各类机械等。例如，一把勺子，是什么材质，羹匙与长柄的比例，怎样的弧度更容易盛取食物；一组移动抽屉，如何合理地搁置文件、档案、文具及隐藏纠缠的电线；一件珠宝，从首饰表现方式，到雕蜡、加工、镶嵌、金工制作，都是产品设计需要考虑的问题。

根据性质和用途的不同，产品设计可以分为很多种类：

如果按照行业进行分类，可分为机械设备、电子产品、公共设施、文创产品、陶瓷产品、家居产品、医疗产品等。比如，机械设备有盾构机、挖掘机；电子产品有无人机、智能手机；公共设施有地铁闸机、公交站牌；文创产品有故宫博物院的荷包口红；陶瓷产品有国宴用瓷、智能马桶；家居产品有书架、座椅；医疗产品有超声波诊断仪（B超机）、呼吸机。

如果按照设计方向进行分类，可分为产品外观设计、产品结构设计、产品功能设计、产品包装设计、产品广告设计等。其中产品外观设计与产品结构设计很显然是对产品外观造型、内部结构进行设计，二者有着很强的关联性；产品功能设计需要设计其中相应的功能，带给消费者更多的购买欲望；而产品包装设计和产品广告设计大部分就是产品的推广设计了，是吸引用户或者留给用户第一印象的一个重要设计方式。

产品设计主要协调产品与人之间的关系，实现产品人机功能和人文美学品质的要求。包括人机工程、外观造型设计等，并负责选择技术种类，协调产品内部各技术单元、产品与自然环境，及产品技术与生产工艺之间的关系。好的产品设计，不仅能表现出产品功能上的优越性，而且便于制造，生产成本低，从而使产品的综合竞争力得以增强。所以说产品设计是集艺术、文化、历史、工程、材料、经济等各学科的知识于一体的创造性活动，是技术与艺术的完美结合，反映着一个时代的经济、技术和文化水平。

第二节　系统的基本概念

系统论不仅为现代科学的发展提供了理论和方法，也为解决现代社会中的政治、经济、军事、科学、文化等方面的各种复杂问题提供了方法论的基础。系统论反映了现代科学发展的趋势，反映了工业化大生产的特点，反映了现代社会生活的复杂性，所以它的理论和方法能够得到广泛应用。系统观念正渗透各个领域，系统论在工业设计教育以及产品开发方面也得到了广泛应用。产品系统设计开发就是系统科学在设计学领域的应用。

一、系统的定义

系统思想源远流长，但作为一门科学的理论学说——系统论，则是由美籍奥地利理论生物学家路德维希·冯·贝塔朗菲（Ludwig Von Bertalanffy）（图1-1）创立的。

图1-1　路德维希·冯·贝塔朗菲（Ludwig Von Bertalanffy）

系统（英文SYSTEM）一词，来源于古希腊语，是由部分组成整体的意思。今天人们从各种角度研究系统，对系统下的定义不下几十种。中文对SYSTEM的解释也有许多，诸如：体系、系统、体制、制度、方式、秩序、机构、组织等。而一般系统论则试图给一个能描述各种系统共同特征的、一般的系统定义，通常把系统定义为：由若干要素以一定结构形式联结构成的具有某种功能的有机整体。或者更简练地表述为“系统是有关系的集合”。而系统本身又是它所从属的一个更大系统的组成部分。在这个定义中包括了系统、要素、结构、功能四个概念及其相互间的关系，表明了要素与结构、结构与功能、功能与环境三个层次的关系。

关于系统的内涵可以从以下几个方面来理解。

（1）系统是由多个事物构成的，是一种有序的集合体。单一的事物元素，是不能作为系统来看待的，如一个零件、一种方法、一个步骤等，只能看作组成系统的要素。

（2）系统中的各个构成元素是相互作用、相互依存的。无关事物的总和不能算作系统。比如就家庭这个系统而言，张家的小孩与张家是一个家庭，李家的小孩虽然与张家的小孩一起玩耍，但不属于张家。

（3）某事物是不是系统并不是绝对的，这要从看待该事物的角度来定。如从生产线的观点看，某生产线的一部机器不是系统，而只是该生产线系统中的一个元素。但从这台机器的角度看，该机器的各零部件则构成了该机器的系统。换句话说，当某一事物可以拆解且拆解来看时，该事物就构成了事物系统本身。

对系统的一般认识，我们可以联想到：宇宙星系、银河系、太阳系、家庭、元素周期表、城市供水系统、城市供暖系统、汽车发动机系统、机械系统等（图1-2）。在这些系统中，都有着各自的组成要素，其按照一定的结构形式集合在一起，发挥特有的功能。

系统通过边界与周围环境相分离，而成为一种特定的集合，又通过输入和输出信息与周围环境相联系。在输入与输出之间有一个转换的过程，系统的作用就在于此。因此，一个系统不是孤立存在的，它总要与周围的其他事物发生关系，使物质、能量或信息有序地在系统中流动、转换，系统接受环境的影响（输入），同时又对环境加以影响（输出）。例如，工业设计活动系统与市场营销活动和生产工艺活动密不可分。

二、系统要素

系统是由要素组成的，要素是系统的最基本成分，因此，要素也就是系统存在的基础。

例如：由电池、电动轮毂、车架、减震器、手闸、车座、车把等零部件组装的产品就构造出了电动自行车（图1-3）。

在系统中，有些要素处于中心地位，支配和决定整个系统的行为，这就是中心要素；还有一些要素处于非中心、被支配的地位，即非中心要素。

产品是由属于该产品的零部件组装而成的，认识产

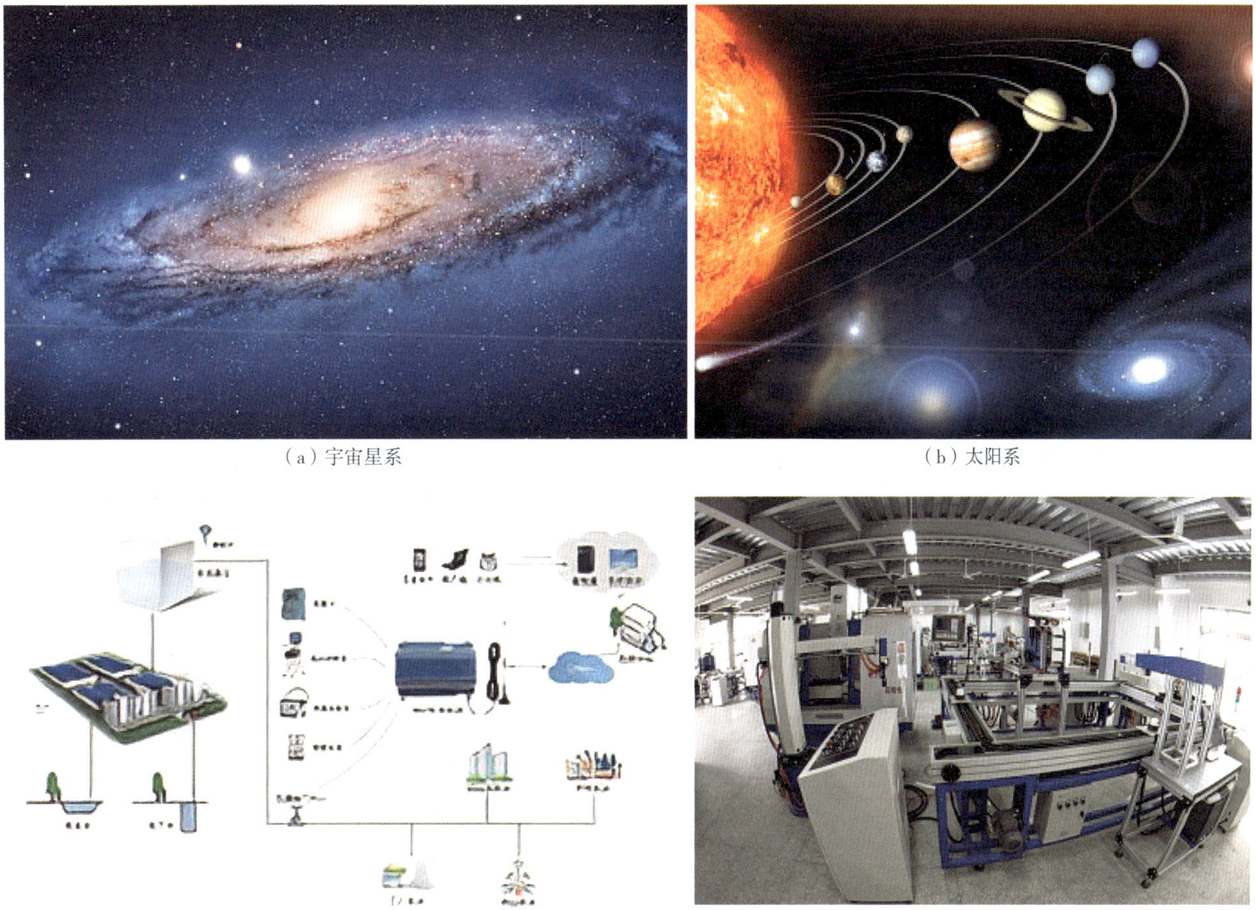

（a）宇宙星系　（b）太阳系　（c）城市供水系统　（d）机械系统

图1-2　系统的一般形式

品系统要素的办法之一是分解产品为零件或部件，并对零件或部件的功能、结构进行比较。比如，两款不同的汽车发动机产品系统，虽然都具有气缸、活塞、火花塞、气门顶杆、曲轴、齿轮、凸轮等零部件要素，但不同的结构设计与装配方式将会产生不同的动力性能（图1-4、图1-5）。

而且，系统的性质是由要素决定的，有什么样的要素，就会有什么样的系统。比如，自行车的性质与助力车的性质就有所不同，自行车完全靠人力骑行，而助力车则有助力单元（图1-6）；再比如，传统燃油汽车与新能源电动汽车的性质不同，则是由它们的驱动系统要素决定的。燃油汽车由燃油发动机提供动力，内由气缸、活塞等部件要素组成，而电动汽车的动力源则是由车载电池与电动机等要素构成（图1-7）。

三、系统结构

系统结构是指系统内部各组成要素之间的相互联系、相互作用的方式或秩序，即各要素在时间或空间上排列和组合的具体形式。结构是对系统内在关系的综合反映，是

图1-3　电动自行车

图1-5　汽车发动机2

图1-4　汽车发动机1

图1-6　自行车与助力车

系统保持整体性以及具有一定功能的内在依据。系统的性质取决于要素的结构，结构的好坏是由要素之间的协调作用直接体现出来的。

比如，树的系统结构有4个组成部分：树根、树干、树枝和树叶，自下而上按照有机的生长规律排列。树的有机生长规律反映了树的结构。

再比如，现在的全球移动通信系统，包含了各种要素，其中包括手机、中继站、卫星传送等。将这些要素连接起来，形成一个具有特定运行原理和规律的网络，便构成了一个完整的通信系统。这个无形的时空排列组合网络，即这个系统的结构（图1-8）。

系统的性质取决于要素的结构。优质的要素如果协调不好，形成的结构可能不是最优的；但是，质量稍差一些的要素如果协调好，则可能会形成优异的结构，从而组合出质量较优的系统。所以，处理好要素与要素、要素与系统之间的结构关系，对于系统的功能和性质来说至关重要，这就体现出系统设计的重要意义。

系统结构具有3个基本特性，那就是有序性、协调性和稳定性。

（一）有序性

任何系统都是按照一定的时空状态体现出来的。有序性是客观事物存在和运动中表现出来的稳定性、规则性、重复性和相互的因果关联性，而无序性则表现为不稳定性、不规则性、随机性和彼此间的相互独立性。人类理性的功能主要在于抓取对象世界中的有序性以形成关于世界的规律性的

图1-7 燃油汽车与电动汽车

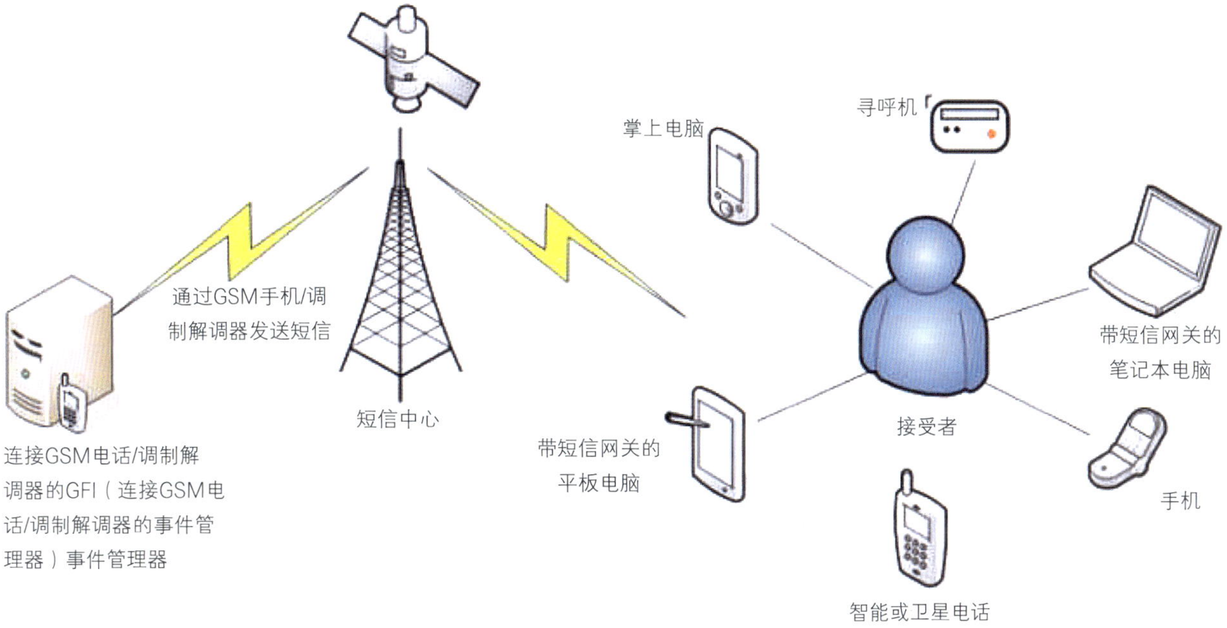

图1-8 全球移动通信系统（GSM）

认识，而无序性则是它难以对付的。经典科学的世界观认为，有序性（体现为必然规律）构成世界的本质，而无序性（体现为偶然事件）纯属表面现象，从而使有序性和无序性相互对立起来。

例如，矩阵结构所表现出来的有序性。矩阵结构是在整个系统内部关系不明确的情况下，只单纯表示单位与单位之间的关系（图1-9）。在产品开发活动中，这种组织结构是把按职能组合业务活动，以及按产品（或工程项目、规划项目）组合业务活动的方法结合起来运用的一种组织设计，即在同一组织内部，既设置具有纵向报告关系的若干职能部门，又建立具有横向报告关系的若干产品部门（或项目小组），从而形成纵向和横向管理系统相结合，形如矩阵的组织结构形式。

再如，树形结构所表现出来的有序性。树形结构指的是系统元素之间存在着“一对多”的树形关系的系统结构（图1-10）。树形结构是将各单位按级别分层，构成体系，表示为概括性的形态，最下层的单位即要素，分别独立，每上一层级的单位必须包含若干下一级单位，构成该层级的体系，即子系统。在树形结构中，树根结点没有前驱结点，其余每个结点有且只有一个前驱结点。叶子结点没有后续结点，其余每个结点的后续结点数可以是一个也可以是多个。树形结构在许多方面都有应用，可表示从属关系、并列关系。

又如，网络结构所表现出来的有序性。网络结构是单位之间仅存在概念性的相互关系，表示集团或群体的存在（图1-11）。

（二）协调性

协调性是一种运动、动作连续变化的平衡艺术。系统结构在时空上的有序性，使系统诸多要素之间的相互联系和相互作用，形成了一个有机的、协调的整体。它使系统中各要素失去了孤立存在的性质和功能，要素之间形成了相互依存的动平衡关系。例如，新能源汽车电液刹车系统：“控制器”发出指令—“无刷电动机”工作—“变速箱”工作—“滚珠螺杆”直线传动—“制动钳总成”刹车—“驻车制动锁”停车制动，反映了新能源汽车电液刹车系统结构零件之间的协调有序，形成了一个功能协调合理的整体，控制整个刹车系统的正常安全运行，如图1-12所示。

（三）稳定性

系统结构的有序性和协调性，会使系统内部诸多要素之间的作用与依存关系产生惯性，呈现出动态平衡态，维持着系统结构的稳定性（图1-13）。当稳定性被破坏，系统的功能也就无法正常发挥，就会出现系统失效的情况。

例如，移动通信系统，在网络的作用下，系统中各要素按照某种秩序形成一个整体，各要素间保持着依存的关

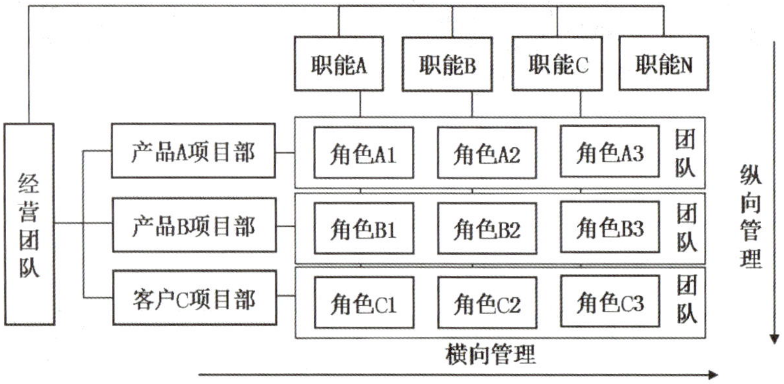

图1-9　矩阵结构

图1-10　树形结构

图1-11　网络结构

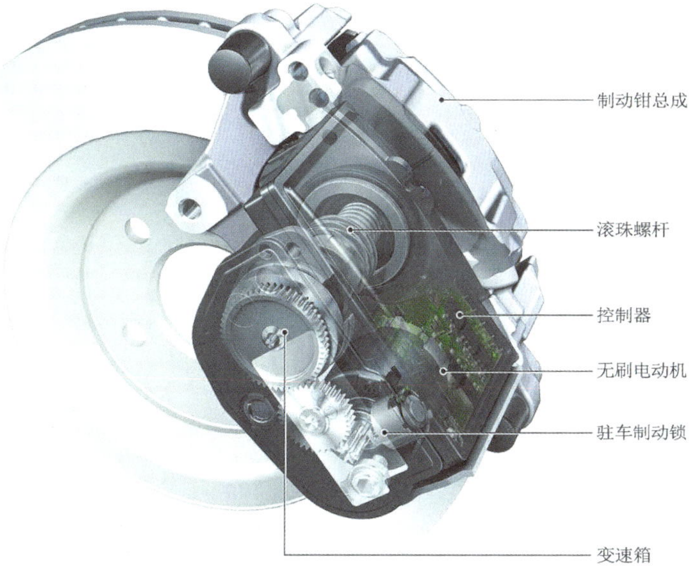

图1-12 新能源汽车电液刹车系统

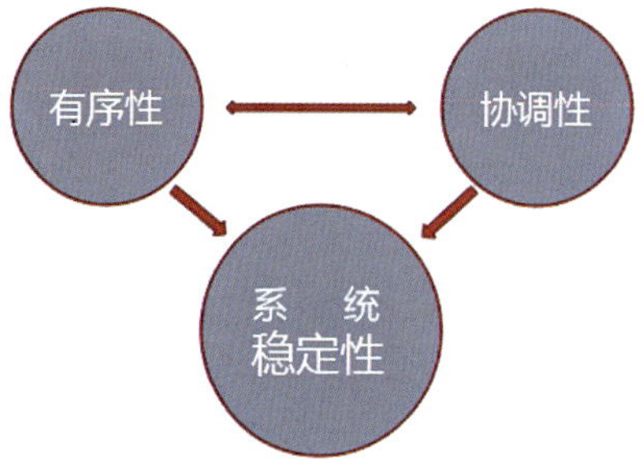

图1-13 系统稳定性

系，而且这种关系是稳定的和相互作用的。当手机的需求量增加，系统就必须扩容，负载能力加强了，反过来又会促进系统结构趋于优化。无论是哪个环节发生变化，其他环节必然与之相适应，这就是系统内部通过涨落协调保持稳定。

四、系统的属性

系统的属性主要表现为：整体涌现性、规模效应、结构效应、层次性。

（一）系统的整体涌现性

系统整体具有的、孤立的部分及其总和不具有的特性，称为系统整体涌现性（或称突现性）。

例如，单个物质分子没有温度、压强可言，大量分子聚集为热力学系统，就具有可以用温度、压强表示的整体属性。

又如，筷子看起来只是非常简单的两根小细棒，但自两根等长的小细棒组成筷子系统后，就具有了系统的基本属性，包括整体涌现性，是筷子的整体具有而单根木棍不具有的特性。

（二）系统的规模效应

组成系统要素的数目和结构复杂程度细分多少代表系统的规模。规模大小不同所带来的系统性质的差异，称为规模效应。

规模效应在经济学上称为规模效益。就是生产要达到或超过盈亏平衡点，即规模效益。因为任何生产都是有成本的，一般包括固定成本和可变成本。要盈利，必须使得销售收入大于生产成本，而这其中的固定成本是不变的，所以生产得越多，分摊到单个产品中的固定成本就越少，盈利就越多。

（三）系统的结构效应

不同的结构方式，即组分之间不同的相互激发、相互制约方式，产生不同的整体涌现性。典型例子是，同样的原子成分按照不同结构方式，经过化学反应形成性质不同的分子。由同样的成员组成的企业，按照不同方式组织和管理，可能产生截然不同的生产效益。这是企业管理的结构效应。系统的整体属性也取决于组分的特性，一定的整体性要以一定的组分属性为基础。并非任意的元素经过组织、整合就能产生某种整体涌现性。

（四）系统的层次性

复杂系统不可能一次完成从元素性质到系统整体性质的涌现，需要通过一系列中间等级的整合而逐步涌现出来，每个涌现等级代表一个层次，每经过一次涌现形成一个新的层次，从元素层次开始，由低层次到高层次逐步整合、发展，最终形成系统的整体层次。用系统层次属性可以将复杂事物按层次分解为若干简单事物的组合。

第三节　产品与产品系统

一、产品的定义

本教材在开篇第一节就导入了产品设计的概念，可以想象一下：一个现代职场人员从早上睁开眼睛那一刻，直到到达工作岗位，中间所经历的吃早餐、梳妆打扮、乘坐交通工具等过程之中，会用到许多产品，比如餐具、化妆品、汽车、电脑等，我们在用双手、眼睛、耳朵、腿脚，使用、操纵这些有形物品的时候，仅是在消费这些产品的物理形态吗？是不是它们还能给我们提供一些精神需求层面上的满足呢？那么，消费者购买的这些物品、设计师设计的这些作品、生产商制造的这些商品，到底呈现出了这些产品的哪些属性呢？我们应该从哪些范畴来定义“产品”呢？

我们将“产品”分为“狭义产品”和“广义产品”两个范畴来看。

（一）狭义产品

狭义产品是指具有物质性的功效，同时具有使用价值和交换价值，即认为产品就是人们生产出来的物品。例如，“产品”一词在《现代汉语词典》中就被定义为“生产出来的物品”，即工业化批量生产出来的物品。产品是根据社会和人们的需要，有目的的生产创造出来的物品，它是人类智慧的产物。根据这种理解，只有诸如家用电器、生活器具、交通工具等有形的实体存在物才可以被认为是产品，这就把产品的定义局限于某种具有特定的物质形状和用途的实物生产成果。随着时代的发展，这种狭义的产品定义，越来越表现出其理论的局限性。

（二）广义产品

随着社会经济的发展，产品的概念有了进一步扩展。这是由于狭义的产品定义无法囊括丰富的产品形态及其复杂的内涵，因此就引出了“广义产品”的概念。广义产品的定义与狭义产品的概念相比较，其最大不同在于，它将非物质形态的产品纳入了产品的范畴。广义产品认为，产品包括有形的产品和无形的产品，凡是提供给市场的、消费者认为可以用价值来衡量的，或使用后能满足消费者某种需求、某种欲望的一切事物，都可称为产品。例如，斯泰通（Stanton）就将产品定义为“有形属性和无形属性的统一体，它包括包装、色彩、价格、生产商信誉、零售商信誉及生产商和销售商的服务等，这些可在满足购买者需要时为他们所接受。”概言之，广义产品是指满足人们的需求、具有一定用途的物质产品和非物质形态服务的综合。

与狭义产品不同，广义产品包含以下三个方面的内容。

（1）实质。是指产品提供给消费者的效用和利益，即产品的使用价值。顾客购买某种产品，并不是为了获得这种产品本身，而是为了满足某种需要。例如，消费者购买冰箱，并不是要买到由压缩机、冷凝器等元件组成的一个箱体，而是为了用这种电器去冷冻和储存食品，满足人们饮食生活上的需要。同样，人们购买照相机，也不是为了获得一个装有一些机械的黑色匣子，而是为了满足其留念、回忆、报道等方面的现实需要。

（2）形式。是指产品的形体和外在表现，即核心产品得以实现的形式，包括产品的质量、品种、花色、款式、规格、商标、包装等。上述产品的形式上的内容，能满足消费者心理上和精神上的某种需求。随着生活水平的提高和精神生活的丰富，人们将对产品的形式不断提出新的要求。在市场上，款式新颖、色泽鲜明、包装精良的产品，往往能够获得顾客的青睐。

（3）延伸。产品的附加部分，例如售后维修、咨询服务、分期付款、物流交货、售后服务等。附加产品是促进消费者产生购买欲望的有力措施。

如图1-14所示，广义产品不仅包括有形实物，也包括非物质形态的服务，即产品延伸方面的内容。例如，银行推出的各类理财产品、教师向学生传授知识、媒体供应商（如电台、电视台、报纸杂志以及互联网上各大门户网站等）提供的各类信息资讯、娱乐方式等，就属于非物质形态的服务。

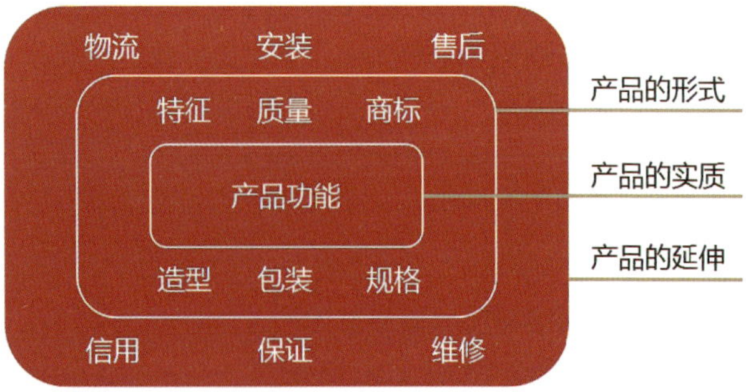

图1-14　广义产品的整体概念

二、产品系统的定义

根据系统论的原理，“系统是由两个以上相互区别和相互作用的单元间有机地结合起来，完成某一功能的综合体，每一个单元也可以成为一个子系统，而且它又是另一个更大系统的组成部分”。它们既互相独立，具有各自的职能，又相辅相成、相互影响，共同构成了系统的体系。

打个比方，我们的人体由八大系统组成：运动系统、神经系统、内分泌系统、循环系统、呼吸系统、消化系统、泌尿生殖系统和免疫系统。每个系统的职能都不一样，既独立地完成任务，又与其他系统建立联系。其中消化系统是负责将食物进行消化以供给人体各项生命活动所需的能量，它具有独立的职能体系，但它的存在是为了生命活动能够正常进行，所以它在制造能量的同时，需要与其他系统进行配合。我们在运动过后，会产生口渴、饥饿的感觉，这就是运动系统与消化系统之间的配合，又通过神经系统将信息反馈给了我们的大脑，这个过程是三个系统之间进行了配合。人体八大系统协调配合，就能使人体内各种复杂的生命活动正常进行。

产品作为人类生活方式的物质载体，不是目的而是实现目的的手段，而任何一件产品都不是孤立存在的，都必须在特定的环境中通过与人和其他要素的联系，以系统的存在方式才能实现其功能意义。从这个角度来说，产品系统复杂而有序的关系正像我们人体系统一样，它们也在各自独立工作的同时互相关联着，共同构成完整的产品体系。

（一）产品系统中的“个”与“集”的关系

一件产品可以看作具有某种结构和功能的个体，也就是由不同材料和工艺制造而成的部件的整体，也可以被看作一个由各种要素或子系统构成的系统。产品系统中的“个”与“集”之间的关系，其实就是产品的封闭系统与外部系统之间的关系。

当我们把产品作为“个体”进行研究时，产品就是具有一定功能的物质载体，其本身具备多种要素和结构，要素和结构之间的相互关系构成具备相对独立功能的闭环系统——产品内部系统。在产品内部系统中，产品由要素和结构相对稳定地构成，具有相对独立的功能。要素是构成产品内部系统的单元体；结构是若干要素相互联系、相互作用的方式和秩序。产品要素通过有机结构相互联系的目的就是实现产品的功能，产品功能的实现则是产品内部系统与外部环境相互联系和作用的过程，其作用的秩序和能力就规定了产品系统的功能意义，体现着产品系统的深层关系。产品正是通过内部系统与外部环境的联系和作用，将其表层结构（也就是产品的要素和结构）转化为深层结构，从而实现产品的功能。例如不同风格的座椅（图1-15）就是通过木料、钢材、皮革、构件、色彩、螺钉等要素按照一定的造型、构造、连接等结构方式来形成产品的内部系统，在特定的家庭环境中，为人们创造更为合理的生活方式，实现产品的功能意义。

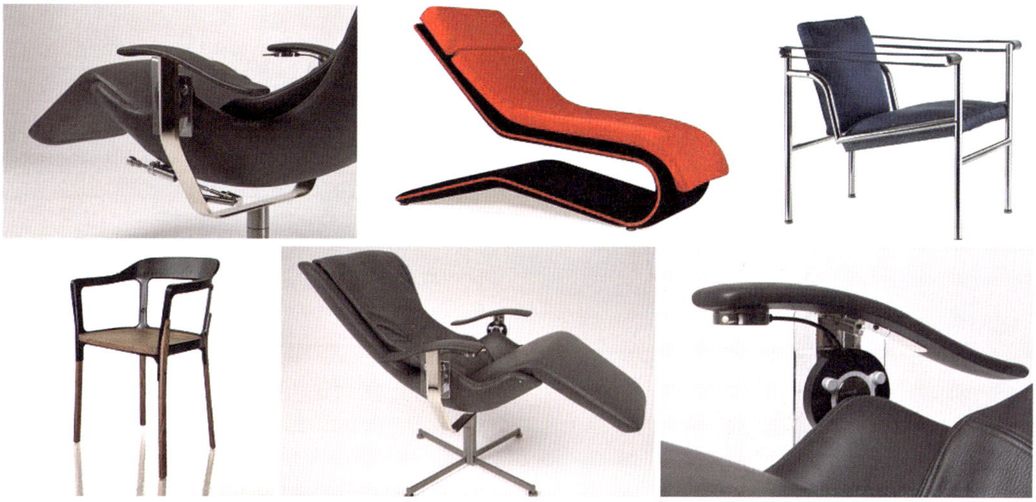

图1-15　不同风格的座椅

当我们把产品作为“系统”进行研究时，就是将产品从产品流通到废弃物的处理，再到能源再生和利用，这一整个过程中的诸多环节看作一个系统，也就是产品的外部系统，并运用系统论、系统分析概念和方法加以处理和解决。影响产品外部系统的因素是多方面的，比如市场营销环境、消费者的状况（包括年龄、性别、消费理念、文化品位、风俗习惯等）、人们消费理念的变迁及国家的政策法规等，这些都可能对产品功能的实现产生影响。同时，由于产品实现其功能的过程，往往是产品与不同生活方式的人之间相互作用的动态过程，也就是产品必须在特定的社会文化环境中被消费者使用，才能实现其功能。这就要求我们不仅要关注单个产品的整体与部分之间的关系，更要重视产品与外部环境之间的关系，在它们之间的联系、制约、均衡等关系中综合且精确地考察产品所涉及的诸多问题。

（二）产品设计中的“个”与“集”的方法

在产品设计中，通常采取以下两种方法。

（1）“个”的方法。是指由若干设计师分头进行设计，而且在设计过程中互不交流，强调个人在设计中的作用。这种方法在工业革命前期普遍存在于生产加工领域，但是，随着进一步的分工发展，早期仍由同一个人单独进行产品研发及制造的情况就不复存在了。造成这一结果的重要原因之一就是在信息化社会的今天，人们观察问题的眼光已由“实物中心”向“系统中心”转变，而采取这种“个”的设计方法所设计出来的产品，很可能在彼此之间没有任何共通之处，比如在材料选择、造型处理、色彩搭配、装配方法、表面处理等方面缺乏一致性。这就使得设计出来的产品无法有效地满足当前瞬息万变的市场要求。

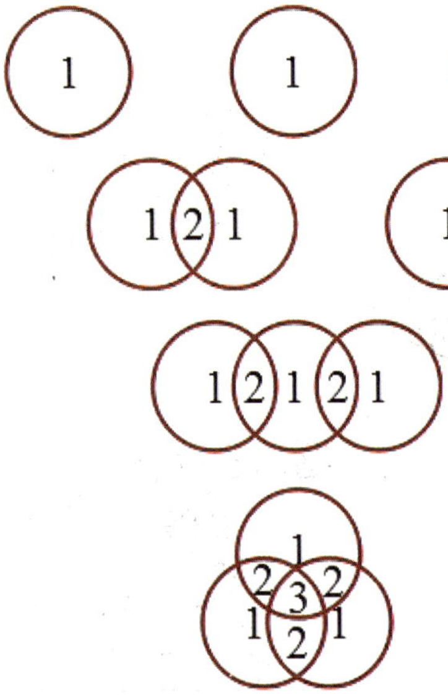

图1-16 “集”的方法

（2）“集”的方法。与“个”的方法相反，“集”的方法注重协同、合作、交流，经过缜密计划，寻找共同之处，通过信息、资源共享，节约时间，提高效率，降低成本（图1-16）。

“集”的方法，就是运用系统论的观点，在产品设计的过程中，始终着眼于整体与部分（要素）之间、整体与外部环境之间的相互联系、相互作用、相互制约，综合且精确地考察对象，使问题达到最佳处理效果。

（三）种与类的概念

常用的“种类”一词，是分类学用语，包含两个既相关又有差别的词：

“种”——品种（下位概念）；

“类”——分类、归纳（上位概念）。

“类”大于“种”。一个类型的产品，包含各种品种的产品。产品的分类体系，是产品系统化特征的具体体现。而层次分类方法，体现了产品系统构造的逻辑关系，其相关性明显，依存关系突出（图1-17）。比如，家电类产品包含彩电、冰箱、洗衣机、空调等。再比如，鞋类产品可以分为男式鞋和女式鞋。

具体到产品设计的过程中，系列化产品就是“种”与“类”系统关系的具体形式。

（四）产品系统三因素

产品系统在宏观上由物质、能量和信息构成，但在存在方式和属性上却表现为要素、结构和功能三个因素。

（1）要素。要素与系统是一对相对的概念。要素是相对于所组成的系统而言的。要素是系统的部分，系统是要素的整体。任何系统都是由若干相互联系的要素构成的有机体。产品系统的要素至少包括两个层级（图1-18）。

（2）结构。结构是若干要素相互联系、相互作用的方式。如果说没有要素就没有整体的话，那么没有结构也就没有诸要素之间相互联系、相互作用的方式，也就失去了结构性质的规定性——有机性。因此，了解系统的结构有着重要意义。结构是对系统内在关系的综合反映，是系

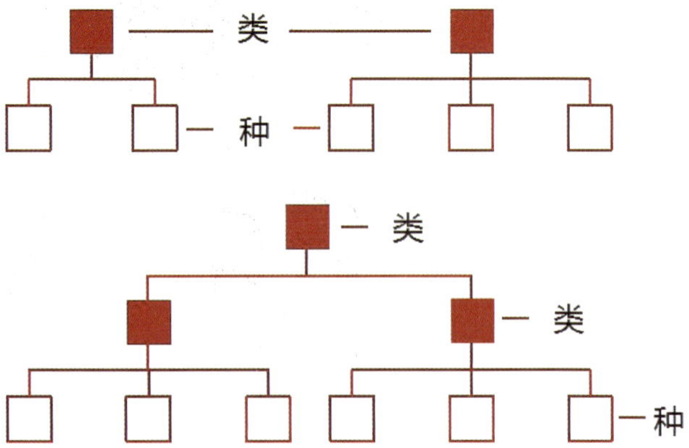

图1-17 种与类

统保持整体性以及具有一定功能的内在依据（图1-19）。

（3）功能。功能可以解释为功用、作用、效能、用途、目的等。对于一件产品来说，功能就是产品的用途、产品所承担的职能或所起的作用。比如，产品的命名多以功能冠名，如登山鞋、涉水鞋、篮球鞋、溜冰鞋；再比如儿童护眼台灯、交通信号灯、应急照明灯、路灯。产品只有具备某种特定的功能才有可能进行生产和销售。销售人员往往会比较详尽地向消费者介绍产品的各项功能、性能，以及产品在各种场合和条件下的使用要求和方法。对产品功能的确认必须在与产品的市场定位和预计成本相适应的前提下，从消费者的需求出发来进行，以此为基础设置产品的功能模型，从而定义和设计产品的功能结构。

根据产品功能的性质、用途和重要程度可以将其分为基本功能和辅助功能、使用功能和表现功能、必要功能和多余功能等。

（1）基本功能与辅助功能。基本功能即主要功能，它是指体现该产品的用途必不可少的功能，是产品的基本价值所在。例如，手机的基本功能是通信。如果手机的基本功能改变了，产品的用途也将随之改变。

辅助功能是指基本功能以外附加的功能，也叫二次功能。如手机的基本功能是通信功能，但现在手机为迎合消费者的需要往往附加了媒体播放、摄影、摄像、游戏等辅助功能。

（2）使用功能与表现功能。使用功能是指产品提供的使用价值或实际用途。使用功能通过基本功能和辅助功能反映出来，如带音响的石英钟，既能显示时间，又能按时发出声音。

表现功能是对产品进行美化，起装饰作用的功能，通常与人的视觉、触觉、听觉等发生直接关系，影响使用者的心理感受和主观意识。表现功能一般通过对产品的造型、色彩、材料等方面的设计来实现。

（3）必要功能与多余功能。必要功能是指用户要求的需要功能。如钟表的“计时”功能是必要功能。产品若无此功能，也就失去了价值。必要功能包括基本功能和辅助功能，但辅助功能不一

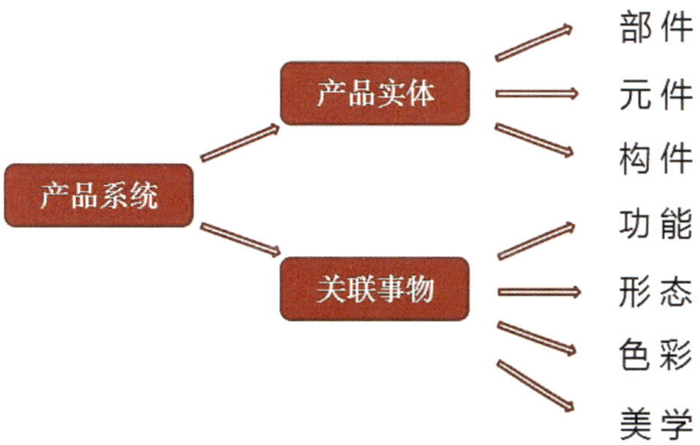

图1-18　产品系统要素层级

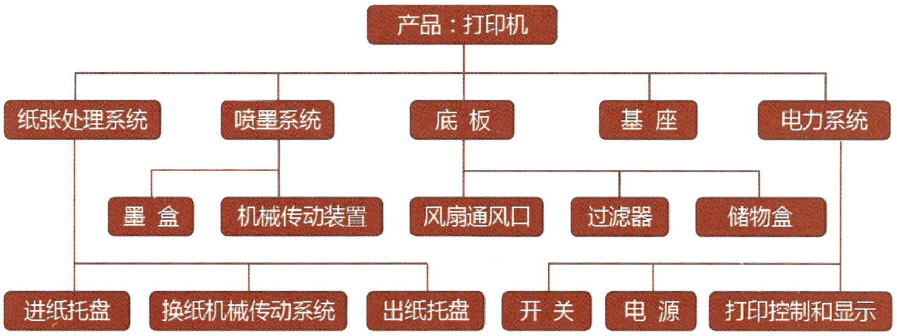

图1-19　打印机结构示意图

定都是必要功能。

多余功能是指对用户而言可有可无的、不甚需要的功能，包括过剩的和多余的功能。之所以会产生产品的多余功能，一般由于设计师设计理念的错误和企业在激烈的市场竞争中的错误导向所致。

应指出，"设计的功能目标不是为了系统而系统，不是拿周密当摆设，而是用系统周密的目标去向技术形式、艺术形式及符号形式要更多、更好、更实在、更可靠的功能，去要便于生产、利于销售和最终消费的功能，去要既不多余又无不足，恰到好处的功能，这些才是设计师应该追求的功能目标。"

三、单一产品与产品系统的差异

产品是生产出来的固定物质形态构成的物品。工业革命以来，让人们获得的最大实惠是琳琅满目、应有尽有的各种产品。很难想象，现代人离开产品将如何生存和发展。人的依附性完全被产品形成的产品链支撑着：出行要有代步工具，居息要有床、沙发、座椅，吃饭要有各种餐具和深加工的食品，穿衣要视季节变化和时代潮流选择适合自己特定要求的服饰。在现代产品面前，人既表现出有史以来的聪慧和睿智，又显现出血肉之躯在自然中的柔弱和无奈。所以，人类要确保持续发展，在研究各项物品之所以产生和再发展的同时，更要反转回来研究物质的人，以人为中心去研究产品。

产品一旦以某种实物形态被制造出来，其外观造型也就基本固定不变了。人在选择物品、消费物品的过程中常常出现独立的人的需求与固定物质构成的接触，厂家和商家为了突出自家生产经销的产品，便以夸大的技巧排斥人的不同客观因素，把物品构成推崇到极致，似乎一切都以物质形态的产品为中心，形成了人与物、物与物的单一联系，及以物质为中心的单一产品观。在人与物的客观现实中，始终把固定的物质形态作为企业的得意宠儿和社会消费的追求热点。这种单一产品观把处于静态的物品作为一切活动的中心，社会方方面面都能以此为契机从中获得收益。但是，一旦这种物品随着时间的推移失去光彩，随之而来的便是社会各业为之受牵连的低谷，这在中外都有很多令人印象深刻的事例，如彩电、冰箱无序生产和竞争中的大拼杀，小型家用车被追捧后的高量库存积压。

把物品作为流动的载体，形成以人为中心的物品链，在其中探讨生产出来的物品为何而产生，又为何而变化，在社会流通中产生什么样的关系，影响企业、社会的关键因素是什么，人类社会复杂因素的变化对其发展有什么影响，物品的变迁形态以什么为背景等，这些是产品系统观下的各个支撑点，始终将产品作为一个宏观概念的物质，从物的动态流线中研究和挖掘产品的生命力。产品系统观是以螺旋式的扩散与收敛结构为特征，基于人类社会的变化因素关注产品从为何生产到如何消费的全过程。扩散反映为基于人与物的构成因素向外界任何一项因素扩展相关联的关系；收敛反映为基于社会总构成将任何一项因素都回收到人与物的构成关系中。产品始终作为社会构成中有机关联的物品，成为现代人生存再发展的完全依托。

在产品设计中，产品观直接决定着设计工作中的视野和成效。上述两种产品观有着截然不同的区别。前者是就物品而物品的单一产品观，后者是把产品建立在人类社会可变属性上的系统产品观。针对单纯的产品构成而言，这两种观念都没有错，是从不同的起点上设计出各具内涵特征的产品。但是，如果把一件产品设计放到产品创新与企业发展、人类进步和社会可持续发展的高度，单一产品观只局限于按既定概念构成物品，在物品更迭、时代变迁、人的因素变化面前，会显得缺乏活力，缺乏应对社会各项物质变化的生命力。而产品系统观能贯通物质构成和社会中的运转，反映主命脉的"人"的作用与反应，把产品所涉及的各项关联因素进行系统分层研究，操纵时刻都有可能发生变化的产品构成实体。相形之下，后一种设计观更适合现代社会构成的整体发展，更能抓住以"人"为中心的本质筹划物品生产的全局，真正以不断迭代升级的产品加速企业发展，推动人类进步。

对于单一产品设计与产品系统设计之间的差异的探讨，是建立在对传统设计方法与系统设计方法之间异同比较的基础上的。因此，有必要对传统设计方法与产品系统设计方法的区别略作阐述。总体来说，产品系统设计面向多元化的细分市场与个性化的消费需求，而传统设计方法指导下的单一产品设计，面向的则是统一的市场和相对稳定的顾客需求。所以二者在不同的设计阶段所采用的方法、技术是不同的。

如表1-1所示，列举了二者在顾客需求、功能设定、原理求解和结构设计四个方面之间的差异。

表1-1 单一产品设计与产品系统设计的差异

设计阶段	单一产品设计	产品系统设计
顾客需求	准确识别顾客需求，并建立产品目标规格说明	准确识别顾客需求，区分顾客需求的差异性，合理划分顾客群体，找出共性化需求与个性化需求，为不同客户群体确定各细分产品的目标规格说明
功能设定	建立产品功能结构图	在各细分产品功能结构图的基础上建立统一的产品系统功能结构图，区分通用功能与特殊功能
原理求解	功能分解，找出适当的功能原理、确定产品的原理方案	功能分解，找出适当的功能原理，并识别原理中的平台参数与变异参数，尽量以通用的原理作为产品系统原理方案，顾客功能需求的差异通过改变变异参数实现，而平台参数则保持相对稳定
结构设计	实现功能，并确保零部件的可加工性、装配性、运输性、维护性以及宜人性等	除实现单一产品内容外，重点考虑产品系统平台规划,合理划分变异模块和不可变模块，通过组合或变异不同的功能、性能、色彩等变异模块实现细分产品的快速定制

第四节 产品系统设计与产品开发

一、产品系统设计的一般认识

（一）不再把设计对象看成孤立的东西，而是把相关因素放在一个系统中考虑

传统的设计方法往往是把设计对象分解成许多孤立的、互不牵扯的部分进行设计，设计出的产品通常仅从解决某些问题的角度出发，如成本问题、材料问题、造型问题等，而忽略了其他问题的解决，如使用问题、环保问题等，这就造成了设计出的产品“头痛医头、脚痛医脚”的尴尬局面。而产品系统设计则将设计对象当成一个整体的系统来加以认识和研究，从全局出发，将系统的各个组成部分看作子系统或要素，并通过整合，将这些子系统或要素置于一个大的外部环境中加以考虑，从而建立起子系统之间的相互联系以及系统与外界环境之间的有机联系（图1-20）。

（二）将单件产品看成一个系统，将其设计成多个组件，使其有多样性的功能

产品系统设计是将一个复杂的系统分解为若干大的模块，每个大模块又可分解为多个小模块。例如各种通用小部件、器件（如手机电池、充电器等）。

这些模块可分成具有功能互换性的功能模块和具有尺寸可换性的机械结构模块，把这两种模块相结合，就可形成具有完全可换性的单元模块。另外，根据各产品的特点还可以在基本模块的基础上，综合组建不同功能、不同规模的集成模块。如图1-21所示，德国博朗剃须刀设计了不同的刀

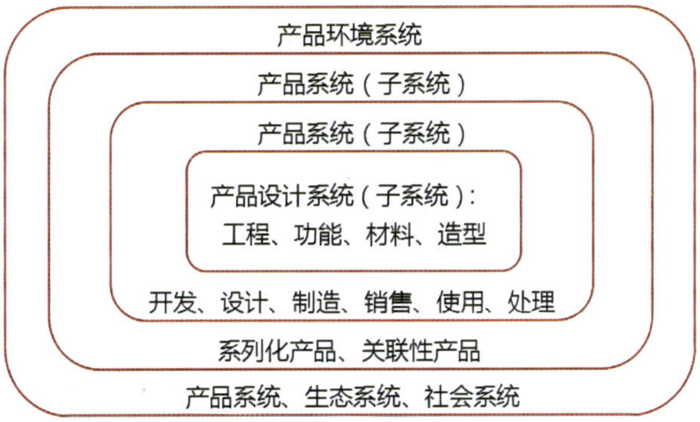

图1-20 产品系统示意图

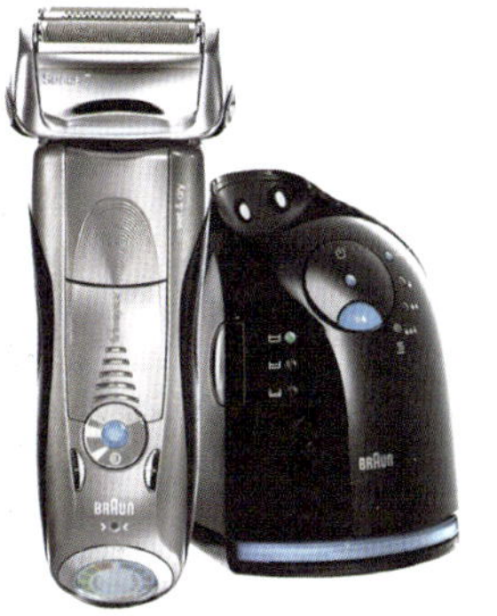

图1-21 德国博朗剃须刀

头造型模块和充电功能模块，以满足用户在剃须时的个性化需求。

（三）考虑物体间的位置关系

产品除了自身的空间构成关系外，还存在着以产品为中心的与周围环境相互联系、相互作用的关系。在一些系统设计中，针对某些特定空间和特定功能的要求，就需要尽量考虑到物体间进行叠放组合的可能性，以提高对产品和空间环境的使用效率。如图1-22所列举的购物推车、餐具、椅子都是符合这一原则的例子。

二、产品系统设计的特性

（一）关联性

关联性是指产品系统中的各功能之间具有的因果关系和依存性。就某种角度而言，对产品进行系统化设计就是产品功能的复合化。但设计的功能目标绝不是单个的，也不是随意拼凑或任意组合的，而是合乎科学逻辑的、非常周密的系统组合。设计师必须根据系列产品的整体目标，即按照产品功能逻辑上的统一性要求，来追求系列化产品功能目标的系统性。在设计中，要注意系统中各单元及其组合要服从系列产品整体目标的要求，以整体观念来协调系统各个单元。

产品系统中的各功能之间，存在的因果关系和依存性，归根结底来源于个人或人群在不同环境、条件、时间等因素下的需求。以厨房空间里的成套系列刀具产品为例，这些刀具既有独立的作用——每一把刀具都有其特定的使用功能，与此同时，它们又共同组成了厨房刀具功能系统——满足人们在厨房空间中加工食品的需要（图1-23）。

（二）独立性

独立性是指产品系统中的某个产品可独立担负特定功能。如图1-24所示，整体卫浴空间作为一个系统，在整体上担负着卫浴功能。而其总体功能目标——卫浴功能则按照人们的卫浴习惯而分解为若干层次，在每一层次又由不同的产品单元或要素负责，这些产品单元或要素可以独立担负特定的功能，如洗手池担负洗漱功能，而浴缸则担负洗浴功能。

（三）组合性

组合性是指产品系统中的不同功能相互匹配，从而产生更强的功能。系统整体不应是简单地等于部分的总和，而是在充分考虑各单元或要素的功能协调的基础上，充分发挥系统的综合效应和整体功能。如图1-25所示，整体厨房空间中的各产品单元，如抽油烟机、炉灶、消毒柜等作为整个厨房系统中的单元或要素，虽然它们的形态、功能各不相同，但它们都是整体厨房这个系统不可或缺的组成部分，以满足人们在厨房进行食品加工与处理的需要，同时为该过程中所涉及的油烟问题、垃圾问题提供更为合理的解决方案。

图1-22　叠放组合的产品

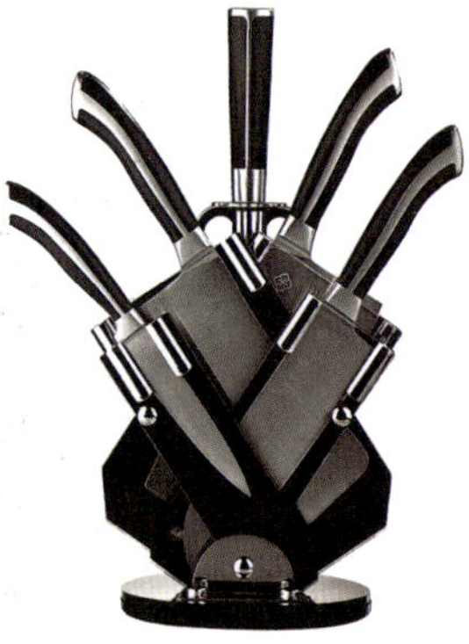

图1-23　成套系列刀具

图1-24　整体卫浴空间

（四）互换性

互换性是指产品系统中的不同功能可以进行互换，以产生不同的功能。某些形式的产品系统是由多个独立的单元或要素组成的，这类产品系统有一个共同的特征，即组成这类产品系统的若干独立的产品单元是按照一定的模数关系或者遵循特定的行业标准、国家标准进行设计的。因此，此类产品系统中的各功能组件可以进行互换，使产品能完成更多工作任务，从而使此类产品系统具有良好的拓展性和适应性。如图1-26所示的多功能电动螺丝刀头，该套工具产品可以通过更换不同的刀头模块，配合螺丝刀柄，从而实现不同的功能要求。

图1-25　整体厨房空间

图1-26　多功能电动螺丝刀头

三、产品系统设计与产品开发的关系

产品开发要求能够为现有的市场带入全新的观念，带来全新的产品，而产品开发的过程也是一系列活动的整合。这一整合包括了从最初的产品构想到市场分析定位、市场开发、产品设计、技术实现、生产计划以及确保各项计划有效落实的设计管理等诸多方面的内容。有时，甚至还包括制订新产品的市场发售渠道、推广宣传等计划。

产品设计包含在产品开发的过程之中，由各项符合市场开发与商业运作的技术活动构成。它包括对产品构想进行符合设计规律和技术规范要求的发展、新思路创意的发展以及将技术因素融合到新产品之中。但是，产品开发过程中所涉及的商业、金融管理等全部活动以及产品销售市场与渠道的开拓活动，并不是产品设计过程所必须包括的内容。

而“产品系统设计”则是在“产品开发”整个过程中始终遵循的思想原则，是用系统的方法来完成广义的“产品设计”。所以，本教材后续章节所提到的“产品系统设计”均为产品开发过程中的系统设计。

本章内容小结

本章通过“系统”“产品系统”和“产品系统设计”三个层级的概念阐释来说明如何用系统的方法完成产品设计，从而构建产品设计的系统基础。

第一节主要阐释了在社会经济形态中为人们提供生产生活便利的各种“产品”与“产品设计”的概念及其分类。指出，产品设计是集艺术、文化、历史、工程、材料、经济等各学科知识于一体的创造性、系统性活动。

第二节主要从系统论的角度简要介绍了系统的定义、要素、结构和属性等基本概念。指出，产品系统设计开发就是系统科学在产品设计领域的应用。

第三节主要介绍了产品与产品系统的定义，区分了“狭义产品”与“广义产品”的概念，阐释了产品系统三因素。指出，产品不是孤立存在的，必须在特定的环境中通过与人和其他要素的联系，以系统的存在方式才能实现其功能意义。产品系统也在各自独立工作的同时又互相关联着，共同构成完整的产品体系。

第四节主要对产品系统设计的方法与特性进行了简要介绍，并阐述了产品系统设计与产品开发的关系。

思考题

1. 学习和应用产品系统设计的目的是什么?
2. 如何理解狭义产品与广义产品的含义和区别?
3. 联系实际，阐述产品系统设计与产品开发的关系。

第二章　产品系统体系的构成

PPT课件

系统观念是马克思主义认识论和方法论的重要范畴。党的二十大报告深刻阐述了习近平新时代中国特色社会主义思想的世界观和方法论，“必须坚持系统观念”是其中重要的内容。产品自设计开发到生产制造，再到流通、消费，最后进入回收再循环，整个过程就是各个子系统组成的完整产品系统体系。因此，从产品开发伊始就应以系统观为指导。

本章将从产品系统的体系、产品的生命周期、产品系统的基本要素等方面阐述产品系统体系的内容。

第一节　产品系统体系

一、产品系统由外部系统和内部系统构成

产品系统是个复杂的体系，从产品设计的动机开始到商品使用的完整过程中经历了多个流程，每个流程都有一套体系、一套方法，它们互相独立，各司其职，却又存在深层次的内在联系；从而共同建构了产品系统的完整体系（图2-1）。

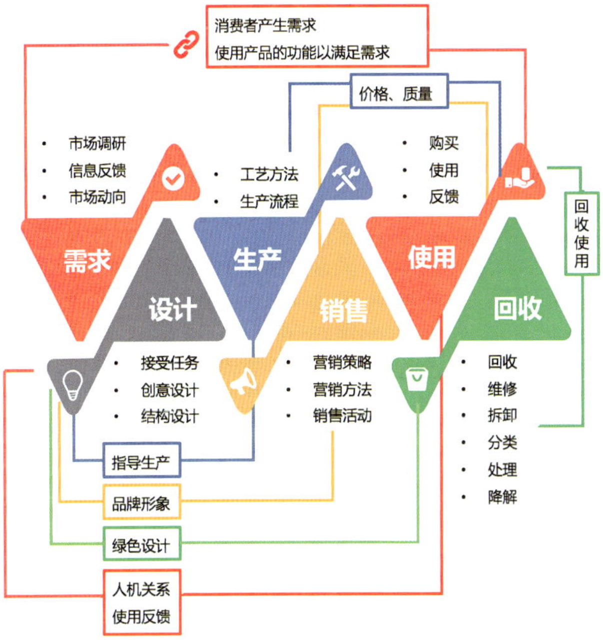

图2-1　产品系统内复杂的关系

二、内部系统与外部系统的关系

产品系统可以分为外部系统和内部系统，外部系统是指产品与产品外部因素之间的联系，内部系统是指产品要素与产品本身的联系（图2-2）。外部系统是从宏观的角度来界定的，对产品的决策起重要指导作用，文化、历史、社会、经济、科技、自然资源等构成了外部系统；内部系统可以分为功能、结构、人机、形态、色彩、材质等系统，它们均可以独立为一个子系统，是产品的构成部分，通俗来说，产品可视化的部分是由内部系统构成的。

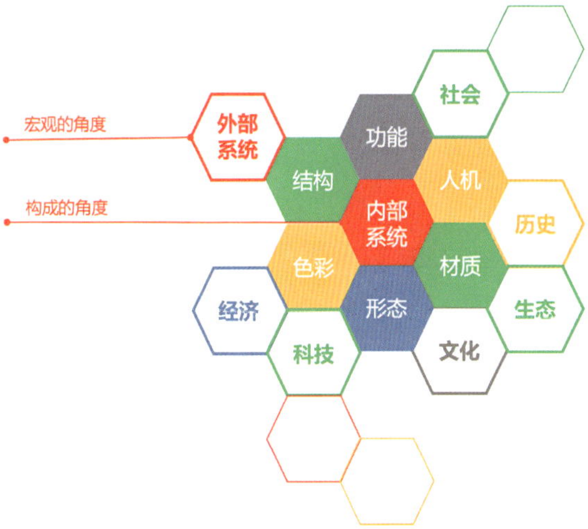

图2-2　产品外部系统与内部系统示意图

下面以电冰箱产品开发的过程为例来具体说明外部系统（图2-3）和内部系统（图2-4）的关系。电冰箱是受众很广的家电产品，是现代家庭生活常备的家电，它的开发要满足消费者、厂商、销售商等多方需求。首先，在产品开发之初，要研究产品的外部系统。决策层会先考虑产品发展的目标，所以会研究消费者的消费行为，以此来研究消费者使用冰箱的习惯、消费趋势、购买能力等；要研究社会生活、文化习俗、潮流风尚、技术发展、科技动态、材料革新，紧追冰箱类产品发展的趋势；要研究生态、环境、能源及新政策、新法规，把控产品开发方向的准确性；还应关注国家发展的新动态、新规划，把握时代时机等。当产品的发展目标明确后，才会进入实质性的冰箱设计、制造环节，这里所指的就是内部系统。从设计的角度出发，要考虑家庭组成结构、饮食习惯、储物习惯、空间大小、家居装潢风格、能耗、价格等诸多因素，以此来确定冰箱的功能、结构、人机、外观、配色等；从生产制造的角度还要考虑原材料的成本、性能、运输、加工处理的合理性、生产程序的合理性、生产过程的环保性等，这与材料因素、环境因素息息相关。从这个例子可以看出，产品的外部系统与内部系统各司其职，同时又互为补充，是不可割裂的关系。

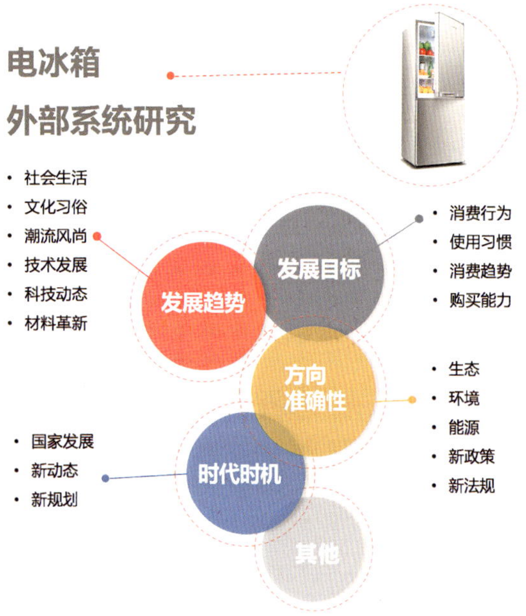

图2-3 电冰箱外部系统图示

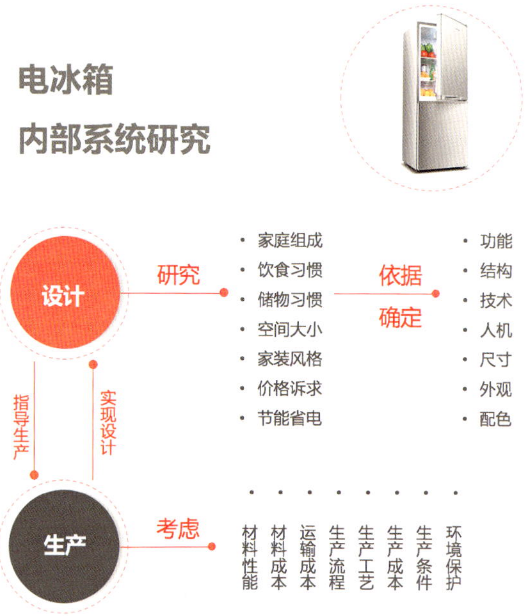

图2-4 电冰箱内部系统图示

第二节 产品的生命周期

一、产品系统视角下的产品

把“产品”作为一个名词来理解，它是生活中司空见惯的各种物品，构成了我们的生活环境。系统论视角下的“产品”不仅具有名词性。举一个现象为例，当我们产生需求的那一刻，例如想要降低室内温度，可以遮蔽光线，就萌生了购买产品的动机，发生购买空调和窗帘的行为。当这一“需求”发生变化，例如可智能控温的空调、能自动开合的窗帘，新的购买行为再次发生。这个现象体现出某种规律或力量在改变消费者和产品，使得消费者的需求发生变化，产品本身发生改变。这与科学技术的快速发展、人类社会的不断进步、消费需求的个性化、市场竞争日趋激烈等相关。产品的创造过程变得更加复杂，增加了时间、空间的维度，变成多维度的“产品”，如图2-5所示很好地说明了这一问题。通俗来说，在系统论视角下研究产品，所有与之相关的因素都属于它的内容范畴，它们有机地构成了完整的产品系统。

产品不是孤立的，它存在于市场的环境中，产品内容因需求改变而变化。在互联网、物联网高度普及的当下，产品的内容出现了很大的扩展。如图2-6所示，过去我们购买一件产品会非常关注它的功能、外观、耐用度、品牌、价格，如今诸如购买体验、售后服务、附加服务、网

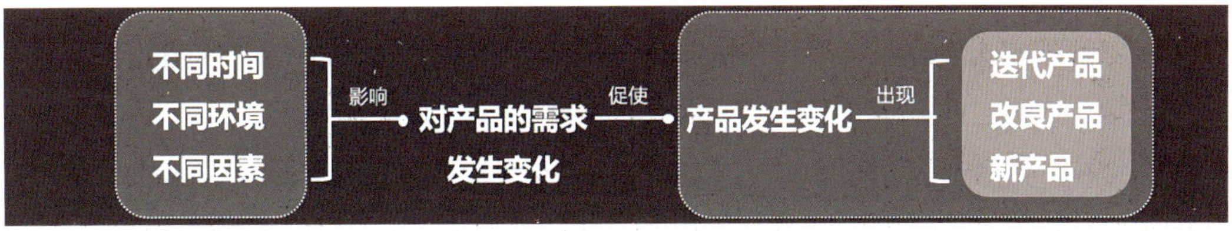

图2-5　条件的变化会促使产品发生变化

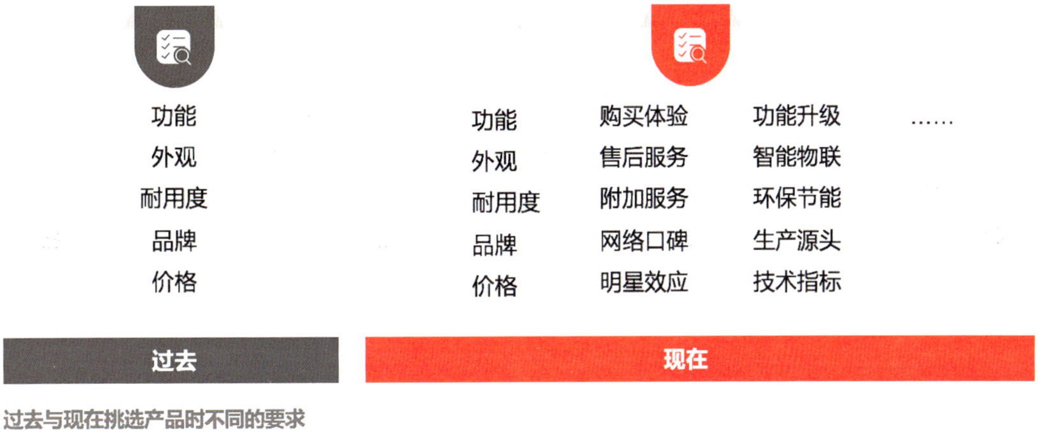

图2-6　系统论视角下与普通视角下产品的区别

络口碑、明星效应、功能升级、智能物联、环保节能、生产源头、技术指标……成为选择产品的补充内容。产品内容的复杂化使更多学科融入其中，为产品系统开发提供服务，是顺应社会经济发展进程不可避免的现象。

二、产品的生命周期

（一）产品的生命周期

美国哈佛大学教授雷蒙德·弗农（Raymond Vernon）于1966年在《产品周期中的国际投资与国际贸易》一书中首次提出“产品生命周期（Produce Life Cycle）”这一理论，简称“PLC”。它是指一种新产品从开始进入市场到被市场淘汰的整个过程。弗农把产品的生命与人的生命做了类比，提出产品也会经历从孕育、出生、成长、成熟、衰退直至死亡的过程。并把它们分为四个时期，分别是引入期、成长期、成熟期、衰退期。

产品的生命周期是受市场的发展规律所影响的。例如，从古至今人们都有远距离沟通的需求，“烽火连三月，家书抵万金”“驿寄梅花，鱼传尺素”这些诗句形象描写了古人交流沟通的方式，当下我们更常用的沟通工具是手机。不同时代的人都有远距离沟通的需求，出现了不一样的解决方法和工具，这个现象简单来看是受到客观技术、材料、工具等限制，但从深层次来说，人的认知程度绕不开人类社会的进阶规律，同样，存在于市场中的产品也要受到市场规律的制约。

从系统论的整体性、联系性和反馈性这三个方向来分析产品的生命周期，它是一个复杂的过程，四个时期具有递进关系，各成一体又相互联系（图2-7）。完整的产品生命周期包括技术的诞生、技术的研究、产品设计、生产、投放市场、市场反馈、发展演化、衰落、转化蜕变等阶段。一系列的过程发展遵循产品生命周期的发展规律，从无到有的过程受市场规律的制约。

（二）产品生命周期的四个时期（图2-8）

1. 引入期

引入期是新产品上市的初期，是产品功能的开发期。

技术的发展为需求提供新的解决方式，新产品作为工具被研发出来并投入市场，这一时期称为引

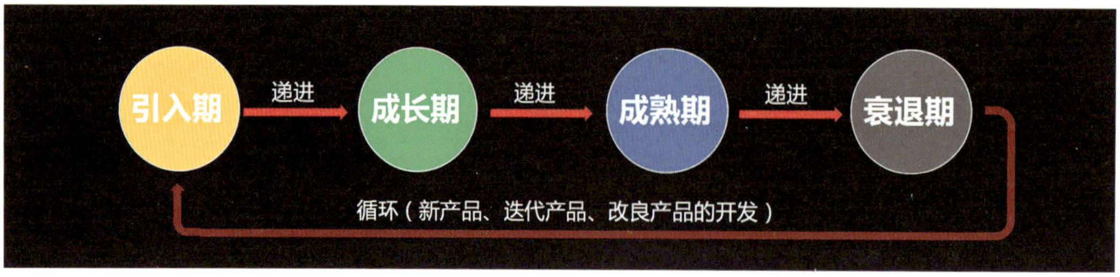

图2-7 产品生命周期各阶段关系

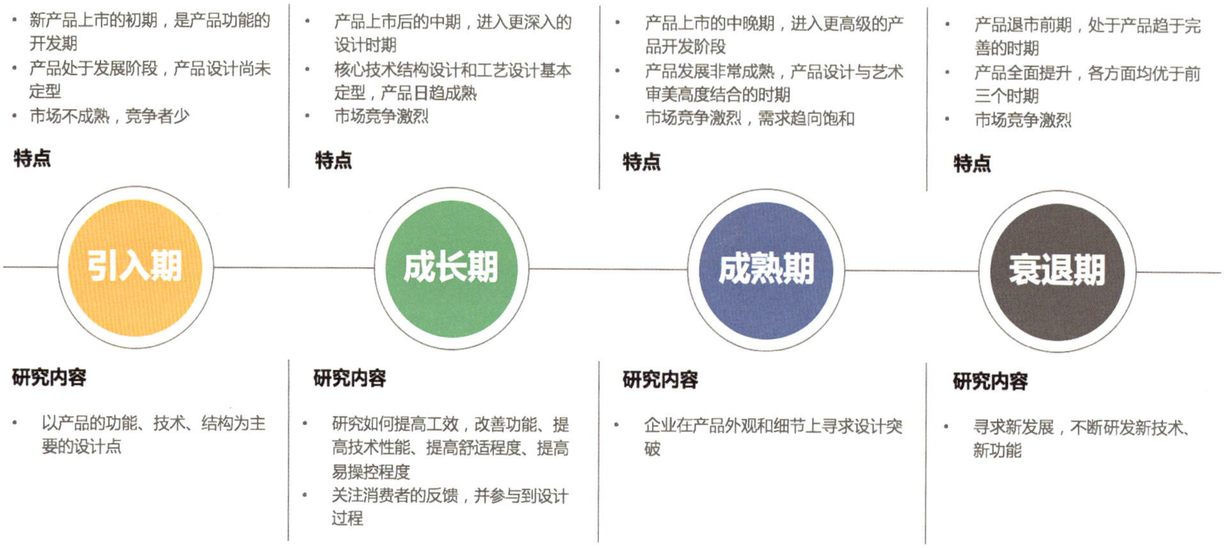

图2-8 产品生命周期的四个时期

入期。此时，产品处于发展阶段，功能、结构、造型尚未成熟。产品设计尚未定型，工艺还不够稳定，生产批量小，成本比较高，用户对产品不太了解，受新技术壁垒的限制，同行竞争者少，利润较低。

这一时期的产品设计处于初期，以产品的功能、技术、结构为主要的设计点。

2. 成长期

成长期是产品上市后的中期，经历了引入期对市场的试探，这个阶段的产品进入更深入的设计时期。经历过一段时间的认知，消费者逐渐接受新技术、新产品，商家逐渐打开市场，产品的销量迅速上升，产品大批量生产、生产成本下降、利润呈迅速增长态势。有利可图的市场让更多竞争者参与竞争，这一时期，跃跃欲试的竞争者都想进入市场分一杯羹，供给关系发生变化，供需平衡或供大于求的变化使产品的价格开始下降，企业的利润增长速度也随之减慢。

在成长期，产品的核心技术结构设计和工艺设计基本定型，产品也日趋成熟。产品设计处于提高工效的阶段，是为改善功能、提高技术性能、提高舒适程度、提高易操控程度而进行的产品设计阶段。这一阶段，消费者的反馈参与到设计过程，会直接影响产品的具体表现。成长期的末期，市场竞争激烈，为了出奇制胜，打开新市场，在原有产品的基础之上商家开始研发产品的新特性，迭代产品开始出现，产品市场出现细分。我们常说的某产品出现了升级版、新功能，这种情况往往处于成长期。

3. 成熟期

成熟期是产品上市的中晚期，产品开发进入更高级的阶段。

成熟期最典型的特点是市场销售量的年增长率显著下降。进入市场的各种品牌、型号、款式的产品竞争非常激烈，市场需求趋向饱和，潜在的客户群减少，产品销量增长缓慢甚至停滞、负增长。商家通过降低产品售价、增加促销费用来售卖商品，使得企业利润下降。但是，有些产品的成熟期也会无限延续，例如铅笔。

这一时期，是产品设计与艺术审美高度结合的时期，产品发展已经非常成熟。为了能够开辟出新的市场、吸引顾客的眼球，企业在产品外观和细节上寻求设计突破。单纯有用的产品已经不具备竞争力，诸如时尚好看的外观、良好的使用体验、人性化的界面设计、智能化的操控功能……成为评判产品的新标准。

4. 衰退期

成熟期过后，产品进入衰退期。此时的产品进入了全面完善的时期。

所谓全面完善，是指产品的外观、功能、技术、工效等都得到了全面提升，产品各个方面都要优于之前。随着产品的完善，消费者对产品的评判标准提高，产品开发的成本增加，价格低估与开发成本不成正比，又由于市场竞争激烈而导致销售量负增长，企业利润降低，竞争中经营不善的企业面临倒闭。

很多企业寻求新发展，不断研发新技术、新功能，老产品的替代产品推出，顾客从观望到接受，到消费习惯发生转变，替代产品逐渐取代老产品，从而使原来产品的销售量和利润迅速下降。此时，老产品经历完了它的生命，退出了市场，新产品进入它的引入期。周而复始，市场往复更迭，人类的物质文明才能不断进步。

例如，在20世纪的五六十年代，商用无线寻呼机诞生，这种小型无线接收机很快便在各国流行起来，摩托罗拉寻呼机（图2-9）可谓红极一时，其他品牌随后也纷纷进入市场。寻呼机使沟通变得更高效，它的出现改变了人们的沟通距离和方式，它的鼎盛时期一直持续到20世纪末，伴随着移动电话的发展，它的地位才渐渐被取代。寻呼机可以说是民用小型电子移动通信工具的第一代产品，它从出现、发展、鼎盛直至衰退经历了半个多世纪，它是在通信技术发展与经济发展的需求下催生出来的，最重要的是它为手机的顺利发展提供了必要的群体需求认知基础，使人们对灵活、可移动的通信产生了需求依赖。手机（图2-10）在寻呼机退出市场前就已经出现，这一时期既是寻呼机的衰退期，也是手机的引入期，是新旧产品交替的阶段。一些企业准确判断了产品发展的方向，不断创新、开发新产品，摩托罗拉、诺基亚、西门子公司是这一过渡期最大的获益企业。

有部分研究学者将衰退期又分为衰退期和过渡期，过渡期处于衰退期之后，是新老产品交接的时期。老产品仍然在生产、售卖，受新技术、新功能、新标准冲击，销量低、利润低。新产品处于萌芽阶段，市场认知和接受度较低，但是很有发展前景，一些领头的企业提前布局市场，投资产品研发。

（三）研究产品生命周期的意义

产品生命周期反映了产品生命的全部特征。它的研究是系统论方法在产品开发中理论研究的应用，该理论提供了一套适用的企业产品开发战略规划观点，对产品生命周期内各个阶段的产品开发规划具有指导性的意义。产品生命周期揭示了任何产品都和生物有机体一样，有一个诞生—成长—成熟—衰亡的过程。借助产品生命周期理论，可以分析判断产品处于生命周期的哪一阶段，推测产品今后发展的趋势，正确把握产品的市场寿命，并根据不同阶段的特点，采取相应的产品开发组合策略，增强企业竞争力，提高企业的经济效益。

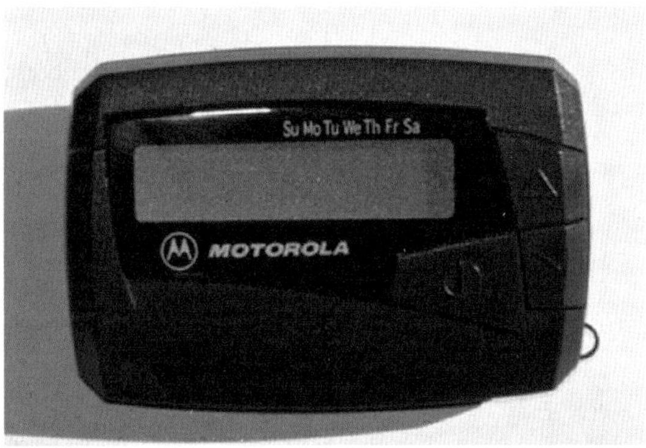

图2-9　摩托罗拉（MOTOROLA）寻呼机

图2-10　西门子手机

三、产品开发涉及多学科知识的融合

产品开发过程会综合考虑产品的市场需求变化，而不断调整策略，产品开发过程与产品生命周期紧密联系在一起。从系统论的角度理解产品，表面看是个物化的功能外表，背后是由一个复杂的系统撑起的。无论是产品开发流程，还是产品发展的生命周期线，都与多个学科知识发生着关联，是多学科知识融合的复杂过程。

如图2-11所示为产品开发流程与知识关联图，该流程与多个学科有关联。从消费者产生需求为开端到业界有所反应并进行研发、生产、销售的产品开发流程，无不集成了各种知识、技术、技能，必须由各领域不同专业知识背景的人共同协作才能够完成产品开发的全过程。如图2-8所示，产品发展与技术及材料创新、制造水平、营销策略、大众审美、消费心理、社会反响、政策法规、产品迭代更新速度等内容关系密切，综合多因素、多角度才能判断产品所处生命周期的发展阶段，才能更好的为研究产品开发策略提供正确的依据。

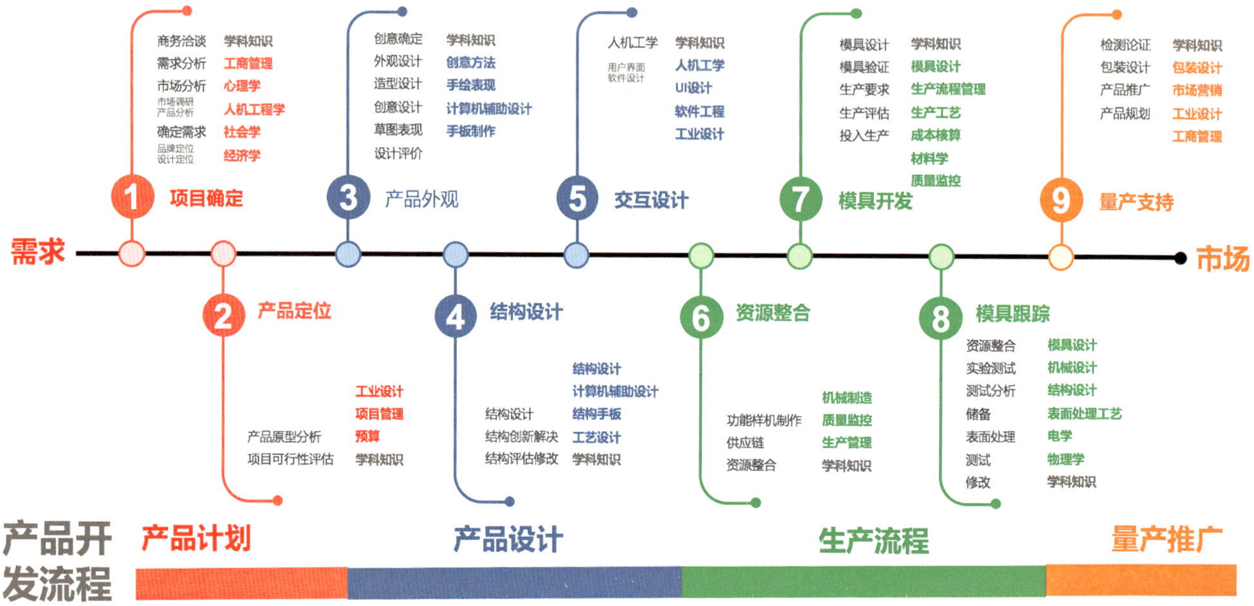

图2-11 产品开发流程与知识关联图

第三节 产品系统的外部因素

产品系统的外部因素是从宏观的角度来界定的，对产品的决策起重要指导作用，文化、历史、社会、经济、科技、自然资源等构成了产品系统的外部因素。

一、文化因素

（一）文化

在《汉语大词典》中对“文化”的解释是“人类在社会历史发展过程中所创造的物质财富和精神财富的总和，特指精神财富，如文学、艺术、教育、科学等。”

英国人类学家爱德华·伯内特·泰勒（Edward Burnett Tylor）在1871年出版的《原始文化》一书中说：“文化或文明，就其广泛的民族学意义来说，乃是包括知识、信仰、艺术、道德、法律、习俗和任何人作为一名社会成员而获得的能力和习惯在内的复杂整体。”

世界各国对文化的解释还有很多，从众多的观点中可以看到共性，文化问题实际就是“人”的问题。人类在进化过程中，按照一定的尺度去改变环境、发展自己，这样的活动及其成果就是文化。

从广义的角度来理解，文化是一个群体（可以是国家，也可以是民族、企业、家庭）在一定时期内形成的思想、理念、行为、习惯、代表人物，及由这个群体意识所辐射出来的一切活动。可以把它分为四个层次（图2-12）：

（1）物态文化层，由物化的知识力量构成，是人的物质生活及其产品的总和，是可感知的、具有物质实体的文化事物。如生活中使用的小电子产品、家电产品都属于这一层面。

（2）制度文化层，由人类在社会实践中建立的各种社会规范构成。包括社会经济制度、婚姻制度、家庭制度、政治法律制度，包括家族、民族、国家、经济、政治、宗教社团、教育、科技、艺术组织等。

（3）行为文化层，以民风民俗形态出现，见之于日常起居动作之中，具有鲜明的民族、地域特色。

（4）心态文化层，由人类社会实践和意识活动中经过长期孕育而形成的价值观、审美情趣、思维方式等构成，是文化的核心部分。

狭义的“文化”侧重精神创造活动及其结果，指社会的意识形态，特指精神财富，如文学、艺术、教育、科学等，同时也包括社会制度和组织机构。广义文化包含人类的物质创造活动及结果，产品的创造是人类物质创造过程中的成果，它的研究属于广义文化的研究范畴。

（二）产品文化

人类社会的发展过程，也是人类文明的发展过程。文化在其中推动社会发展，推动物质文明建设，是人类创造和使用工具的动力，也推动了产品设计的发展。文化发展过程中，人类通过创造活动改造了环境，又通过改变行为的方式来适应改变的环境，文化使人类的适应过程加快了进程。

产品是人类文化在发展进程中的产物，它涵盖了人的衣、食、住、行、用多个方面。文化对产品的影响无处不在，诸如服饰文化、饮食文化、茶文化、啤酒文化、建筑文化、家居文化、汽车文化、休闲文化……可见文化内容之宽泛。它以产品为介质融入社会生活当中，通过有形的产品传达无形的文化内涵。产品通过与道德、伦理、社会、民族、时代、艺术等建立复杂的联系，才能构成产品丰富的文化内涵。增加产品的文化含量，也是提高产品附加值的重要方法。有文化内涵的产品设计，很容易就能被辨识出它来自于哪个国家、民族、时代、品牌，甚至能辨识它出自哪位设计师之手，这正是基于文化因素的综合体现，通过产品的表象外化的结果。

例如，法国奢侈品品牌LV（路易威登）的箱包设计极具辨识度，得益于LV经典老花纹（图2-13）的设计。它初创于1896年，在此后一百多年的历史中，箱包的外形不停变化，但LV老花纹一直被作为元素使用。不同年代的设计师根据当下流行的风潮改变配色、纹样大小、材料、质感（图2-14），但纹样的排列组合始终沿用，它成了LV品牌永恒的文化标志，也是传达企业文化、品牌价值、设计理念最直观的视觉符号。

塑造产品文化内涵的过程中，设计师将文化融入产品设计创新之中，在设计过程中就充分考虑产品的文化功能和使用者的文化心理，由二者共同体现出产品的文化精

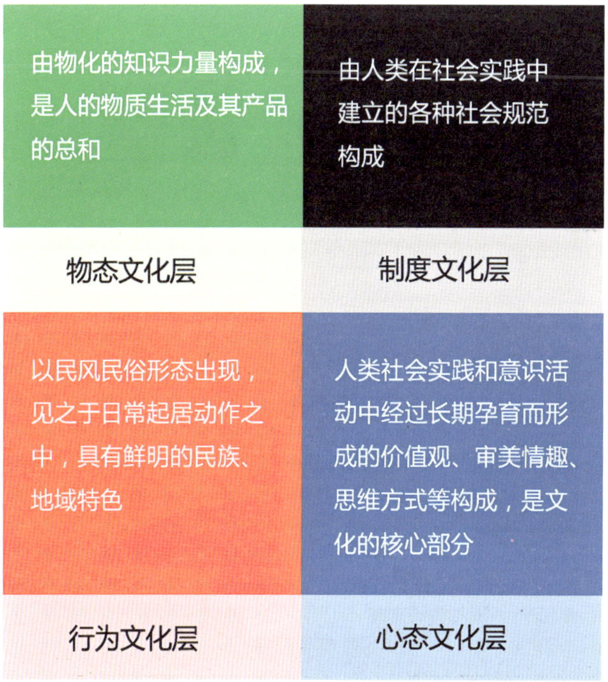

图2-12　文化的四个层次

图2-13　LV经典老花纹

神，才能赋予产品一定的文化情调。

（三）文化对产品设计的影响

产品设计是一项社会性的创造活动，它根植于人类的社会生活，不同环境、经济、政治、历史、人口数量等条件的改变，会改变设计师及消费群对于产品功能、结构、审美及文化内涵的认知，最终产品的表现形式也会千差万别。各国民族的传统文化代代相传，形成了具有历史延续性的风格和社会认知度，是民族传统、民族审美观念与审美心理的文化背景的反映，会直接影响设计的导向。以下所列举的几种特点鲜明的设计风格，它们不同程度上受到各国民族文化的影响，呈现出不一样的风格特点。

"斯堪的纳维亚风格"的产品设计体现了传统的民间思想与现代设计的结合，保留了本土的手工艺术和传统的文化底蕴，它注重产品的人性化和功能性，追求具有低廉的价格并具有良好体验的设计风格。斯堪的纳维亚地区主要包含芬兰、挪威、丹麦、瑞典和冰岛这几个国家，"斯堪的纳维亚风格"中的功能性主义，主要受这些国家简单、实用的传统设计理念的影响，受普通大众对设计需求的影响，设计中以简单、简约为主，以实用为主，并且突出功能性。例如瑞典设计师凯瑟琳娜·基佩尔（Catharina Kippel）的作品Cobalt蓝白色调陶瓷杯具的设计（图2-15），配色经典、功能实用，使得它在市场上流行了半个世纪。芬兰设计大师艾洛·阿尼奥（Eero Aarnio）设计的小狗玩具（图2-16）、丹麦设计师保尔·汉宁森（Poul henningsen）设计的灯具PH灯（图2-17）也体现出了斯堪的纳维亚地区的设计特点。

中国风格，也称中国风，是建立在中国文化的基础之上，蕴含中国元素、特征的艺术形式或生活方式。中国传统的建筑、家具、服饰、书画、瓷器等都体现了典型的中国风。中国文化博大精深，具有历史的延续性，各朝各代的文化元素非常丰富。"中国元素"体现了中华民族独特的文化内涵、精神气质和美学意蕴，是中国传统思想与价值观的符码，是塑造中国设计风格的重要手段。中国的设计风格就是由中国的设计思想融入中国元素而形成的。如图2-18所示，是设计师贝聿铭设计的苏州博物馆、梵几家具品牌的新中式风格家具设计、设计师潘虎设计的雪花啤酒新形象，这些作品都具有典型的中国风格特征。其中，苏州博物馆巧妙结合苏州建筑风格，园林造景也继承了

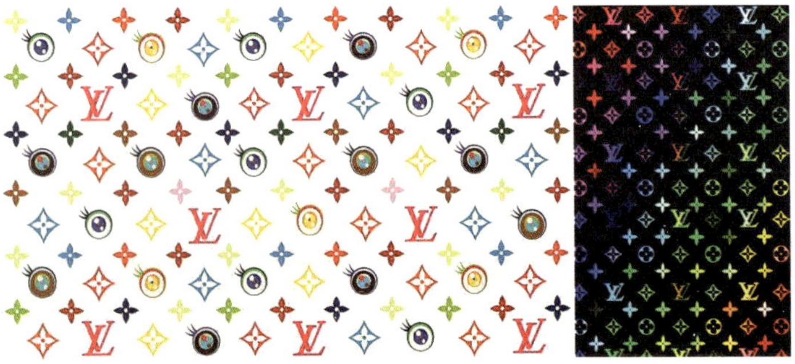

图2-14 LV老花纹的再设计

图2-15 Cobalt蓝白色调陶瓷杯具的设计

图2-16 小狗玩具

图2-17 PH灯

苏州园林传统的艺术审美规则。梵几家具品牌的新中式家具设计，以明式家具式样为范本，结合现代生活新场景下的新需求进行家具产品设计，秉承了明式家具精而简的造物精神。设计师潘虎做的雪花啤酒瓶型及包装设计，将“印章”“步步锦”“窗棂”多个中国元素有机融合，既体现出典型的中国风又极具国际审美。

（四）文化如何融入设计

文化，是看不见摸不着的东西，但是它却以其巨大的力量左右着人们的方方面面，人类创造了文化，反过来，文化也影响着人类发展的进程。它是以一种意识形态存在于我们的生活中，对于不同群体、不同地域、不同宗教都有不同的表象。

塑造设计的文化内涵，首先，要了解设计所处的文化环境。文化环境指社会的结构、风俗和习惯、信仰和价值观念、行为规范、生活方式、文化传统、审美观念、人口规模、地理分布等因素的总和。只有了解文化环境，形成的设计观念才能与产品设计创意关联，这个过程也是产品文化内涵塑造的必经过程。

其次，要抓住文化的精髓。文化具有多样性、多元性、隐蔽性，只有透过复杂的表象找到文化的构成、特征、性质和要素，才能探求文化的精髓。而文化精髓是激发设计创意的灵感和指导内容。例如，比亚迪“宋”这款汽车的设计（图2-19），表面上看到的是中国自有品牌的新能源汽车，从文化的角度看汽车的外观设计从中国“龙”提取了元素，推出Dragon face（以龙为元素的前脸设计）设计方案（图2-20），与“王朝”主题在寓意上契

图2-18　中国风设计组图

图2-19　比亚迪“宋”Dragon face的前脸设计

图2-20　比亚迪“王朝”系列Dragon face的前脸设计

合，外观线条的抽象提炼，既考虑美感也考虑汽车的功能性，体现出中国传统文化与西方美学规则的完美结合。

最后，要站在文化的角度审视设计。从文化的视角来观察和分析设计，能够更全面地认识和理解设计。这个过程其实是个反观设计的过程，包含两个角度：其一，设计师从文化的高度来审视设计，从而进行设计评价，能够对设计进行有深度的推敲和完善；其二，对于研究设计、学习设计的群体而言，反观的角度是提升设计观察、思辨、分析能力的过程，能更有深度地认识设计和理解设计。

二、社会因素

（一）人类社会

早在一万年前人类就已经有了群体生活，渺小的人类群居在一起，合力对抗大自然，渐渐出现了劳动分工和社会分工，逐渐形成了家庭、部落乃至国家。这种群体的集结关系是人类社会的雏形。

社会是个非常宽泛而复杂的系统，它是生物与环境形成的关系总和。人类社会特指生活在社会环境中的全部人类的总和。人们为了共同的利益、价值观和目标形成大大小小不同的联盟，如国家、军队、社区、公司、学校等，所有的团体以错综复杂的关系联合起来的集合，就构成了人类社会。

（二）社会生活

社会生活是指人类社会的生活系统。广义的社会生活中与经济生活、政治生活、精神生活相对应的社会生活，就是指社会日常生活。内容主要表现为个人、家庭及其他社会群体在物质和精神方面的消费性活动，包括吃、穿、住、行、用、娱乐、体育、社交、学习、婚姻、风俗习惯、典礼仪式等广泛的领域。如图2-21所示，可以直观表达出社会生活与人、产品、社会环境之间的关系。

满足社会生活的需求，是产品开发的主要原因。好的产品设计能为生活带来便利，让繁重的体力劳动变简单，为生活提供更多解决问题的思路，它的价值是在社会生活当中得到体现的。社会生活的需求具有多样化、多层次，既有使用功能上的不同要求，也有欣赏、身份象征上的诸多差异性，产品的价值正是社会生活综合因素的体现。对社会生活的研究能为产品开发提供源源不断的创新思路。

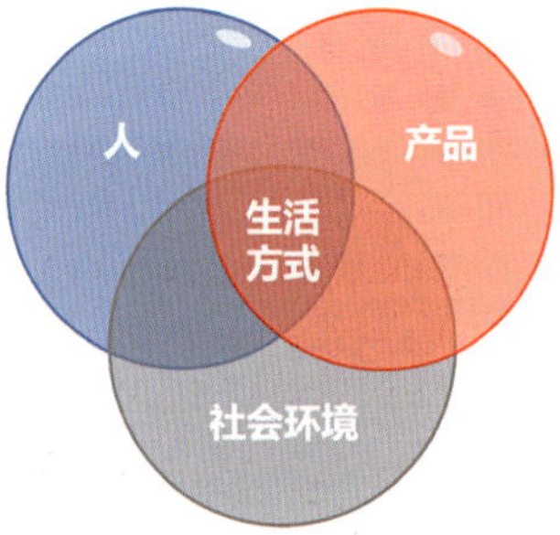

图2-21　生活方式关系示意图

世界上很多国家都成立了专门研究生活方式的研究机构，从事多样性、多元化生活方式的研究，从中探寻服务于人类生活及产品创造的新价值。

（三）社会生活的研究角度

1. 从新的生活方式角度

从人们的生活中了解各种消费群体的需求，探索新的生活方式和价值观。从消费者和使用者的角度研究物品的功能和价值。例如，5G技术会给我们的生活带来哪些改变？我们的生活方式是否会发生大变化？这或许会成为产品设计的下一个热门议题。

2. 从社会生态的角度

科技发展催生出各种电子、电器产品，人们的生活方式发生了翻天覆地的变化，汽车、高铁、飞机改变了人们出行的方式与速度，风扇、空调、暖气改变了建筑体内的温度，在获取产品提供的舒适、便捷功能的同时，地球资源也在被大量消耗，对社会生活环境、大自然环境造成不同程度的破坏。近年来，开始提倡可持续的产品设计（或叫绿色产品设计、清洁设计），指在设计产品时就考虑降低其整个生命周期内的成本和对环境的影响，满足生活需求的同时也要满足生态的维系需求。从社会的总体效益出发，从社会与生态关系平衡的角度对生活方式进行研究与再规划，然后对具体的设计进行宏观指导，走可持续发展的道路，这也是未来产品设计的必然趋势。

3. 闲暇时间的生活方式研究

生活中除了劳动时间外，还有学习、娱乐、健身、旅游等，为闲暇时间而创造的产品数量很多，例如自平衡车、iPad这些工作之余常用的电子产品，户外旅行用的户外手电、帐篷、登山杖等。对闲暇时间生活方式的研究可从如何提高享受、提高个人自身发展这两个方向着手，产品设计也应以建立文明、健康、科学的生活方式为目标。

4. 研究使用者的使用情境

使用者在使用产品的过程中，具有习惯、环境、时间等各种条件的差异性，例如，雨伞在雨天使用，遮雨是它的主要功能，许多女孩也用它来遮阳光。中国、美国、俄罗斯、法国等国家的驾驶座在驾驶舱左侧、靠马路右侧行驶，而英国、爱尔兰等一些国家则是右座靠左行驶。所以，研究产品使用情景时，只有区分不同生活方式的群体对产品的需求，才能找到新的设计创新点。

5. 对生活方式进行多方位研究

人类的生活方式根据群体划分的不同而存在很大差异性、多样性。包含工作生活、闲暇生活、消费生活、家庭生活、儿童生活、青年生活、成年人生活、老年人生活、残障人生活、农村生活、城市生活等，要从多个角度对生活方式进行观察。例如对老年人的生活研究，不但包括老年人的心理、老年人的生理、老年人的消费习惯、社会交际、养老模式、养老保障……还应当从老年用品的研究、老年人居住空间的研究、养老机构设施的研究等展开。而越深入、越细分的研究，越能发现独特视角，产品解决的问题也越具有针对性，如图2-22所示就是专为老年人而设计的侧开门浴缸。

三、经济因素

对于企业来说，投入成本进行产品开发的最终目的是从中获取更多利润（图2-23）。经济因素左右着产品开发的过程和质量，它与产品开发的关系密切而复杂。产品结构、产品零配件材料、表面处理、工艺水平要求的高低决定着产品的品质和成本控制的问题；产品的功能、性能、档次、价格要求的高低决定着产品的利润；产品的品牌、市场占有率、市场定位决定着企业的营销目标和经济收益。反过来，经济投入的多与少对产品的品质、功能、性能、档次、价格和市场定位也起决定性作用。

图2-22 充分考虑老年人洗浴过程需求而设计的侧开门浴缸

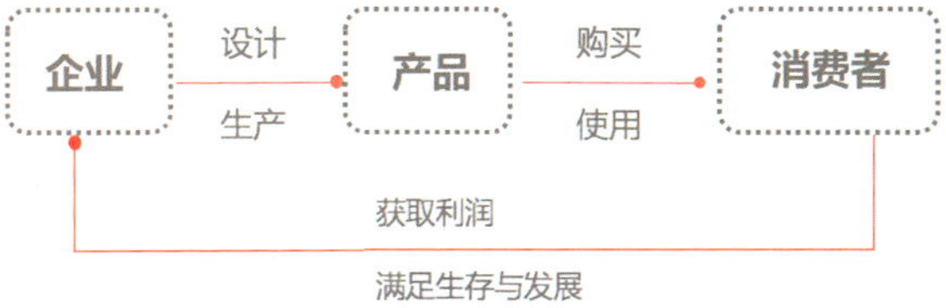

图2-23 企业、产品、消费者之间的经济关系

（一）经济

经济是价值的创造、转化和实现；人类的经济活动就是创造、转化、实现价值，是满足人类物质文化生活需要的活动。

通俗来说，经济就是生产生活上的节约、节俭，前者包括节约资金、物质资料和劳动等，即用尽可能少的劳动消耗生产出尽可能多的社会所需的成果。后者指个人或家庭在生活消费上精打细算，用消耗少的消费品来满足最大的需要。它的核心思想是用较少的人力、物力、财力、时间、空间获取较大的成果或收益。

产品开发中的经济概念指宏观经济形势、市场经济状况、消费者收入分配、产品价格成本等影响产品规划、开发、销售、使用有关的经济问题。

（二）市场经济

市场为产品竞争提供了环境，市场经济就是商品经济，交换与竞争是市场经济的活动，市场经济环境为各个企业的产品提供了一个公平竞争的环境。

产品生产出来后，要进入市场进行交易，与众多的同类产品同台竞争。早期人们“以物易物”的交换过程中，单一的需求就能促成交易的完成。在市场经济环境复杂的当下，“等价交换”的动机除了满足需求外，还包含复杂的内容，如产品的耐用度、口碑、维修服务、时尚元素、品牌知名度……复杂的产品评价体系，已经不以功能作为唯一标准，产品开发应紧随市场消费需求的变化，才能创造出具有竞争力的产品。产品竞争实际也已转变为生产经营者之间综合素质的竞争，产品具有竞争力是企业创新能力的综合反映。

（三）以市场经济为导向的产品开发

经济是一种动态、平衡的关系，生产是基础，消费是终点。产品开发的过程是生产的过程，消费过程是产品体现价值的过程。市场经济则是商品交换、竞争的过程，产品开发需要遵循市场优胜劣汰的规律。在市场竞争过程中，产品要想保持竞争优势，就必须做到“以市场为导向，以客户为中心”。产品开发过程要以市场经济为导向，了解市场规律变化，从而把握市场新动态，了解顾客群体的消费需求变化，才有可能设计出具有市场竞争力的新产品。

产品的竞争力是企业生存和发展的根本。产品在市场竞争中要立于不败之地，产品开发过程应遵循市场竞争过程中的一些规则：

（1）市场竞争中，产品生产者要提供质量合格的产品，保证消费者的利益。产品的质量是产品具有市场竞争力的关键，如果企业生产的产品质量差、缺少认可度，在竞争中必然处于劣势。反之，好的产品质量会增加产品的好感度、增加产品的销量，为企业带来更多利润，使企业具有更强的竞争力。

（2）具有创新度的产品，在市场竞争中能立于不败之地。产品是企业的生命，新产品是企业生命的强生素。一些百年老店之所以能延续旺盛，历久不衰，就是得益于不断推陈出新。新产品具有新创意，在新科技、新材料、新工艺、新风潮、新的生活方式等角度来发掘产品创意，才能持之以恒地提出具有市场竞争力的创新产品。

（3）市场竞争对产品的发展起到正向促进作用，在激烈的市场竞争环境下，企业为了保持市场竞争优势，要不懈地研发新产品、改进旧产品、淘汰过时产品，使企业保持生命力。

（4）要遵守市场监督与管理制度，保证生产经营者和消费者的利益。生产接受监督和管理，企业保证商品的质量，建立质量保证体系，提高产品的合格率，不销售不合格产品。建立从产品到商品的监督投诉制度，建立信誉制度并和生产者、经营者的利益挂钩，制约损坏消费者利益的行为。

（5）产品开发过程要遵守市场经济中的法律，不损害其他企业及广大消费者的利益。诸如制造假冒伪劣产品、偷窃知识产权等属于违法行为，应绝对禁止。

四、科技因素

（一）科技

1. 科技的概念

科学技术包含着科学和技术两个概念，它们虽属于不同的范畴，但二者之间相互渗透，相辅相成，有着密不可分的联系。科学是技术的理论指导，技术是以科学的理论为基础结合生产实际进行开发研究得出的新方法、新材料、新工艺、新品种、新产品等。技术是科学的实际运用，在技术开发过程中所出现的新现象和提出的新问题，可以扩展科学研究的领域。

2. 科学技术是生产力

近代科学技术的进步，有力地促进了资本主义的机器工业和社会化大生产的发展，马克思明确提出了“科学技术是生产力”的观点。科学技术就其生产和发展过程而言，是一种社会活动，是由生产决定的；就其内容属性而言，科学技术是生产实践经验和社会意识的结晶；就其实际的功能而言，科学技术是以知识形态为特征的“一般社会生产力”和“直接生产力”。

3. 科学技术与产品设计的关系

科学技术的每一次革命，都对设计有决定性影响。在手工生产时期，对劳动工具结构的改进，能够提高劳动效率和产品质量；工业革命时期，出现大规模的机器生产，设计与生产过程相分离，手工艺人角色分化，在工业化的背景下形成了现代设计；第二次世界大战后，欧洲工业复苏，科学技术飞速发展。1947年，晶体管的发明促成了集成电路的出现，随后被大规模应用于电子产品元部件中，使电子产品的尺寸可以做得很小，产品从结构到外观都有了很大变化，小型化成为20世纪六七十年代产品追求的标准，日本索尼集团公司（Sony Group Corp）生产的Walkman随身听（图2-24）是当时最具代表性的产品。信息时代科学技术高速发展，计算机、互联网、手机、笔记本电脑、无人机……科技产品设计空前大爆发，便携、轻小、人工智能、多功能、人性化、环保成为产品新的标准。

科学技术的发展影响着产品设计，继而也改变着人们的生活方式。例如电视机的出现，它把世界各地的信息以图像、声音的方式带到家庭中，家庭成员围坐在电视机前一起观看电视节目的过程促进了家庭成员之间的沟通，一天中用于接触外界信息的时间变得更长，信息获取的渠道也变得更直接、高效。如图2-25所示是1932年德国柏林最早的阴极射线管电视机。

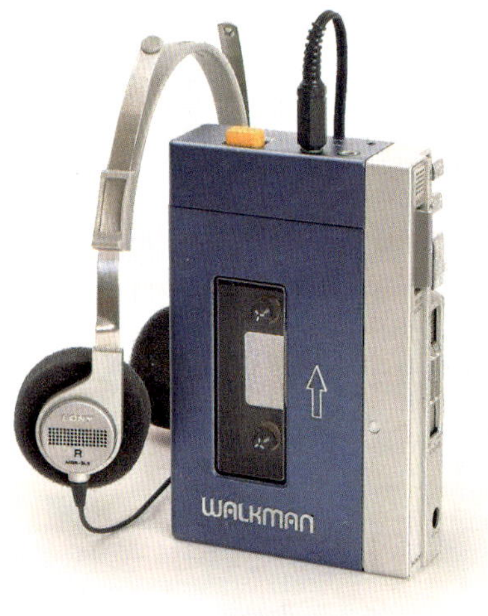

图2-24 Walkman随身听

图2-25 1932年德国柏林最早的阴极射线管电视机

（二）科技的发展对产品规划内容的影响

1. 科技发展促进社会经济结构的调整

每一种新技术的发现、推广都会给有些企业带来新的市场机会，促使新行业的出现。同时，也会对某些行业、企业造成威胁，使这些行业、企业受到冲击甚至被淘汰。例如，电脑的运用代替了传统的打字机，复印机的发明排挤了复写纸的市场，数码相机的出现夺走胶卷的绝大部分市场，网络大数据的出现让各地的价格变得透明。市场的变化总是伴随着新的市场机会，跟紧技术发展的大潮流才能找到新的发展机会。

2. 科技发展使消费者购买行为发生改变

随着多媒体和网络技术的发展，出现了"淘宝商城""微商""海淘""直播带货"等。移动通信技术的应用，出现了"手机支付""刷脸支付"等新型支付方式。出行前通过手机端购买高铁票、飞机票、电影票、景点门票，不用排队等待的购票方式也是受惠于技术的发展。很多企业抓住时代发展的契机，推出了线上网店与线下实体店相结合的售卖方式，紧跟消费行为改变的步伐。品牌、商品打广告的方式也从传统电视、户外广告转场互联网，网站、应用软件（App）、自媒体等广告投放的新平台，这与极速增加的网购群体分不开。科技的发展为消费提供了新的、更便捷的方式，也促使购买行为发生变化。

3. 科技发展影响企业产品开发组合策略的创新

科技发展使新产品不断涌现，产品生命周期明显缩短，要求企业必须关注新产品的开发，加速产品的更新换代。科技手段的运用降低了产品成本，使产品价格下降，并能够快速掌握价格信息，要求企业及时做好价格调整工作。科技发展促进流通方式的现代化进程，要求企业采用顾客自我服务和各种直销的方式，如无人商店、社区团购群等。科技发展使广告媒体更多样、信息传播更快速、市场环境更广阔、促销方式更灵活。为此，要求企业不断分析科技新发展，变化产品开发组合的策略，使产品开发适应市场形势的新变化。

4. 科技发展促进企业产品开发管理的现代化

科技发展为产品开发管理部门提供了必要的装备，如电脑、打印机、扫描仪、传真机、硬盘等；网络信息技术为企业提供了网络信息，如消费大数据、健康大数据等；信息技术发展对产品开发管理最大的贡献在于管理软件的应用，如考勤软件、市场调研软件、生产管理软件、远程洽谈软件等，它能帮助管理人员准确、高效地完成复杂的工作。设备、信息和软件的应用，对改善企业产品开发管理、实现管理现代化起到了重要作用。设计管理人员需要不断更新观念、学习新的管理理论和方法，才能提高产品开发的管理水平。

（三）科技对产品开发的影响

科技的革新往往跟随着新产品的出现，它是引领产品开发的重要因素。新产品又反过来为科技的发展提供了物质基础，它们相互成就。在科学技术中，信息技术、工程技术、材料科学对产品设计的影响尤为重要。

（1）信息技术的发展，将产品设计带入一个全新的发展领域，使产品设计过程发生了革命性的变化。在网络和计算机辅助下通过产品数据模型，全面模拟产品的设计、制造、装配、分析的过程，提高了产品设计的效率，更新了传统的设计思想，降低了产品开发的成本，缩短了产品开发的周期。信息技术的发展对产品设计内容的影响也很大，微处理器的出现使设备变得更轻小化、便携，使移动设备具有了远程操控、人工智能等功能。这样，设计师可以在较大的空间尺度变化范围内使产品形态设计更多样化。

（2）材料科学的发展，也在很大程度上影响着产品设计。材料作为产品设计的组成要素，它的选择决定产品的外形加工风格、使用寿命、生产成本、销售状况。不同的材料特性、加工技术水平对产品形态有一定的影响。例如早期的打印机、电冰箱、电视机形体较大，平面直线较多，都是受制于加工水平落后，金属冲压成型技术的发展，可以获得大面积的、流畅的曲面，这给产品的形态设计向曲线曲面发展提供了技术支持。新材料的出现对产品设计的外观、结构、性能都有影响，如马歇尔·拉尤斯·布劳耶（Marcel Lajos Breuer）设计的瓦西里椅子（图2-26）、彼得·贝伦斯

图2-26 瓦西里椅子

图2-27 不锈钢八角水壶

图2-28 橡胶轮胎

（Peter Behrens）设计的不锈钢八角水壶（图2-27）、邓禄普公司设计的橡胶轮胎（图2-28），都是特定时代新材料的设计应用典范。新材料在为产品设计提供设计灵感的同时，产品也赋予了材料不同的作用，使其进入消费者的视野。

（3）工程技术的发展改变了产品生产的方式，也影响着产品开发的过程。传统的产品生产是工业革命以来所形成的大批量的机械化生产方式，通过模具能够生产出一模一样的产品，保证了产品质量、提高了加工效率、降低了生产成本。但是模具制造方式也存在一定的问题，如鞋的尺码都是固定为几个尺寸的模具，但是消费者千变万化的脚型与运动习惯对尺码与鞋型都有个性化需求。此外，当市场的需求快速改变时，生产系统却无法及时有效地进行调整，容易造成生产线滞后于市场需求的局面。生产技术发展到现阶段，快速成型技术、3D打印技术的出现，使智能化制造成为现实。

快速成型技术是在电脑端输入程序，通过自动控制和调节随时改变机器的工作程序，从而快速改变产品的款式、型号，根据不同的需要生产不同款式的产品。原来那种大批量、标准化的刚性生产方式变成小批量、多样化、灵活的柔性生产方式。同样一套制造系统可以灵活生产各种产品，从而缩短了设计到生产的过程，使产品生产能够快速调整以满足需求多变的市场。

3D打印技术实现了个性化制造模式，是通过在电脑端输入模型数据，进行个性化立体实物制作的技术，它能实现多种材料的打印。它体现了设备小型化、智能化、个人化的特征。3D打印技术使产品的个性化设计与生产成为可能，消费者可以根据自身条件、喜好，甚至不同的产品使用情景自行进行设计与生产，如图2-29所示是利用3D打印技术打印的鞋底。

五、生态因素

（一）生态环境

生态环境是生态和环境两个名词的组合。生态一词源于古希腊字，原来是指一切生物的状态，

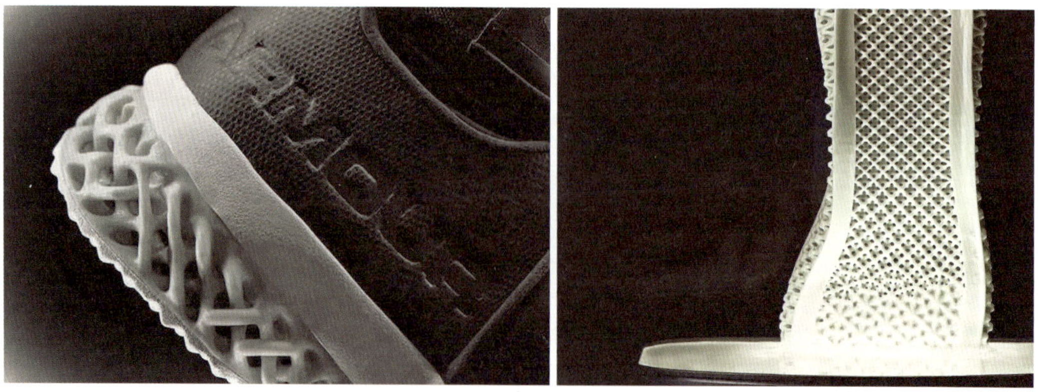

图2-29 3D打印技术打印的鞋底

以及不同生物个体之间、生物与环境之间的关系。德国生物学家E·海克尔（E. Haekel）于1869年提出生态学的概念，认为它是研究动物与植物之间、动植物及环境之间相互影响的一门学科。但是后来提及生态术语时所涉及的范畴越来越广，特别在国内常用生态表征一种理想状态，出现了生态城市、生态乡村、生态食品、生态旅游等提法。环境一词泛指地理环境，是围绕人类的自然现象总和，可分为自然环境、经济环境和社会文化环境。

生态环境是指影响人类生存与发展的水资源、土地资源、生物资源以及气候资源数量与质量的总称，是关系到社会和经济持续发展的复合生态系统。生态环境问题是指人类为其自身生存和发展，在利用和改造自然的过程中，对自然环境破坏和污染所产生的危害人类生存的各种负反馈效应。

（二）生态环境保护

在人类工业高速发展的200年时间里，人类的生存环境也遭到了巨大破坏。开采用于炼铁的铁矿、工业废水排回湖泊和大海，炼制汽油需要向大海不断抽取石油，塑料制品报废成为垃圾，供给暖气需要燃烧煤炭，农业生产需要大量使用肥料，城市的扩张需要开山伐林……这一系列是工业社会发展的行为，它既为人类带来了现代的生活享受，也对环境造成了破坏。反过来，生态环境的破坏也威胁着人类的生存，如空气污染、水污染、资源枯竭、气候变暖、沙漠化等。人类不得不关注自身与自然生态环境的协调问题，反省人与自然的关系。

近年，国内外都针对环境问题采取了大量举措。联合国召开了“联合国环境与发展会议”，提出了“可持续发展战略”，通过了《里约环境与发展宣言》（又称《地球宪章》），制定了环境与发展相结合的方针，标志着人与自然和谐发展达成全球共识。

我国在环境保护方面也开展了很多工作，颁布了《中华人民共和国环境保护法》《中华人民共和国大气污染防治法》《中华人民共和国水污染防治法》等多项环境保护法规，并践行环境保护（措施）。例如，我国从1959年开始对陕西榆林市毛乌素沙漠进行治理，历经半个多世纪，在卫星地图上显示毛乌素沙漠有600多亩沙漠变成了绿洲（图2-30）。

（三）绿色设计

产品从设计环节进入生产，就进入了物质消耗的过程，这个过程如果存在对环境的负面影响，它的危害将旷日持久。面对日益严峻的环境问题，设计师们以冷静、理性的思辨态度来反省工业设计的历史进程，从深层次来探索工业设计与人类可持续发展的关系，力图通过设计活动，在人—社会—环境之间建立协调发展的机制，“绿色设计”的概念应运而生，成为当今工业设计发展的主要趋势之一。

西班牙的泡泡淡水收集工厂（图2-31），像一系列堆叠在一起的泡泡形怪异的建筑，它由多个玻璃生物圈构成，因外形似一堆肥皂泡而得名。它通过种植在生物圈内的红树吸收海水中的物质，并通过蒸腾作用使淡水蒸汽被冷凝在玻璃圆顶上，最终流入地面的淡水收集工厂中，这是一种纯自然的淡水收集方式，从设计到原理实施都考虑了环境保护的问题，是绿色设计的典范。

绿色设计也称为生态设计、环境设计、环境意识设计，命名不同但是内涵是一致的。绿色设计

图2-30 毛乌素沙漠变绿洲

图2-31 西班牙泡泡淡水收集工厂

指在整个产品生命周期内着重考虑产品的环境属性，可拆卸性、可回收性、可维护性、可重复利用性等，并将其作为设计目标，在满足环境目标要求的同时，保证产品应有的功能、使用寿命、质量等要求。

绿色设计与传统设计的区别在于，它在设计之初就将环境因素和预防污染措施纳入产品设计中。在产品开发流程中，从材料的选择、生产、加工流程到产品的运输、包装等方面都要考虑资源的消耗和对环境的影响，寻找和采用尽可能合理和最优的方案，使资源消耗和对生态环境的影响降到最低。

绿色设计的内容包括绿色产品设计的材料选择与管理、产品的可拆卸性设计、产品的可回收性设计、产品包装与宣传的合理性。

1. 产品材料的选择与管理

（1）在材料选择过程中要遵守环保法规，选择符合环保标准的材料。绿色设计应采用生态材料，即所使用的材料不能对人体和环境造成危害，要做到无毒害、无污染、无放射性、无噪声，从而有利于环境保护和人体健康。

（2）充分利用材料资源，尽量减少材料使用量，减少使用材料的种类，特别是不可再生资源、稀有贵重材料及有毒材料，鼓励使用可降解材料和易于再生资源。表现在产品设计上，满足产品基本功能的前提下，除合理选择材料外，要设计适合于材料的结构，尽量简化产品结构，并考虑产品零部件材料最大限度的再利用。

（3）材料成型工艺过程避免造成环境污染，应考虑废水、废气、废渣的循环再利用，排放时也要符合环保标准。

（4）不能把含有有害成分的材料与无害的材料混在一起。

（5）对于达到寿命周期的产品，有用部分要回收再利用，不可用部分要用一定的工艺方法进行处理，使其对环境的影响降到最低。

2. 产品的可回收性设计

（1）综合考虑材料回收的可能性、回收价值的大小、回收的处理方法等。

（2）使用标准化、模块化的零部件，有利于报废后的回收利用。

（3）设计时应考虑零部件拆卸和分解，产品报废后可以回收或再生。

（4）在可能的情况下应考虑废弃材料的使用，如拆卸下来的木材、五金等，减轻垃圾填埋的压力。

（5）将产品的功能与价值贯穿全生命周期直至废弃的全过程。

（6）不过度装饰产品，考虑产品报废后可用部件、材料的回收处理过程。

3. 产品的可拆卸性设计

（1）设计师在设计之初就要考虑产品结构利于装配和拆卸，方便维护，方便产品报废后重新回收利用。

（2）考虑产品在运输过程中的可分解结构，为运输过程提供方便。

（3）考虑产品在迭代过程中，个别部件的替换，能有效节约产品开发成本。

4. 产品包装与宣传的合理性

（1）不过度包装产品，将产品包装降到最低限度，减少包装材料的浪费，包装工艺不应对环境造成污染，包装过程消耗掉的人力、物力、时间成本也要综合考虑。

（2）产品宣传应合理，倡导绿色环保方式的宣传。

最后，作为一位设计师或准设计师，我们应该以身作则，将环境保护作为设计的标准，提高自己的环保意识。新能源、新工艺的不断涌现，为产品设计带来了很多新创意，设计师应站在生态环境保护的角度来思考产品设计的可持续发展，创造出新颖、独特、绿色的产品。

第四节 产品系统的基本要素

一、功能要素

（一）产品功能

功能是指这个产品所具有的特定的职能，即产品总体的功用和用途。产品的功能则指产品能够做什么或能够提供什么功效。产品的实质是功能的载体，它通过综合结构、外观、内部技术模块、材料等实现功能。消费者购买产品的实体，实际上是为了购买产品所具有的功能和产品使用的性能。如，购买电瓶车的代步功能、购买空调的空气调节功能、购买手机的通话功能等。

产品开发过程中的设计、制造等一系列活动实际都是在实现产品的功能价值。如一支简单的铅笔由木质的笔杆和石墨笔芯组成，在设计过程中需要考虑笔杆的截面尺寸、笔杆长度、笔芯粗细度、抓握舒适性、笔芯装配进笔杆里的工艺流程等，这些细节的设计都是基于满足书写功能的实现而展开的。

产品具备功能是它存在的基础，若产品的功能失效了，就要进行维修，否则产品就会报废。产品功能衰减、功能过时、功能不足等原因都会造成产品被淘汰。

（二）产品功能分析

功能在产品系统诸要素中占首要地位，决定着产品以及整个产品系统的意义。在产品开发过程中，设计师要站在不同的角度对产品的功能进行缜密的推敲。产品功能的确立，与多个因素相关，例如，水杯在市场上有成千上万种，有具有保温功能的、电热功能的、榨汁功能的、泡茶功能的等，水杯品质有好有坏，价格从十元到千元不等，是一个全群体都有需求的产品类型，生产水杯的企业实力大不相同，诸多因素的差异性造就了千差万别的水杯个体。如图2-32所示，一件产品的功能实现，涉及非常多的内容。产品的功能分析可以从用户、产品、企业这三个角度展开：

（1）站在用户的角度：明确用户对产品的功能要求，以及产品应具备的功能内容、功能水平。使用者的反馈意见，影响着产品功能设计的方向，是产品功能优劣的评价标准。诸如使用体验、人机交互体验、“防呆设计”等就

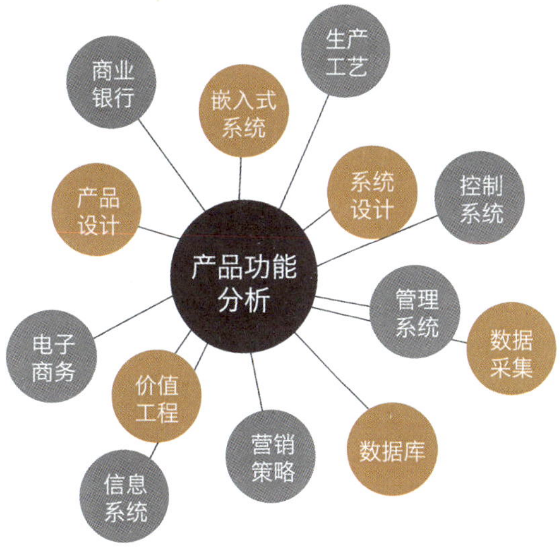

图2-32 产品功能分析示意图

是从用户的角度而展开产品功能合理性的设计的。

（2）站在产品的角度：分析产品功能还应包括结构、材料、技术、工艺等实质的内容。产品实体是构成功能的物质基础，通过对各个物质环节的分析，能够更好地辅助功能的实现。例如从结构的角度对铅笔进行分析，能够更准确、深入地发现自动铅笔笔芯易断的问题。但是分析的终极目的是书写功能的实现，解决铅笔芯易断问题时应以书写功能作为基础，最终还应回归到功能分析的层面上。

（3）站在企业的角度：主要是从经济的角度来考虑，考虑产品实现每项功能的性价比，考虑企业是否具备实现该功能的资金投入、生产条件、时间周期、人员投入等现实的因素，产品功能实现要从企业能否盈利的角度来考虑。

（三）产品功能的分类

产品及其零部件或构成要素，往往需要若干个功能，由于它们所承担的角色轻重不一，使用性质也不尽相同。因此，需要加以分类区别，以便在进行功能分类时区别对待，如表2-1所示。

表2-1　功能分类

分类条件	功能分类
按需求性质分类	使用功能
	精神功能
按功能的重要性分类	主要功能
	附属功能
按需求分类	必要功能
	不必要功能
按需求满意度分类	不足功能
	过剩功能
	适度功能

1. 按需求性质分类——使用功能和精神功能

使用功能是指产品所具有的特定用途，体现产品使用目的的功能。这里也包括与技术、经济用途直接有关的功能。如自行车的使用功能是骑行，共享单车的使用功能也是骑行。虽然它们的所有者不同，但是从使用需求的角度来看是一致的。

精神功能是指影响使用者心理感受和主观意识的功能，也可称作心理功能。如，使用者是通过产品的样式、造型、质感、色彩等产生不同感觉的。诸如：豪华感、现代感、技术感、美感等。

2. 按功能的重要性分类——主要功能和附属功能

主要功能是指与设计生产产品直接相关的功能，这是产品存在的理由，对于使用者来说，这是必要的基本功能。否则，产品也就失去了存在的意义。如，自行车的主要功能是骑行，如果失去了骑行功能它就失去了存在的意义。

附属功能是辅助主要功能更好地实现其目的的功能，有时也是不可缺少的功能。如，自行车上的坐鞍属于附件，在骑行过程中能够起到支撑身体上半身重量的作用，为骑行带来方便，没有坐鞍的自行车依然能够骑行，一种专用于攀爬的自行车就没有设置座鞍。但座的功能在长途骑行过程中是不可缺少的。

3. 按需求分类——必要功能和不必要功能

产品功能的必要性是相对而言的。

必要功能与不必要功能、主要功能与附属功能等，都是一个动态的概念。使用者的需求发生了变化，也必然会影响到功能的必要性。主要功能与附属功能也会在某种情况下发生转换。如，常规情况下手机的必要功能是打电话、发信息、上网等，集成的手电筒功能是不必要功能，但是，面临夜行情况时，手电筒功能就变得很有必要。

4. 按需求满意度分类——不足功能、过剩功能和适度功能

不足功能是指必要功能没有达到预定目标。功能不足的原因是多方面的，如，因结构不合理、选材不合理而造成强度不足、可靠性、安全性、耐用性不够等。

过剩功能是指超出使用需求的必要功能。过剩功能又可分为功能内容过剩和功能水平过剩。

功能内容过剩——附属功能多余或使用率不高而成为不必要的功能。

功能水平过剩——为实现必要功能的目的，在安全性、可靠性、耐用性等方面采用过高的指标。

（四）产品功能定义

功能定义指用抽象的语言将产品所需的功能进行描述。是将用户所需和产品提供的各种功能，用科学、准确、简洁的语言进行描述的过程，也是对产品和人的需求进行本质抽象的过程。如手表显示时间、水杯装水、钢笔写字、电灯照明、房屋居住。

在产品功能分析法具体的运用过程中，按照语言的语法组织结构，将产品作为描述功能的主语，而将产品、产品附件或产品零部件的功能作为谓语动词和宾语名词，通过构建短句把产品功能从产品实体中抽象出来，从而明确产品和部件或构成要素的功能性，如图2-33所示是功能定义过程的具体操作解释。功能定义分析过程更有利于设计者发现功能的本质，从而精准找到实现该功能的结构、材料、工艺的方案。如图2-34、图2-35所示是根据手表和水杯完成的功能定义的示范，表2-2中列举的是功能定义的例子。

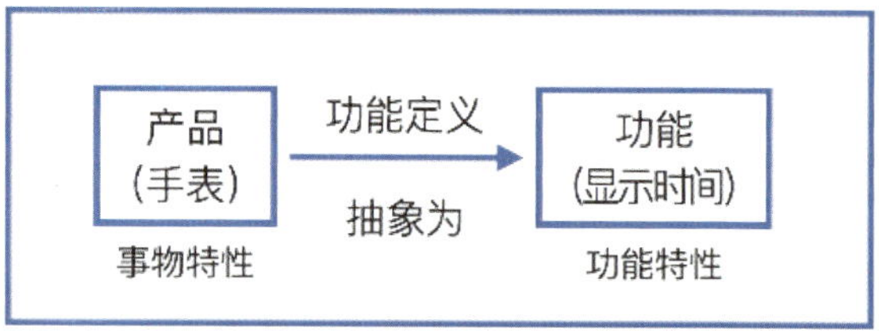

图2-33　功能定义示意图

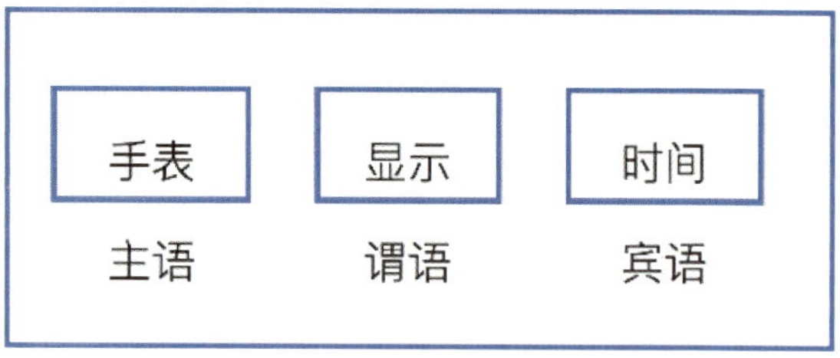

图2-34　手表功能定义

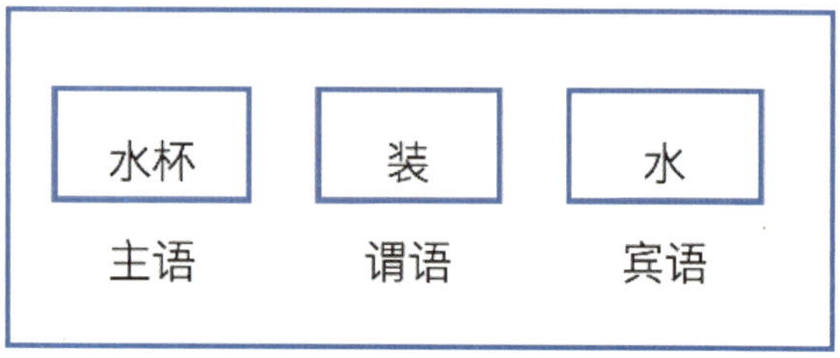

图2-35　水杯功能定义

表2-2 功能定义实例

对象	动词	名词
电灯	提供	光通量
电表	度量	电量
桌腿	支撑	重量
传动轴	传递（承受）	转矩
滑轮组	节省（改变）	力量（方向）

产品的功能定义过程应该注意以下几点：

（1）要简洁、明了、准确。

（2）产品功能定义的目的是对产品功能的本质进行研究，不能把产品功能定义表达得过于复杂，容易使人产生误解，无法准确把握功能的实质，也就无法寻找到该功能的有效技术途径。

（3）用名词进行描述时，宾语名词的使用应贴切，尽量用可计量的名词，如桌腿定义为“支撑重量”，而不用“支撑桌面”。

（4）尽可能用一个动词和一个名词来表达，动词决定着实现这一功能的方法和手段，名词则决定该功能的属性。

（五）产品功能系统图

功能系统图是一种表示功能间相互关系的图，在产品系统的价值评价中用来进行功能整理。它能够清楚显示产品功能系统实现的思路，能够明确产品各层级功能间相互成就的关系。在功能系统图操作过程中，把产品各功能按照“目的”“手段”的顺序进行排列，把最基本的目的功能放在左边，称为上位功能（图2-36中的F0）；把实现该功能的手段顺延放置于上位功能的右侧，称为下位功能（图2-36中的F1、F2）。往往下位功能的实现也需要表示它的手段，它就会成为第二级的上位功能，实现它的手段顺延放在第三队列成为第二级的下位功能（图2-36中的F11、F12、F21、F22）。以此类推，直到末位功能无法再分为止。如此依照“目的”和“手段”的关系，把各部分的功能在整个系统中的地位表现出来，就得到该产品的功能系统示意图了。

对于较复杂的产品来说，为了实现最上位功能，往往需要几个必不可少的手段功能，于是在最上位功能之后形成的几个功能分系统，例如，F1下位所有的功能分析项均属于F1功能区，F11下位所有的功能分析项均属于F11功能区。如此表述方式，更利于对各分支功能区进行命名（图2-36）。

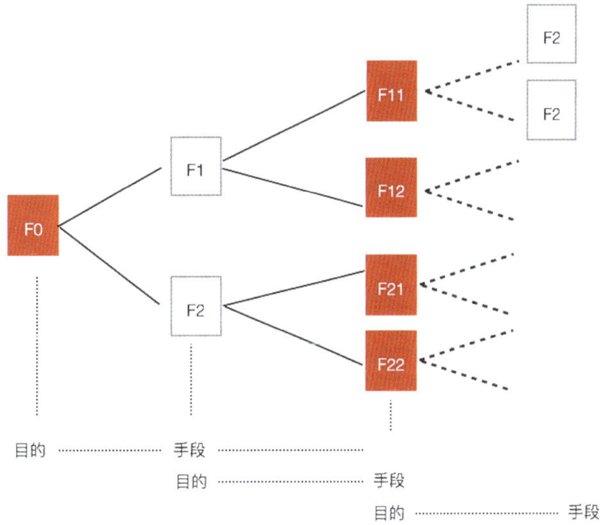

图2-36 功能系统示意图

功能系统图适合应用于功能构想已明确的情况，但是情况往往是设计过程中功能与手段仍然处于构想阶段，构思均未定型，使用功能系统图对功能进行整理存在一定困难。在多次教学实践过程中，对功能系统图做了调整，在遵循功能上下位关系的基础上，将目的独立出来，对实现功能的手段进行解释，并拆分问题、提出多种解决手段，旨在通过多手段的思路寻找最佳方案，推敲上下位功能的逻辑性，具体操作如图2-37所示。其中黄色代表目的或问题，红色代表手段，目的是对手段的解释，手段是实现目的的方法。

如图2-38、图2-39所示是教学过程中，学生以4人小组为单位完成的功能逻辑框架图。它能通过发散的方法来推敲功能的逻辑关系，对于构想创意、规划功能上下位关系有很大帮助。

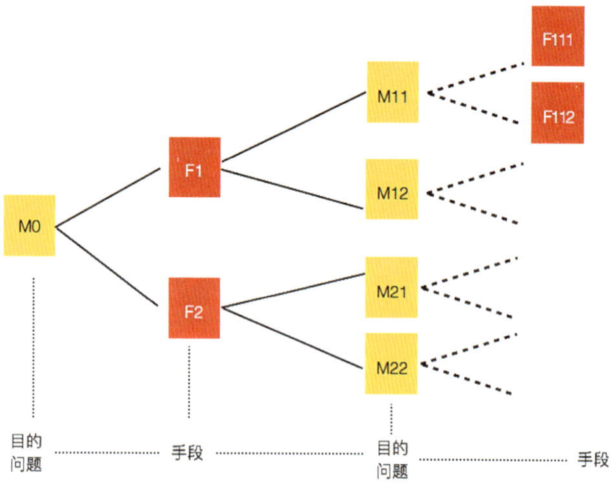

图2-37　功能逻辑框架图

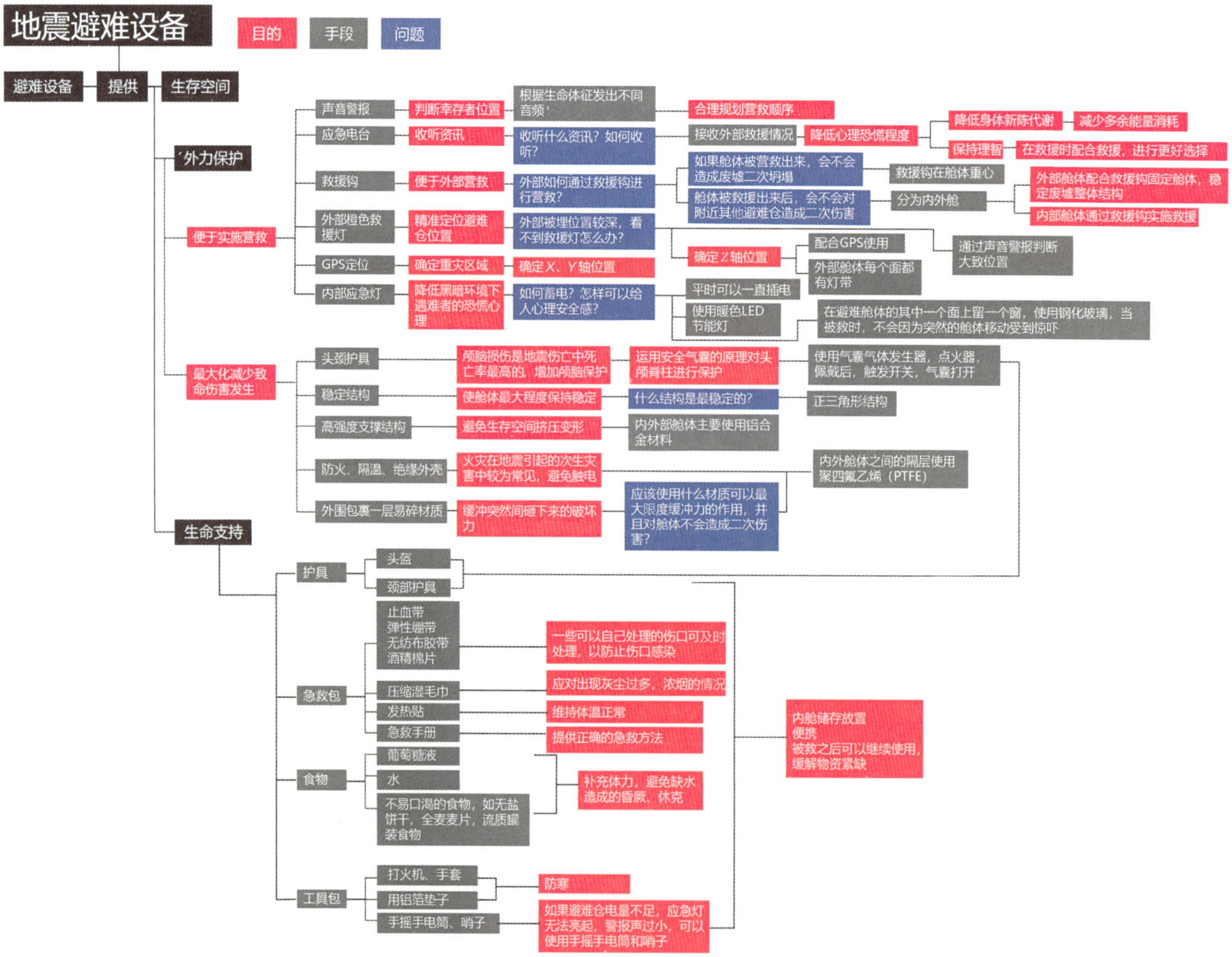

图2-38　地震避难仓功能逻辑框架图

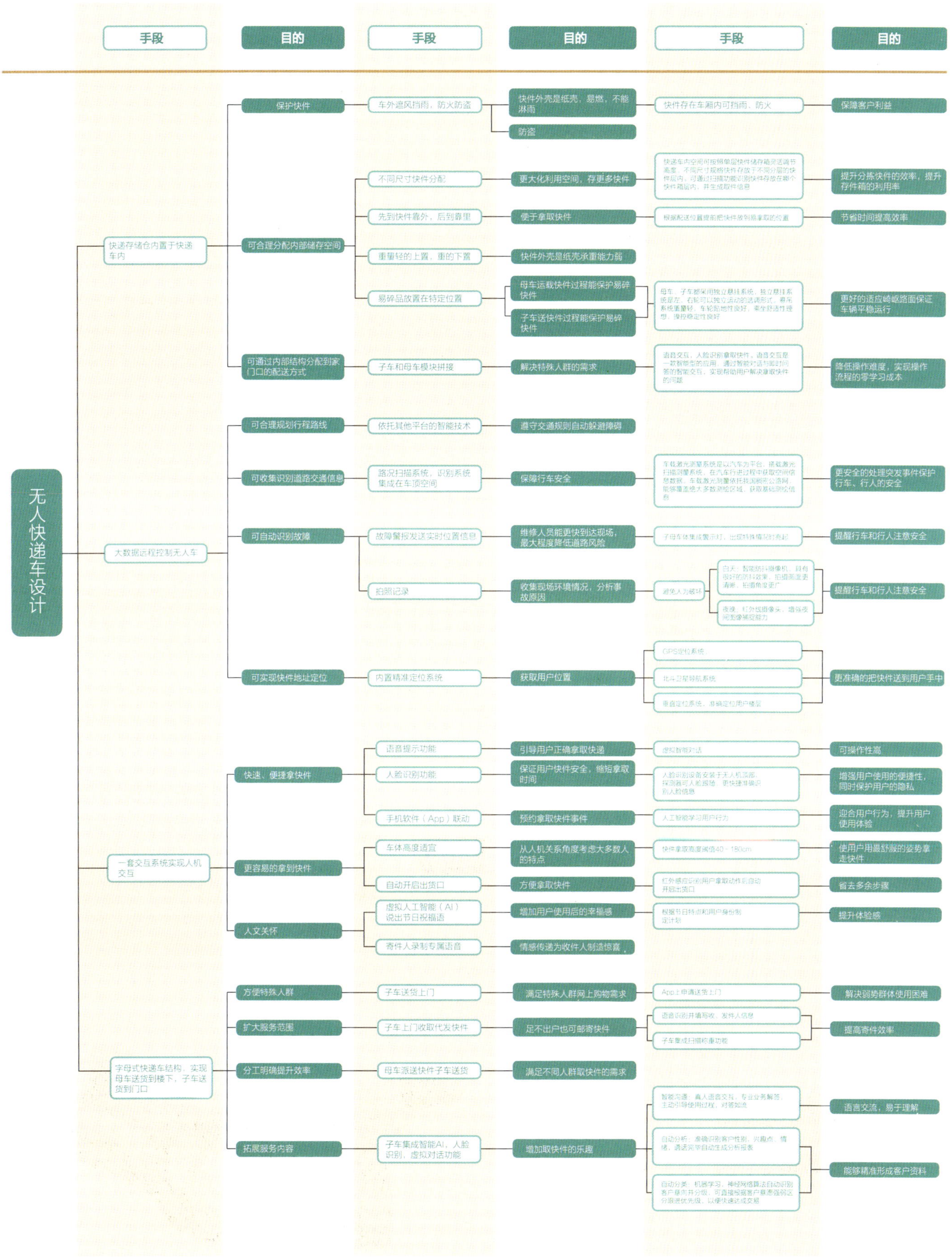

图2-39 无人快递车功能逻辑框架图

二、结构要素

（一）产品结构

产品结构由产品的外壳体、电子元部件、机械部件、连接件等组成。如自行车的结构由车轮、车把、车架、车座、驱动系统、刹车系统等组成（图2-40）。

结构承载着产品的功能，它内部诸要素的组织关系是以产品功能的实现为标准的，受到诸如材料特性、生产工艺、力学原理、产品使用环境等因素的影响；结构设计决定着产品性能的可靠度，通俗来说，产品结构设计做得好，才能保证产品性能良好，牢固耐用，才能体现出吸引消费者购买的内涵价值；结构还是产品外观的承载者，它将体现产品外观的壳体与产品内部各功能结构相连接，好看的外观还要有好用的功能、耐用的结构。

产品开发过程中，设计过程包含产品外观设计和产品结构设计两个环节，外观设计师负责产品功能、外观等创意方面的设计，结构工程师负责结构设计。功能系统与结构系统是共存在产品之中的，产品的功能、外观要依靠结构来实现，所以，设计师在做创意设计时，需要提前协调好外观和结构之间的关系，与结构工程师进行有效的衔接工作，才能保证产品开发顺利进行，这也是系统设计的特点。

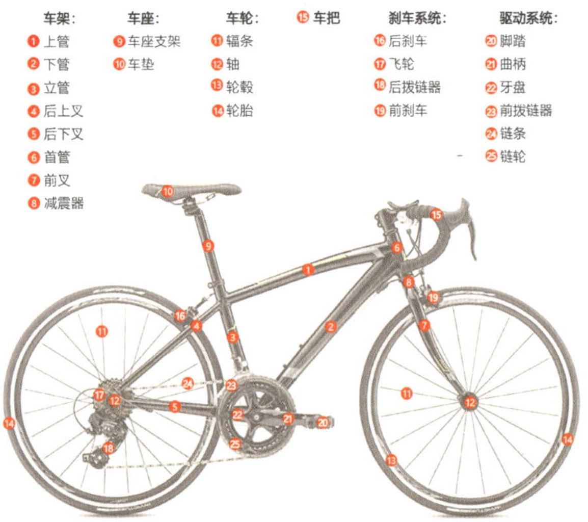

图2-40　自行车结构示意图

（二）结构分类

按照产品结构的特征，可将产品的结构分为外部结构、核心结构、系统结构、空间结构，如图2-41所示。

1. 外部结构

外部结构不仅指外观造型，而是包括与此相关的整体结构。外部结构是通过材料和形式来体现的，一方面是外部形式的承担者，同时也是内在功能的传达者；另一方面，通过整体结构，使元器件发挥核心功能作用。

在某种情况下，外观结构不承担核心功能（必要功能）的结构，系统外部结构的变化不直接影响核心功能。如，手动螺丝刀（图2-42）的外部结构与外观结构基本一致，承担核心功能作用；手电钻（图2-43）的功能与螺丝刀的功能相似，但它手握位置的外壳体仅为外观结构，承担动力的核心结构隐含在壳体内部。

2. 核心结构

核心结构是指由某项技术原理系统形成的，具有核心功能的产品结构。核心结构发挥功能作用，会涉及能源、机械、电子、物理、材料等多个领域的技术问题，通过功能块、元部件等组织形式发挥着产品的作用。

如充电式手电筒（图2-44）的蓄电池，它的工作原理是通过把化学能转化电能并储存，供断电状态下户外照

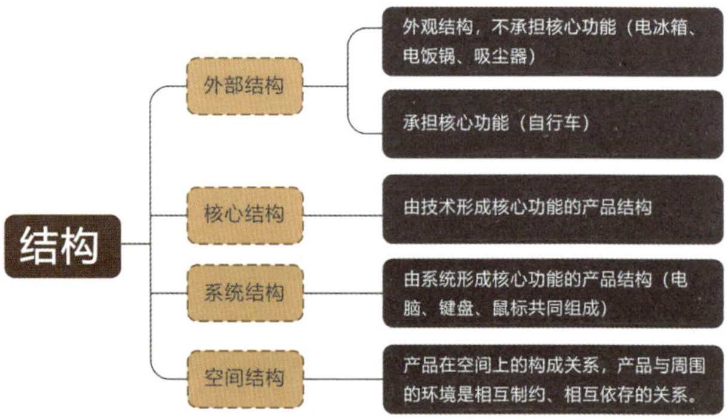

图2-41　结构分类示意图

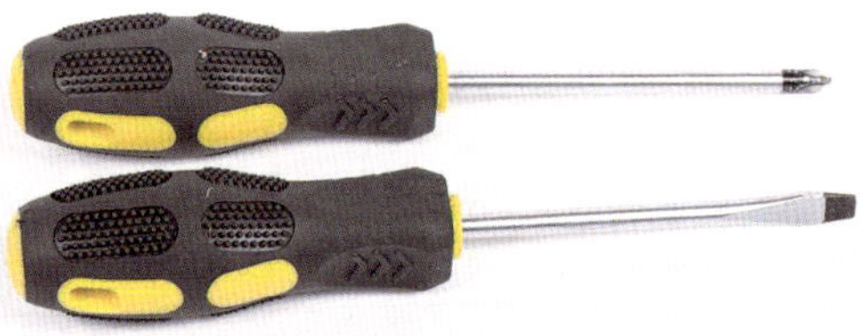

图2-42　螺丝刀

图2-43　手电钻

图2-44　充电式手电筒

明使用，蓄电池是作为一个独立的模块安装于手电筒壳体内的，它是存储电能的核心结构。蓄电池的生产往往由独立的部门完成，在手电筒装配车间进行装配。

3. 系统结构

所谓系统结构是指产品与产品之间的关系结构。前面所指的外部结构与内部结构分别是一个产品整体下的两个要素：将一个产品看作是一个整体，系统结构是将若干个产品所构成的关系看作一个整体，将其中具有独立功能的产品看作要素。系统结构设计，就是“物”与“物”的关系设计。常见的结构关系有三种：

（1）分体结构：功能系统由多个独立产品构成，各个独立的产品具有不同职能，但最终均以实现同一功能为目的，这样的结构组织方式称为分体结构。如台式电脑由显示器、主机、键盘、鼠标及电脑周边组成完整功能系统（图2-45），属于分体结构。而笔记本电脑是以上结构关系的重新设计。

（2）系列结构：由若干产品构成成套系列、组合系列、家族系列、单元系列等系列化产品。产品与产品之间的关系是相互依存、相互作用的关系。如宜家的板式家具（图2-46），将柜子做成多个具有参数比例的功能模块，各模块可自由组合，甚至跟其他系列的家具产品在尺寸上也能匹配，顾客一次或多次购买的家具产品均能够互换互配，提供了多种使用的可能性，使模块产品的基因可以隔代相传，延长了产品在市场的生命力。

（3）网络结构：由若干具有独立功能的产品相互进行有形或无形的连接，构成具有功能的网络系统。如，近年流行的智能家居生态链，由智能管家终端管理家庭内的电冰箱、电灯、空调等智能家电，此外还能通过人工智能技术自动调节居室内的温度、湿度、灯光、音乐、画作等，形成了家庭内的网络结构。国内典型的产品有小米科技有限责任公司推出的小米智能家居生态链（图2-47）。

4. 空间结构

所谓空间结构是指产品在空间上的构成关系，也是产品与周围环境相互联系、相互作用的关系。对于产品而言，功能不仅在于产品的实体，也在于空间本身，实体结构不过是形成空间结构的手段，空间的结构和实体一样，也是一种结构形式。

例如，冰箱的内部（图2-48）容纳了各种大小、形状的食材、饮料，内部空间的设计规划是以不同的群体生活习惯作为分析方向，以内置的物品尺寸作为参照，内部功能影响着冰箱实体的大小与内部结构的排布。再如，高铁作为一个载人的大型交通工具，它是典型的空间结构型产品，它的外观设计遵循美学、空气动力学的要求，内部空间（图2-49）除预留出安装设备外，其余空间主要为顾客使用，各个功能区的设计与顾客群的使用需求密切相关，高铁内空间的设计实质也是产品实体和空间规划的设计。

图2-45 电脑套装分体结构

图2-46 宜家柜子组合（系列结构）

图2-47 智能家居网络网格结构

图2-48 冰箱内部结构

图2-49 复兴号高铁内部结构

（三）结构与产品系统的关系

（1）产品的结构系统和功能系统共存于产品之中，设计师在设计过程中必须处理好二者之间的关系，应以结构承载功能为最终目的来指导设计。

（2）对于核心结构外露型的产品结构设计，进行外观设计时要同期考虑结构设计，在产品开发设计时将功能融入产品的外形结构之中，让消费者能够通过产品的外观结构了解产品的功能和使用的方法。

（3）功能、结构、外观共存于产品系统中，要从整体性的角度来规划产品开发环节，外观设计要考虑结构落地的可能性，结构设计要充分体现产品的外在美和内在美，外观和结构的和谐才能呈现最好的功能。

三、人机要素

以下从产品使用过程中人与机器的关系角度进行人机要素的阐述。

（一）产品系统中的人机关系

产品的功能只有被人使用才能发挥效用，但功能发挥效用的好坏则取决于多方因素。人在使用产品的过程中，人是使用者，产品是使用对象，整个操作过程是在特定的环境中发生的，这个过程中，人、机、环境构成一个闭环系统，互相联系、相互制约。可以说，人机关系其实是人、机、环境之间的关系。人机工程学就是研究这三者关系的一门学科，也可以简称为人机关系（图2-50），下面将人、机、环境拆开来一一说明。

（二）人、机、环境系统分析

在人、机、环境中，人是主体，机是对象，环境是条件。产品设计要遵循人机关系，要以人为本。

1. 人

人机关系中所说的“人”，主要指人的生理需要、心理需要、行为特点和技能限度等（图2-51）。人们都有饮食、呼吸、运动、居住等生理需要，为了满足这些需要，人通过劳动、创造、生产出各种各样的消费品及生产工具。

人类对美好生活的需求永不停歇。轻松的家务劳动、舒适的工作、愉快的生活，都是人们满足心理需求的愿望，愿望越迫切，对人造物的要求就会越高、越苛刻，而为之不懈的创造产品、设施、环境。如，传统座椅的设计以平稳舒适为要求，为了满足使用者更多的需求，调整倚靠角度、平躺、按摩、360度转动椅子、座面加温等新功能被创造出来，诸如真皮等高价材料被用作桌椅材料，新的设计更舒适、更便捷、更高端，具有更多的功能，这种设计实则是对消费者心理需求层面的满足。

人的行为特点，与人的自然形态、生理特征相关。比如人的眼、耳、四肢适于向前看、听、活动，人在工作、劳动时，手臂前伸比较方便，前伸向下活动比较省力，前伸上举较费力，这类动作、行为特点设计师必须充分考虑。

人的技能有一定的限制。手臂和手指的长度有限制，头部转动的角度有限制，腰部摆动的幅度有限制，眼睛能够捕捉到的速度有限制等。受限于人手尺寸，汽车挂挡操纵杆的把手粗细要适于人手抓握；受限于人眼视力限制，高速公路上的指示牌的文字会放得很大；受限于人耳听力，在吵闹的环境中广告等信息传达常常使用屏幕显示。

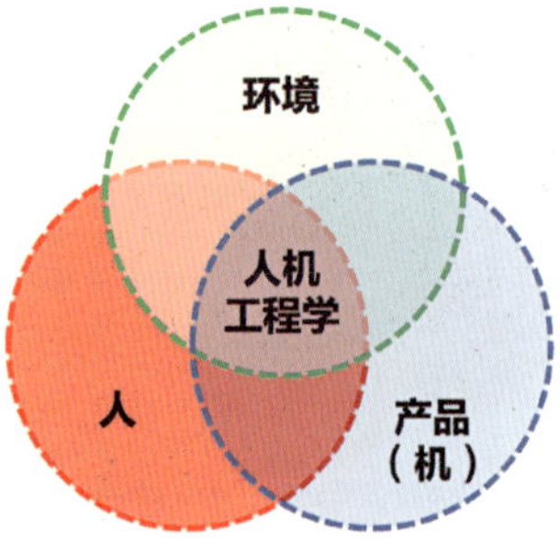

图2-50 人机工程学的相关研究

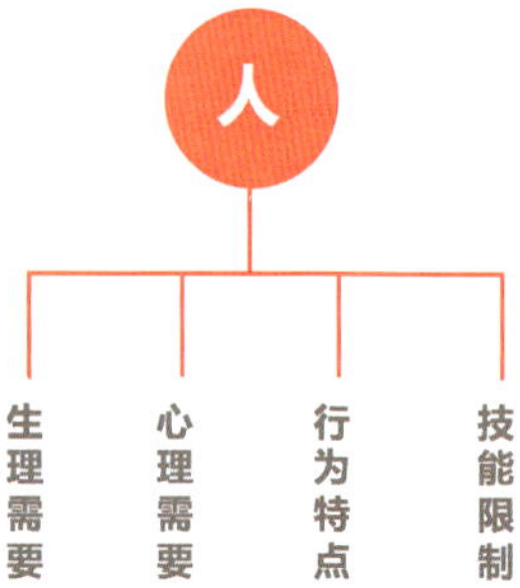

图2-51 人机关系中人的内容

2. 机

人机关系中的“机”，指生产、生活中的产品、机器、设备等，它有着复杂的构造、特定的功能、优良的性能，可以被统称为产品。产品的种类繁多，人机工程学方面的考虑也各不相同，但均遵循一个原则，就是以人为本的原则。产品被使用的过程是发挥功能的过程，能否正确、有效地被使用，取决于是否适应于人的身心。机器擅长准确的机械运动，运动效率高，而人的感知准确度、操作精确度、耐力持久度都较机器差，操作产品时还会出现视错、手误、粗心等失误，是人机系统中的薄弱环节，所以设计师在设计过程中要综合考虑人的因素，才能设计出好的产品。例如，家用电动缝纫机的速度要适应人眼、人手的配合速度；菜刀越重越有利于砍切，但重量过重人无法抬起，无法多次重复砍切动作，合适的重量要以人的生理限制为准；用手指操控的按钮尺寸要以指腹尺寸为参照，启动状态还应做指示状态显示设计。

3. 环境

人与机器的关系，总要发生在一定的环境条件下，包括自然环境、社会环境以及各种具体的大环境、小环境等（图2-52）。自然环境向人与机器提供厂房、空气、水资源、矿物资源、山林土地、原材料等，社会环境向人和机器提供厂房、仓库、交通运输、市场需求、管理法规、经济政策、发展趋势以及与发展生产直接相关的设施条件、配套系统、社会需求程度等。人与机器的关系一刻也离不开周围环境的各种条件、限制和影响。

例如，在借用共享单车的过程中，人是在交通环境中骑行，空气质量、天气情况对骑行行为有影响，骑行者受交通法规约束，受企业盈利机制制约需要支付费用，自行车成本、维护费用等对租借自行车的费用有参考意义，报废的自行车又对环境存在影响……使用共享单车的过程与自然环境和社会环境有着密切关系。

环境是人机系统中的条件，对产品设计有直接影响。例如安装在教室里的吊灯和安装在商场里的吊灯会呈现不同的产品状态；在恶劣环境里使用的三防产品和在舒适环境中使用的常规产品会有结构上的区别；交警穿的安全马甲设计了反光条与荧光色，就是为了适应夜间环境与日间环境两种不同光线条件，使驾驶者能够清晰辨识。

如图2-53所示，在人机关系中，人是产品设计的关键，产品设计要做到以人为本，并协调好产品和环境的关系，用系统的方法来看待产品开发过程中人机关系的问题。

（三）人机关系的设计内容

深入研究、妥善处理人机关系问题为人性化的产品设计提供了设计依据，使产品能够尽可能适

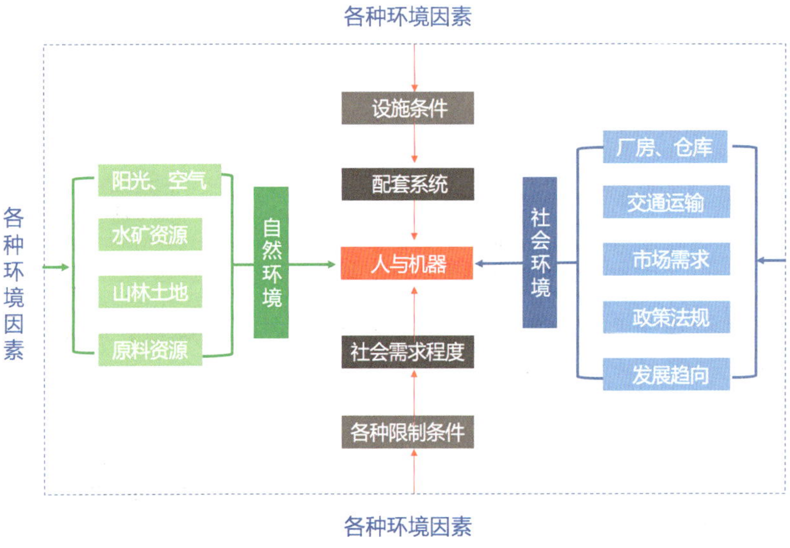

图2-52 人、机、环境关系示意图

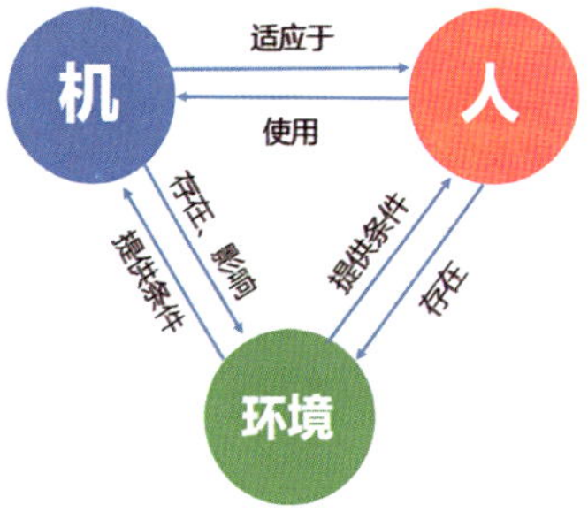

图2-53 人、机、环境关系图

应人的需要、愿望、操作习惯、能力限制，使生产工具能够最大限度提高生产效率，使人们的生产、生活、消费、休闲、娱乐、艺术欣赏活动都因此变得更方便、舒适、愉快。所以，在产品系统设计开发的过程中，设计师们都十分关注人机关系的问题，并以人性化的设计标准来评价产品创意的优劣。

与产品人性化相关的内容分为物质关系与非物质关系（图2-54）两大方向，在设计实践过程中，可从产品功能、人机关系、消费群体条件、操控测试等角度对人性化设计进行分析与评判。

1. 从使用需求的角度分析

（1）产品是否能够达到人的使用目的。任何人在创造或选购产品的过程中，都有一定的标准，即使是购买一根不起眼的“针”，也要求在缝纫补缀的过程中趁手好用。产品只有达到人的使用目的，满足人的功能需求，才能被称为优质的产品。

（2）产品能否满足人的心理愿望及非物质化的因素。在产品设计过程中，应预先照顾使用者可能出现的种种心理愿望，如情感、审美、求异、从众、攀比、求实等心理需求。这种非物质化的设计对生活安逸的群体具有很强的吸引力，也是产品价值提升的重要方向。

2. 从人机关系的角度分析

（1）从使用环境分析。环境因素对产品设计有利也有弊，有利环境可以使产品设计、制造、使用都很便捷；不利环境对产品性能会提出许多特殊的要求。从环境的范围进行分析。如北方干燥多风沙，不少产品要有防风、防尘设计；南方气候潮湿多雨，很多产品要有防潮、防锈设计。环境的尺度、条件对产品设计有很大影响。如在咖啡厅里和在闹市区广场上设置的座椅会有规格和性能的差异。

（2）从使用条件进行分析。条件内容包括有利条件、局限条件两大方面。条件分析的对象包括技术条件、材料条件、环境条件等。如技术条件为产品带来更多新创意，创意构想也需要技术来实现。如图2-55～图2-57所示的机器人产品，是基于儿童监护和智力开发等，及老人生活辅助和健康监测等的需要而设计的，需要相应的技术来为家庭成员提供服务，如果设计受技术条件局限时，看护机器人的设计创意也会随之大打折扣。在进行产品设计时，设计师要善于利用有利条件，也要充分考虑局限条件，可从逆向分析、多维思路的角度尽量弥补条件的不足。

3. 从使用者的角度分析

（1）从使用人群构成特征进行分析。从使用人群构成分析图中（图2-58）可见人群的特征差异性，包括文化水平、风俗习惯、年龄状况、性别资料、背景资料、经济状况、地域特征、需求目的、职业状况、兴趣爱好等。设计师要抓住群体的特征，善于分析群体的共性和个性，才能发掘出有价值的创新点。

（2）要关注使用者的年龄和生理状况。儿童和老年人的差别很大，对产品有不同的要求；弱势群体有很多特殊困难，对产品的性能、功效也有不同的期望。

（3）从使用者的行为方式角度分析。人的运动习惯、活动方式等构成行为方式，直接影响人们对产品的创造和

图2-55 智能陪伴机器人

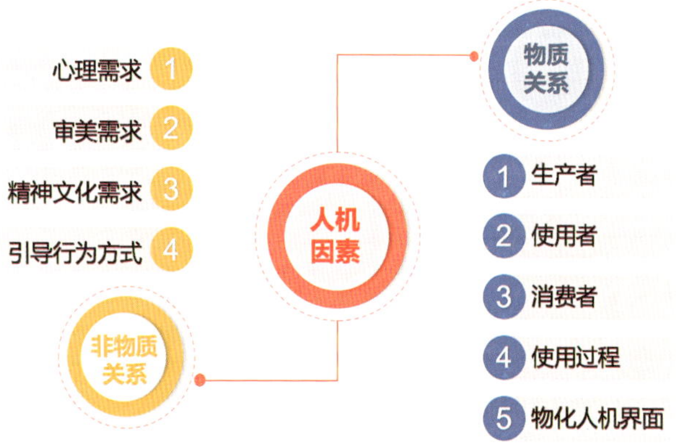

图2-54 人机关系中的物质关系与非物质关系

图2-56 家庭看护机器人

图2-57 北京进化者机器人公司研发的服务机器人

使用。如专为更习惯用左手的人设计的功能鼠标（图2-59）、把传播的信息放在视线平视的位置、夏天推出浅色系的服装等都是将行为方式纳入了设计考虑的角度。

4. 从操控测试的角度分析

产品创意是否合理，必须经过应用实践的检验。在设计定型前，通过动作分析、功能测试、满意度测评、安全性测试等应用实践过程的分析、研究，才能真实体现产品设计是否符合人机关系。尤其是功能结构复杂的产品，例如汽车内部设计，要考虑汽车司机的座位如何安排，方向盘、操纵杆、离合刹车等脚踏器、各种仪表的合理摆放等，既要便于眼、耳、手、足并用，协调配合，又要保证操作方便，不出现行为互相干扰，这些已不单纯是人、物的关系，而是系统化的人机关系和人与多机的关系。面对如此复杂的产品系统，必须在设计完成后制作样机进行操控测试，基于真实体验、数据才可以评价产品系统的各项合理性。

四、形态要素

（一）形态的概念

形态指事物在一定条件下的表现形式。在设计用语中，形态与造型往往混用，因为造型也属于表现形式，但二者却是不同的概念。造型是外在的表现形式，反映在设计上就是外部特征的表现形式。形态既是外在的表现，也是内在结构的表现形式，它更注重内在和外在的联系。

（二）产品形态

在产品系统中，功能、结构等内在内容最终都要以一种外在的形式表现出来，这种外在形式即产品形态。如，协和式飞机是一种中程超音速客机（图2-60），飞机机翼设计成三角翼，机翼外边沿线条外张而细长，锥形机头可在降落过程下垂以适应降落时飞行员对视野范围的需要，飞机整体形态为流线型，非常优美。

图2-58　使用人群构成分析图

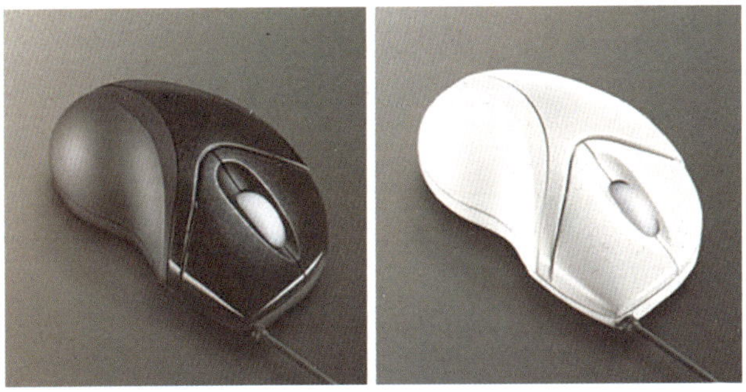

图2-59　专为更习惯用左手的人设计的功能鼠标

图2-60　“协和”式中程超音速客机（Concorde）

它的形态创造包含了能够减小风阻的空气动力学原理，精良的内部构造隐藏于壳体之内，整体的外在表现是它翱翔于天空的必要条件。

（三）产品形态与产品系统的关系

在产品系统中，形态属于艺术子系统的范畴，它的功能主要表现为美学功能和象征功能。

美学功能指形态使产品满足审美的需要，形式美、内容美、功能美等，而产品形态的塑造与功能、结构、造型、尺寸、比例、质感、颜色等因素分不开。通常所指的高性价比的汽车、具有科技感的无人机、线条流畅的音响等都是符合形态美的设计。产品的形态美是吸引消费者最直接的因素，所以，在产品开发过程中，对形态审美的创造，是必不可少的一个环节。

象征功能指形态能够诠释产品非“物”层面的意义，如精神、文化、语意、风格等。象征功能是形态更深层次的功能，它通过形态语言来传达产品的信息，它的功能主要有几个方面：其一，形态使产品具有解说力，使人可以明确判断产品的属性，如电视机、微波炉、电脑显示器的外形虽然相似但却不会被认错。其二，能够通过形态区分产品各部件功能、结构的组织关系，如，通过形态可辨认用于抓握的把手、带电的插头不可触碰、电池盒盖子可打开等。其三，通过形态可读取品牌的内涵、文化内涵、情绪的表达等，如旅游产品能够反映出地域文化特征，阿莱西（Alessi）用清宫形象为元素为北京故宫博物院设计了系列旅游产品（图2-61），具有很浓的中国风格。又如阿尔法·罗密欧汽车（图2-62）的各代产品都沿袭了老款的基因，在现代风格中又带有历史的回归，车型有很强的辨识度。形态的象征功能其实是利用了人特有的感知力，通过类比、隐喻、象征等手法描述产品及与产品相关的事物。

综上所述，产品形态涵盖于产品系统中，它通过有型的外在塑造了产品外观，实现了产品的功能，又通过无形的形态语言传达产品内在的信息。

（四）形态设计要点

关于产品形态设计的基本方法另有其他专业的书籍，本节内容主要站在系统论的角度，讲授形态设计过程与产品系统各要素是如何关联的。

在产品系统开发过程中，形态的创造不是孤立的环节，它与系统内部的多个因素产生着关联，主要在以下几个方面。

1. 形态与形态结构

一件产品通常由多个不同的简单形体组合而构成总体形态。这种以使用功能为目的的基本形体间的相互关系称为产品的形态结构。不同的形态结构表现出产品形态设计的不同风格和特点。因此，在设计构思阶段就要充分考虑产品形态结构的合理性、宜人性以及所表现出的均衡、稳定、秩序、轻巧等效果。

2. 形态与产品结构

产品结构是功能与形态的承担者，三者关系紧密。结构确定了产品比例尺度、内部组织关系。如钢笔（图2-63）的笔头在下部，墨囊在上部，墨水依靠重力原理实现书写功能，结构确定了部件的上下组织关系，在设计钢笔形态的过程中要遵循结构原理，并选择最优的功能方案，在审美的标准下完成形态设计。结构的形式非常复杂、多样化，设计师在设计过程中要内外结合，衔接好形态与结构的关系。

3. 单元形态

单元形态是指组成产品系统的各个单元个体，如部件、模块、零件等。单元形态是根据产品所实现的各种功能确定的，如实现运动、链接、紧固、显示、操作等要求，就产生了不同的单元形态。组成产品的单元之间相互联系又互相制约。所以单元形态设计是建立在产品系统总体结构设计和总体造型设计基础上的，要尽量保证单元形态之间的协调和统一。如图2-64所示，跑步机由跑台、机架、显示屏等基本单元构成，跑台外包裹着转动的皮带，机架连接跑台和显示屏，是整体承重和技术承载的单元，

图2-61　阿莱西（Alessi）设计的清宫形象计时器

图2-62　阿尔法·罗密欧汽车

各单元拆分开来都具有独立形态，互相之间又能够装配成完整的产品形态。

4. 尺度比例

单元形态本身的尺寸大小，及单元与总体之间的比例关系也是形态设计的主要方面。尺度与比例的制定是在保证实现实用功能的前提下，以人的生理及心理需求为出发点，以数理逻辑理论为依据而进行的。正确的比例不仅能在视觉上产生美感，对功能也能起到提升的作用。如图2-65所示，自行车的各个部件都是以骑行者的身材比例为参照进行设计的，车把手（图2-66）的设计更是与人手尺寸、形状、抓握方式密不可分。

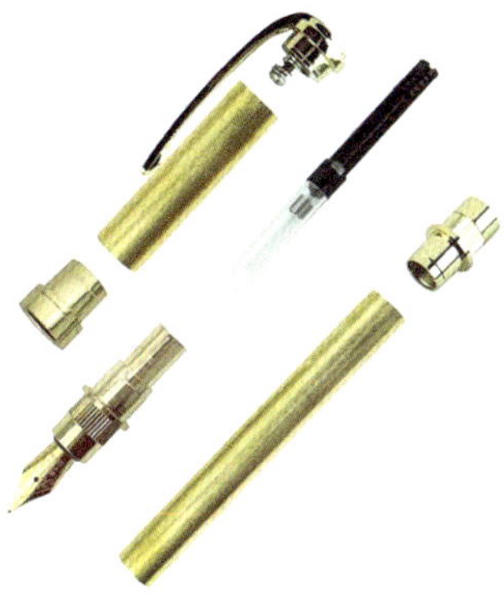

图2-63 钢笔结构

图2-64 跑步机

图2-65 自行车人机比例关系

5. 产品形态上的线

产品的形态中有很多线的表现形式，如轮廓线（图2-67）、分割线、面与面的交线、装饰线（图2-68）、分模线（图2-69）等，它是极富表现力的视觉元素，可以起到塑造产品风格、表达设计情感、丰富产品设计细节、增强造型设计层次感等作用。此外，一些线还具有一定的功能性，如分割线划分产品形体不同功能区间，分模线是生产制造工艺要求对产品外壳位置和走向的分体线。不同材料模块的结合而形成的线（图2-70），经过设计还能达到增加设计细节的效果。设计师进行产品形态创造的过程中，要从产品的功能和结构特点、产品气质、整体形式美感等角度综合考虑线性的设计。

6. 产品形态与材料的选择

材料是产品形态的物质条件，它具有不同的特性，在选择材料时，要综合考虑产品系统各要素的关系，根据产品结构、功能的要求，选择适宜的材料，对产品形态的多方案设计提供各种可行性的依据。在产品形态设计过程中应发挥材料本身的自然美，将材质的特性糅入产品形态的创造中，使产品更具美感。

7. 产品表面处理

产品的表面处理内容主要体现在加工工艺和外观装饰方面，如漆艺、压纹、涂装等。表面处理工艺粗糙，装饰不当会使造型优美的产品黯然失色。在生产条件允许的情况下，合理地选择加工工艺来进行表面细节的处理，对形态、功能、质量都会有很大提升。

8. 色彩搭配

色彩具备审美和装饰性，具备符号意义和象征意义。对色彩的感受受到所处时代、社会、文化、地区和生活方式习俗等影响，反映着追求时代潮流的倾向。色彩是附着在形态上的视觉元素，常通过材质色、表面处理、光效的方式体现，色彩设计要依据产品表达的主题，体现出功能的诉求。

9. 信息采集

产品可以通过形态体现文化意义，设计师可以把文化元素融入形态的创造中，使产品具有文化

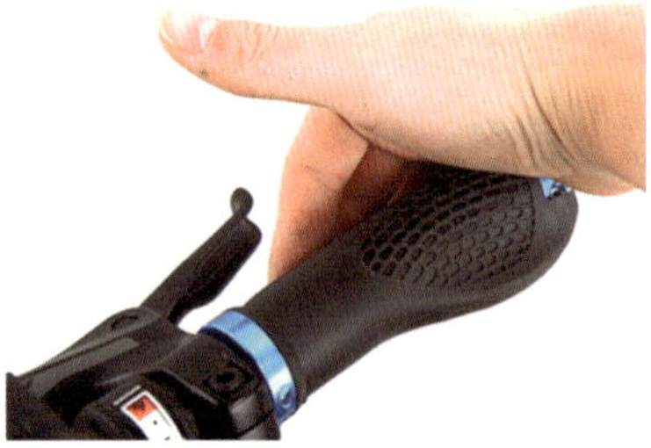

图2-66 自行车握把的设计遵循人手的尺寸

图2-67 产品的轮廓线具有极强的装饰效果

图2-68 产品形态上的结构装饰线

图2-69 回转的流线既是外壳的结构线也是部件的分模线

图2-70 两种材料的组装必然会形成相接的线

内涵。文化融入形态的过程，需要设计师对文化有足够的了解。要关注各种设计风格，关注科技发展，植根优秀民族文化，不断吸收当代先进的设计思想、理念，才能有深度地发掘文化元素，并创造出有文化象征意义的优秀产品。

五、色彩要素

（一）产品的色彩

色彩在产品系统中并非孤立的存在，它与形态、材料、结构等因素构建了整个产品的样貌。作为产品设计中的视觉要素，色彩与形态往往一起讨论。例如，人们看到一个产品，首先是外形，但如果给这个产品不同的色彩，它就会呈现不同的面貌，给人不同的感受。如相同款式不同色系的吉普汽车（图2-71），给人的感受不尽相同。还出现了对颜色感受的命名，如绅士黑、土豪金、芭比粉等。在感性层面，产品的色彩可以悦人眼目，提升产品的视觉美感，如图2-72所示，三种不同色彩的台灯设计给人的感受可以分为黄色时尚、白色干净、黑色沉稳；另一方面，通过对产品色彩的管理，可以有效改善产品功能、提升产品在市场的认知度。

（二）色彩与功能

在产品系统设计中，利用色彩的原理与特性，有助于产品功能的发挥。

色彩首先是一种视觉要素。人能够看到并分辨颜色，全依赖眼睛的生理特性。因此，在色觉方面，人类具有共性的一面。例如人眼对波长较长的红、黄等色较为敏感，这些具有扩张效果的色彩往往会用于警示、强调。而波长较短的蓝紫等色，则会给人收缩、寒冷的感觉，这些颜色的物体往往给人缩小、后退的错觉。另外，不同的文化背景下色彩的含义也不尽相同。人们会根据传统习惯对色彩做约定俗成的定义与解读。例如红色，在东方代表喜庆、吉祥，而在西方则代表血液、牺牲。

图2-71　相同款式不同色系的吉普汽车，给人的感受不尽相同

图2-72　不同颜色的台灯装饰各有风格

根据以上的色彩特性，可将色彩与功能的关系总结为以下个几方面。

（1）以色彩对功能进行提醒、暗示。色彩结合形态，可以对产品的功能进行提醒。例如机器设备上颜色醒目的按钮，往往是在暗示它的功能在产品中格外重要，如高铁上的紧急制动阀（图2-73）使用红色进行提醒。在这方面，主要是基于人眼对色彩的本能感知，它遵循了视觉对色彩的选择规律。

图2-73　高铁上的红色紧急制动阀

（2）以色彩制约、引导行为。人们在产品设计中为色彩赋予了特定的含义，如绿色通常代表环保、平静、畅通；红色则有危险、禁止、警告等含义。利用色彩的这些特性，可以有效制约人的行为，避免某些不利行为发生，引导人们向有利的方面作用。如国际通用的交通信号灯（图2-74），红、绿、黄分别代表停止、通行、等待。在这方面，尽管许多色彩的含义具有国际通行的标准，但因地域文化各异，人们对色彩的理解不尽相同，色彩的制约、引导作用也会出现差异。

图2-74　国际通用的交通信号灯

（3）以色彩象征功能。色彩的象征意义有些是根据色彩自身特性而定，也有些与文化习惯有关。例如在世界范围内，消防车都会选择红色，这首先是因为红色的扩张作用；久而久之，红色成了消防车的象征符号。但象征功能的色彩在每种文化背景下都可能出现差异，例如我国以绿色为邮政专属色彩（图2-75），邮筒、邮政车辆、邮递员服装等都是绿色，而在美国则是灰色，法国用黄色（图2-76）、英国用红色（图2-77）……

（4）以色彩区分产品的功能和属性。产品的功能以及属性特征也可以用色彩来区分。例如在家电的分类中，通常会分为白色家电、黑色家电、米色家电等，白色家电指的是空调、洗衣机等居家产品；黑色家电主要指电视机、音响等娱乐电器；米色家电则是指电脑等信息产品。这就是人们根据功能属性不同的产品给人的色彩印象进行分类的。同一类产品，不同的色彩方案使之适应不同的目标消费者，对其色彩进行区分，实际上也是对其功能的区分。例如电子手表（图2-78），专业级的产品配色往往以黑、蓝、深灰为主，而主打时尚、美观，具有玩具属性的产品则会采用较为丰富、明亮、跳跃的色彩搭配。

以上是色彩与产品功能的几点关系，需要注意的是，色彩在功能方面的体现是综合性的，有时候可以叠加。

（三）色彩的应用

色彩在产品设计里贯穿在产品计划、设计、营销、服务等整个企业活动的所有环节。色彩应用包括从产品设计的总体目标出发，以理性的、定量的方法对色彩进行的统一管理；也包括对产品的色相、明度、纯度等因素的技术性控制。

（1）所谓色彩管理，就是根据产品属性、品牌个性、企业传统等因素制定相应的产品色彩策

图2-75　中国绿色邮筒

图2-76　法国黄色邮筒

图2-77　英国红色邮筒

略，并将已经定案的色彩计划，在严格的技术手段控制下付诸实施，使产品能够准确体现设计意图。产品设计的色彩管理有助于保持产品形象的一致性；有助于产品的标准化生产控制，在产品的迭代升级过程中，可以快速对某些部分进行更新，快速推出新产品。如德国工具品牌费斯托（Festo）（图2-79），以醒目的绿色贯穿所有产品线，产品的家族特征非常明显，具有很强的辨识性，是色彩传达企业文化内涵成功的案例。

（2）在产品设计的具体工作中，对于色彩的控制是设计师的一项基本工作。色彩设计首先要求设计师对色彩具有敏锐的感知能力，这是一种长期训练得到的审美素养；其次是运用色彩原理在设计实践中的理性把控能力，其中包括色彩的基本原理、色彩与视知觉、色彩心理学等内容；另外，设计师还要对色彩、形态、材料、结构甚至工艺等进行综合把控。比如一件塑料产品，设计师需要考虑它的色彩究竟是来自原材料本色还是后期油漆喷涂？材质表面为亚光还是亮光？

图2-78　电子手表产品配色

图2-79　德国工具品牌费斯托（Festo）的电动工具

六、材料要素

（一）材料的作用

在日常生活中，存在着各种各样的产品，如日行万里的高铁、随处可借的共享单车、功能强大的手机等，甚至在我们身体的内部，如假牙、心脏起搏器、固定骨骼用的钢针等。这些产品为我们带来了便捷，使生活变得更丰富多彩。而构成这些产品的是不同种类、不同特性的材料。

材料是各种产品的物质基础，可以说各种材料和新工艺的不断开发和利用，推动了社会的发展，推动了工业文明的进程。人们通过工艺过程，使材料具有一定的形状、结构、尺寸和表面特征，材料就成了产品，从而具备了远超过材料本身价值的使用价值和审美价值。这也是人类不断寻求新材料、新工艺的动力。

在产品系统开发的过程中，材料设计环节决定着产品的功能、结构、性能、形态等要素能否达到综合预期效果。材料是多种多样的，它们有着不同的质地、色泽、性能、加工工艺，随着技术的进步，新材料层出不穷，使产品材料的可选择性变得非常大。但是，材料最优的选择方案，能够提升产品的性能，使产品具有好的质感和外观，对于节约产品开发的成本、简化生产制造的工艺流程、保护环境都有重要作用。可以说，是否合理地选择材料，对产品生命周期的全流程都有影响。

（二）材料的选择

材料之于设计，就像巧妇手中的食材，有了合适的食材，才能烹饪出美味的饭菜。设计师用对了材料，才能创造出兼功能与美感于一身的产品。产品开发过程中，材料的选择受多方因素影响，如材料性能、经济条件、环境因素、科技发展、制造工艺等，设计师应把材料与产品看作一个完整的系统，从系统论的角度来对材料进行抉择与设计。材料的选择应从以下几个方面考虑。

1. 质感

材料的表面呈现质感，它给人以触觉和视觉的综合印象，能够直接影响产品外观的呈现效果。任何材料都有与众不同的特殊质感，质感由材料特有的色彩、光泽、形态、纹理、冷暖、粗细、软硬等多种特性形成，也可以通过不同的人为加工方法获得更加丰富的变化效果。

质感对产品系统创造的影响主要来自人的触觉感受和视觉感受，如，有纹理的塑料自行车把手让人觉得抓握舒服，更能起到防滑作用；金属精加工的锅具表面显得精致又干净，也能起到不粘锅、易清洗的作用；陶瓷高光的釉面呈现高级感；婴儿使用的硅胶奶瓶亲肤且柔软；将玻璃与灯光结合运用的哈曼卡顿音响体现精致和科技的创意。

这些设计是将材料的特性与产品的功能充分结合，既关注视觉效果也注重触觉体验。材料选择过程中，对于使用者视觉与触觉感受的分析，从而对产品质感的设计，是产品开发过程中不可缺少的一个环节。如婴儿喂食勺子（图2-80）、自行车把手（图2-81）、汽车防爆轮胎（图2-82）均是使用了橡胶材料，根据产品不同的功能需求，通过不同的加工工艺呈现出不一样的质感，质感本身也从触觉和视觉的角度反映出产品的特性。

2. 材料性能

材料性能包括强度、韧度、硬度、密度、熔点、耐酸碱度、抗氧化性、导电性、热膨胀性等。

产品功能的不同，对产品性能有不同的要求。如用于踩踏的产品与用于抓握的产品受力情况不同，对材料强度的要求就不相同；用于牵拉的产品对材料的柔韧性有很高的要求，要避免断裂；穿戴设备上的材料质量要轻，要满足使用者外出长期穿戴的需求。

产品使用环境不同对材料性能的要求也不相同。材料的选择必须能够适应环境条件的变化和周围介质破坏的情况，如室内室外环境、寒冷炎热、风吹雨打日晒、酸碱变化等。外部条件的变化会改变材料内部构造，出现褪色、风化、腐蚀、生锈等情况。通过对极端环境条件的分析，合理选择性能适合的材料，能够最大化发挥产品的功能、增长产品使用的寿命、节约部件损坏后维修更换的成本。

3. 材料的工艺

材料的工艺包括加工成型工艺和表面处理工艺，不同材料有不同的工艺。在材料选择过程中，要充分了解各种材料的工艺过程，不要出现一味强调材料特性而工艺无法完成的情况。

材料工艺还与产品开发成本相关，过于复杂的工艺流程会拖慢产品生产的进度、增加工人的劳动时间、增加不必要的资源浪费；材料的工艺与环境因素关系密切，有污染的工艺流程会对环境造成污染，所以，在选择材料时还应综合考虑材料的工艺，尽量选择环保工艺的材料。

4. 材料与环境

工业生产对人类环境造成了很大的破坏，设计师要关注环保问题，具备高度的环保意识，在设计环节充分考虑环境保护问题，尤其是材料选择的环节。

图2-80 用于婴儿喂食的硅胶勺子亲肤且柔软

图2-81 便于抓握的自行车橡胶把手

图2-82 汽车防爆轮胎

产品在生产、使用、回收过程中都应尽可能少地产生污染。从材料选择的角度来考虑环境保护问题，应该在设计最早阶段就考虑材料的选择是否会对环境造成影响。

选择适合产品功能用途的材料，按实际的功能要求标准对材料进行选择。过高标准的材料可能出现不必要的材料性能浪费，或会造成一味追求高标准使工艺过于复杂而对资源造成浪费。

充分考虑材料回收利用问题。材料二次甚至更多次的利用能够有效提高资源利用率。回收利用过程要考虑材料的特性，应设计回收材料再利用的产品形式。如欧洲一个设计师小组利用塑料瓶、塑料袋、玩具和包装材料经粉碎、压缩制成的材料生产了一系列实验性的产品，其中包括街头及家庭用的垃圾箱。这个案例很好地利用了回收材料的特性。

在选择产品材料时，还应考虑产品在使用中和弃用后是否产生危害。如一些装修材料会释放有毒物质，电池废弃后会对水、土环境造成污染。

（三）材料节约原则

产品开发过程中，无论是从产品成本的节约角度还是从环境保护的角度，材料的节约都是非常有价值的。从设计师的职能角度来实现材料节约目标，可以从以下几个方面着手。

（1）为设计做减法。一般而言，设计越简单，所用的材料越少。但是要综合评价设计简化后是否会产生额外环节的浪费。

（2）优化产品造型设计，避免纯粹装饰性的造型。

（3）产品微型化。随着电子元器件越做越小，不少产品的体积也在缩小，这能够极大减少材料的使用。产品的微型化有时也是产品创新的一个方法。

（4）产品的多功能化。将不同产品的功能集成为一体，可以减少空间的占用，并相应减少材料的用量。比如集成灶的设计构想。但是，多功能的选择要综合考虑需求情况，避免出现功能过剩的产品，造成浪费。

本章内容小结

本章中，将构成产品系统的外部系统和内部系统的各个要素分节进行讲解。学习重点有两个：第一，各要素在大系统中的作用；第二，各要素之间的关联性。

本章的学习目的：

第一，了解产品系统构成的内外部系统，它们分别包含哪些内容。

第二，通过对产品系统的了解与分析，了解经济、社会、人性、技术、民俗、哲学、文化等产品系统外部因素是如何转化为产品系统表达的内容的，并如何通过产品这一特殊的载体来调节人与社会之间的关系的。

第三，了解产品系统构成中的各项构成要素，功能构成要素、结构构成要素、人机构成要素、形态构成要素和色彩构成要素等复杂的关系是如何融合在一件或一类产品的设计开发生产中的？在产品系统构成中它们的关系如何？如何指导设计开发？

第四，通过本章的学习，学生应具有产品系统观的视角，并具备基本的产品系统设计分析能力。

思考题

1. 产品的系统可以分为外部系统和内部系统，它们之间有什么关系？了解产品的生命周期对产品开发过程起到什么作用？

2. 产品的生命周期可分为哪四个时期？产品进入衰退期后，就进入了消亡，这个说法是否正确？请举例说明原因。

3. 文化因素是如何影响产品设计的？具有文化内涵的产品往往更具特色，如何才能为产品赋予文化内涵？请举例说明。

4. 产品的功能要素、结构要素、人机要素、形态要素、色彩要素、材料要素等共同构成了产品的内部系统，它们之间的关系如何？以功能为切入点分析它与其他要素之间的关系。

第三章 产品系统设计程序与方法

PPT课件

产品系统设计程序与方法是工业设计专业学习的必修内容，其基本任务是扼要阐明方法学的知识构架，使学生了解并掌握常用的设计程序，熟知一些典型的设计方法，借以提高自身的设计能力和设计水平。通过对实际案例进行讲解，使学生了解掌握产品设计的基本方法、程序，为以后的设计实践课程奠定基础。进而培养学生对设计项目初期通盘思考的能力，以及设计项目推进过程中的团队协作精神。

第一节 认识程序与方法

设计逐渐从艺术的领域独立出来，并向着科学的方向发展，其主要原因在于理性的分析和系统的研究在设计中所占的比重越来越大，因为规范有效的设计程序和正确的设计方法是设计能够取得成功的基本保证。因此，越来越多的设计机构及企业的设计部门将其作为设计管理的重要内容，并作为设计人员必须掌握的基本技能和方法。诚然，设计是与人们生活方式和生产力发展水平紧密联系的创造行为，因此其程序与方法也必然随之变化与改善。人类已由手工业时代、工业时代逐渐向着信息时代和智能化时代迈进，科学与技术的发展使得生产方式、制作模式等都发生了巨大变化。产品系统设计的程序与方法也跟随时代的发展呈现出系统化、动态化、多元化、虚拟化及数字化等特征。

一、关于程序与方法

（一）关于程序

“程序”可以解释为“规范的次序”，即处理事务的先后次序。做任何事情都会涉及程序问题。简单地讲，程序就是指从开始到结束的整个过程和次序，逻辑性和计划性是它的关键特性。一般来讲，设计程序即设计的发展过程及完成设计任务的次序。而关于设计程序的内容在设计界也存在着不同的观点和看法。

美国学者卡尔·T. 乌利齐（Karl T.Ulrich）与史蒂文·D. 埃平格（Steven D.Eppinger）指出：“程序乃是将一套输入转换成输出的一连串步骤。产品开发设计程序是指企业用来构思产品、设计产品及产品商品化的一连串步骤和活动。”

北京理工大学张乃仁教授在《设计词典》中认为：“设计程序主要是指产品设计的过程和次序，包括产品的信息搜集、设计分析与设计展开、辅助生产销售及信息反馈等。”

综上所述，尽管众多研究者对设计程序的看法不尽相同，但基本都认同设计程序是一种创造性过程、生产性过程、计划性过程或全面性过程。设计的目的是创造性地解决问题，而其程序也就是一个解决问题的过程。而设计程序与其他科学程序不同，在于其不仅包含了理性的分析过程，还存在着情感的直觉过程。把设计任务开始到最终设计完成作为一个竖轴来看的话，感性思维与理性思维始终围绕这个轴向上作用与攀升，这两种思维综合进行，被问题的核心牵引着走向最终目标（图3-1）。

设计程序是由设计人员在长期的开发设计过程中不断总结完善而成的，并随着时代的发展而不断赋予新的内容。设计程序随不同的地域、不同的企业和设计项目的情况而不尽相同。要知道设计程序在实际应用中，并没有“唯一的标准”和“公认的权威”。

（二）所谓方法

方法，最初的意思是指“测定方形之法”，即量度方形的法则。现指为达到某种目的而采取的路径和手段等，是指在任何一个领域中的行为方式，它是解决问题的手段的总和。无论做什么事情都要采用一定的方法。方法的对错、优劣及得当与否直接影响工作的成败或优劣及流畅与否。所谓“事半功倍”与“事倍功半”的差别就在于方法运用正确与否。自古以来，方法就是人们解决问题的技巧。随着人类发展的进程，人们认识和改造世界的任务更加繁重复杂，方法的重要性也就更加突显，所采取的措施和手段也得到根本性更新。如传统的手工艺创作方法多是凭借设计师的经验、感觉、艺术创作灵感等进行直觉的思考；而现代产品的开发设计方法则采用的是科学严密的逻辑分析、细致的研究计算与系统的创新思维相结合的综合性方法（图3-2、图3-3）。

在学术界以方法为对象的研究，已经成为独立的专门学科，即科学方法论。科学方法论的发展大致经历了四个时期：自然哲学时期（16世纪之前）、分析为主的方法论时期（16—19世纪）、分析与综合并重的方法论时期（19世纪40年代—20世纪中叶）、综合方法论时期（20世纪中叶至今）。其研究内容也大致分为4个层面：经验层面、具体层面、通用层面和哲学层面。而设计方法论则是在此基础上于20世纪60年代兴起的一门学科，主要是探讨工程设计、建筑设计和工业设计的一般规律和方法，它涉及哲学、心理学、生理学、工程学、管理学、经济学、社会学、美学及思维科学等领域。

设计方法论的研究通常是建立在设计实践的经验基础之上的，而不同的国家、地区和企业所采用的设计方法也存在着一定的差异。如德国偏重于系统化的逻辑分析，使设计的方法步骤规范化与理性化；美国重视创造性开发及产品商业化的方法研究；日本则致力于产品自动化、人机交互关系及文化表达等方法的研究。正是由于各国采取了不同的设计方法，才使得各国形成了自己独特的设计风格和面貌。

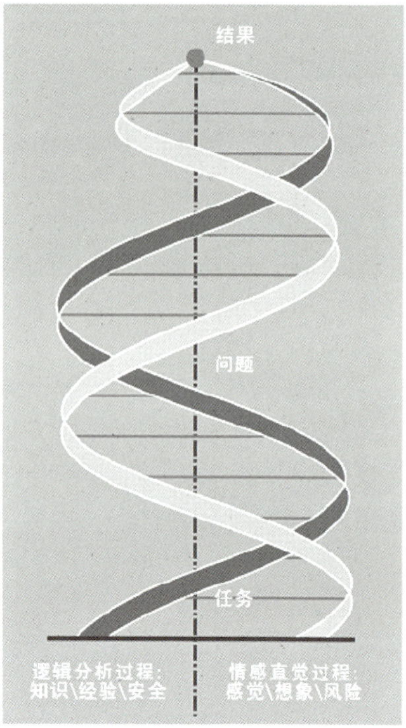

图3-1　解决问题的思维过程

图3-2　珠宝的制作过程

图3-3　一把扶手椅的诞生全过程

二、程序与方法的关联

设计程序与方法是一个完整的概念，程序决定了设计的过程和步骤，方法则决定着设计的方向和措施。设计程序本身就需要有具体的方法和整体的战略进行指导和支持，设计方法也必须根据具体的设计程序进行调整和变化，在不同国家、不同时期，面对不同的设计对象时也是各不相同的。在现代工业技术和机械化生产的条件下，程序与方法的关联性更加紧密。设计程序也由传统的线性设计过程（图3-4）转化为时间、逻辑和方法三维合一的过程（图3-5），使得设计方法向着多维度、综合性与系统化的方向发展。

从设计程序与方法的目的性来看，二者的关系表现在以下几点：

（1）设计程序呈现出发射状的多维线性关系。现代设计的交互性和并行性特征要求其程序必须打破传统的单线设计程序，即在设计之初，就要将企业的生产、销售设计联系起来并行展开，并形成一个信息共享平台，使得设计者可以随时根据生产和市场调整设计。设计程序的运用是发散性的，同一个问题可以选择不同的设计程序。

（2）设计方法是针对具体环节和过程的措施，具有内聚性特征。任何方法都是针对具体问题的。现代设计方法的应用贯穿了整个设计过程，如创新思维、设计分析、设计评估及市场预测等环节，都离不开设计方法的应用。设计方法的使用是内聚性的，不同的设计方法都针对同一个问题来使用。

（3）设计程序为方法的应用提供了平台，而设计方法则保证了程序的通畅和效率（图3-6），展示了设计程序各阶段应用的基本设计方法，体现了二者相辅相成的关系。

图3-4 传统线性设计过程

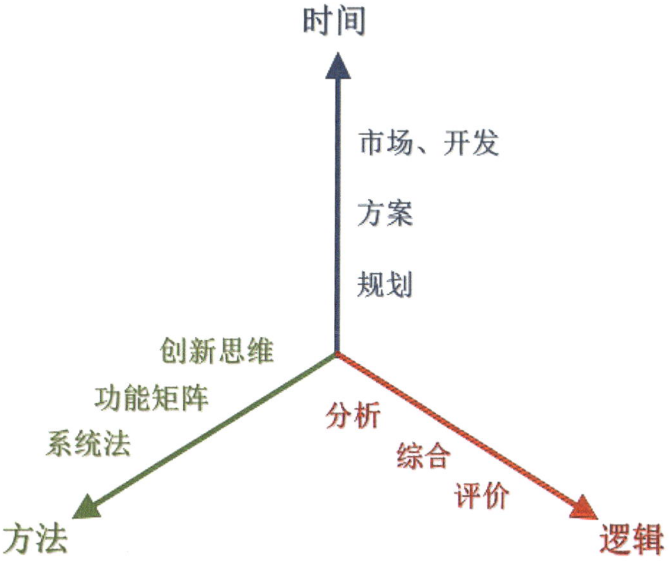

图3-5 时间、逻辑和方法三维合一

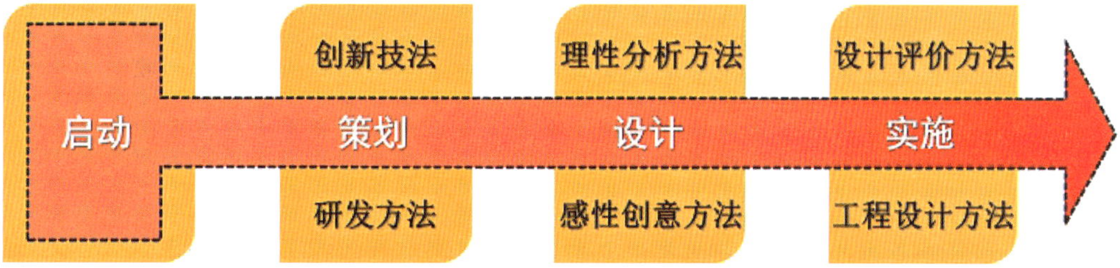

图3-6 设计程序各阶段应用的设计方法

第二节 产品系统设计的一般程序

产品设计承担着将"问题概念化""概念形象化"这样一种创意与革新的工作，这也就决定了设计程序从"问题"开始，最终落在实际产品的"形象"上。企业进行产品开发或改良，其"问题"通常始自市场竞争与消费者需求，企业要在市场竞争中获得生存与发展的空间，就必须延续或拓展自身的产品线。因此，企业设计程序的"链头"是企业为主动探索市场和消费者需求而设定的。与之不同的是，设计公司展开设计一般是从"委托"开始的，"问题"基本已经被委托企业确定或指定，而公司所要做的是对"问题"进行调研和分析，进而使"问题"转化为切实的"概念"。一般的设计程序模型都是按照设计的先后步骤来确定的，规定每个步骤或环节所需要完成的工作或达成的目标，并提供相应的考核标准。

一、以人为中心的设计程序

以人为中心的设计程序就是以人为本的设计程序，人本主义是这一设计程序的思想基础。从广义的角度来看，一个或者一系列新产品的开发实现，既是设计师的作品又是制造企业的产品，还是经营者的产品，同时又是消费者的用品，其属性的转化过程就是一个程序的演进过程；从狭义的角度来看，产品的设计开发都是由不同部门的人员通力合作来完成的，在过程中分阶段相互合作来完成最终产品设计开发。因此，以人为中心的设计程序就是整个设计程序围绕不同的"人"展开。大多数的设计程序均以设计需求为起点，在不同的设计阶段由不同的人员参与，包括营销企划人员、项目管理人员、财务人员、技术人员及其他专家顾问等，设计人员应当参与到其他相关部门的各个程序中，进而使设计能够顺利进行。

对于企业的产品开发设计来讲，市场、生产和设计是最主要的三个环节。市场决定开发的方向和前景，生产是开发的保证和条件，设计则是开发的措施和方式。要系统地完成产品的开发任务，就需要这三方面人员都能够按照既定的程序完成相应的任务。因此，以人为中心的设计程序，即要对生产人员、设计人员、市场人员三者分别进行程序界定，并在实际的设计过程中促使三者及时沟通与合作（图3-7）。

在以人为中心的设计程序中，设计需求来自对产品使用者或消费者的需求调查，并且要结合市场人员的市场调研和预测内容，进而由企业经营者或管理者做出开发决策，设计项目正式启动。市场人员负责市场调研、人群画像、市场营销和售后服务等；生产人员负责生产测试、模

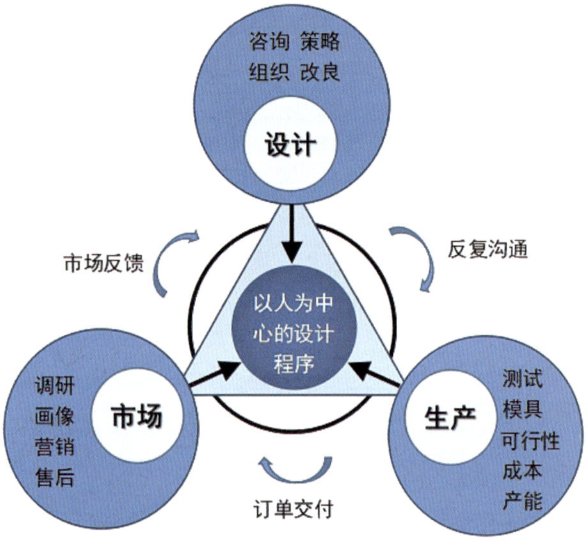

图3-7　以人为中心的设计程序示意

具制作、可行性分析、成本控制及产能评估等；设计者负责设计咨询、设计策略、设计组织、设计改良提升等内容。

二、一般模式的设计程序

由于企业管理模式、技术支撑环境、社会需求状况都在发生着变化和重组，现代设计在其中也不断发生着演进，所以势必带来设计程序上的结构性调整甚至变革。企业设计管理部门与设计师也在长期的设计实践过程中建立起相应的设计程序模型。传统设计程序通常为线性发展模式，即前后的连续性较强，具有紧密的连带因果关系，下一步的结果取决于上一步的成功。而在商业化与信息化结合的今天，往往要求的是更快速有效且灵活多变的适应性设计程序系统，因此设计程序也正向立体化、系统化和全方位的方向发展。其中，现代数字化技术、虚拟现实技术及3D打印技术正被引入设计程序之中。

传统的线性设计程序通常将设计过程整合为几个彼此衔接的阶段，用来限定每个阶段的主要任务和达成目标。通常被分为五个线性阶段：定义问题、了解问题、思考问题、发展问题、设计与测试。或者分为研究分析、构思设想、草案设计、发展优化等几个阶段。此外，有的还分为发现问题、创意设计、分析评价、商品化等几个阶段。所有这些划分方式，都是根据具体的设计内容和设计目的进行灵活设定的，而在这些主要的阶段中又会细分为具体的步骤。如美国设计管理学院提出的产品开发程序包含九个步骤：确认、分析、定义、探索、选择、修正、规范、完成、导入（图3-8）。而企业内在执行设计程序时，也会明确各个具体环节的工作内容和达到的目标，如开发阶段

的前期活动通常分为：确认客户需求、建立设计规格、形成产品概念、选择产品概念、测试产品概念、确定最终规格、拟定开发计划、开发产品等（图3-9）。

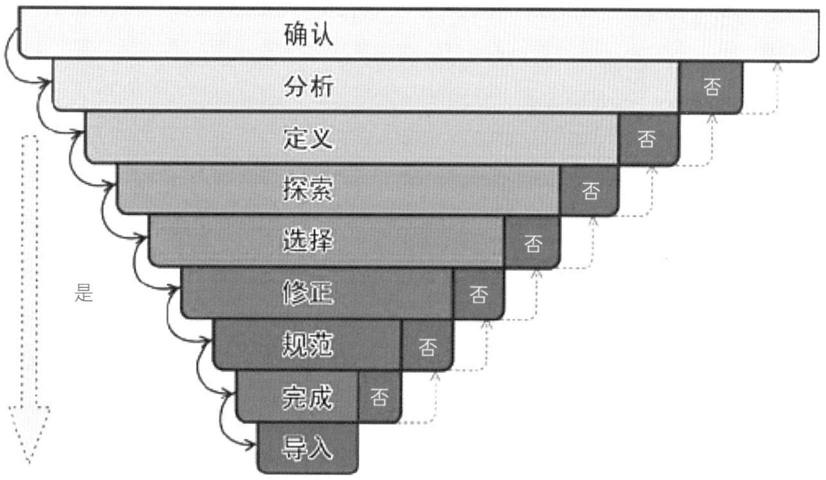

图3-8　美国设计管理学院提出的产品开发程序

图3-9　概念开发阶段的前期活动

第三节　产品策划

在此以纪念产品设计的系统设计开发作为案例，穿插部分基础理论，展开产品系统设计程序与方法的进阶学习。

一、设计调查

设计调查（Design Field Survey）也称为设计的社会调查或周边调查。最初只是用于自然科学和应用科学的一般学科领域，第二次世界大战以后，设计界和设计教育界将之引为专门化、体系化的设计社会调查。如今，设计调查已经成为企业制定产品开发计划和发展策略的首要任务，同时也是保证产品符合使用者需求、贴近用户的关键环节。设计调查是贯穿产品系统设计程序始终的，且循环往复，不断推动着产品设计的改良与革新。

原则上，设计调查的范围和内容越广泛越好，但实际上这样会给后期的分析处理带来巨大的工作量和难度。因此，设计调查通常是具有明确的目的性和针对性，围绕设计对象进行的有计划、有条理的适量性调查。其内容主要包括：用户调查、市场调查、企业调查、技术调查、法律法规调查及其他相关资料调查，其中以用户调查和市场调查最为重要。

1. 用户调查

用户调查也称为消费者调查，主要是对产品使用者、购买者及潜在用户进行的意向性、需求性内容的调查。主要意图是获取用户的需求信息、人群消费特征、购买心理及偏爱程度等内容，进而为企业开发计划和设计定位提供数据参考。同时，用户调查资料也对设计方案的确定和评价起着直接作用。

2. 市场调查

市场调查的工作就是要探索经营模式，论证构成要素。所谓市场调查是为在需要和供给所限定的领域中了解该领域的现状，以便于确定适合的产品决策、经营决策所进行的系统、科学的调查研究。

3. 企业调查

经营是企业最基本、最主要的活动，是企业赖以生存发展的第一职能。企业调查的目的是使设计活动建立在企业自身文化、实力、战略以及发展方向的基础上，进而使设计与企业整体的规划同步。

4. 技术调查

技术调查是针对产品开发过程中涉及的生产技术、结构、材料与工艺等问题进行的相关调查。

5. 法律法规调查

针对与产品开发相关的法律条令和政策规定进行调查，如专利、知识产权保护等相关法律内容，以及产品销售国家或地区对产品材料及工艺、废弃处理方式、生产标准等方面的规定等。

这一过程的重点就是对设计调查中收集的多方面信息资料进行分类、整理、归纳，使之条理化，从而进行分析研究。对信息资料的分析可采用定量、定性的分析方法，如价值分析法、投入产出法等。其中对于分析结果的统计比较重要，一般采用统计图表、曲线图等形式能达到简洁、直观的效果，并可以帮助设计人员初步确立设计定位。常用的信息资料整理分析的表示方式主要有：表格统计（表3-1）、流程图表示、图表表示、分布图表示、坐标图法。

表3-1 来华入境旅游者感兴趣的旅游商品统计表

类型	年份		
	1999年	2000年	2001年
服装 / 丝绸	39.5%	35.8%	37.6%
纪念品 / 工艺品	29.8%	30.3%	39.5%
食品 / 茶叶	39.3%	37.3%	39.0%
中药 / 保健品	22.5%	20.5%	23.8%
瓷器 / 陶器	24.5%	23.5%	24.2%
文物复仿制品 / 字画	17.4%	10.7%	20.9%
酒 / 香烟	12.8%	12.6%	16.4%
首饰 / 珍珠	11.8%	15.0%	16.8%
地毯 / 挂毯	9.6%	12.2%	12.3%
胶卷 / 电器	6.2%	6.2%	7.5%

从表3-1可以看出，旅游产业中旅游纪念品所占的产业比重越来越大了。虽然近几年纪念品的发展趋势无法精准确定，但有一点可以相信，随着2008年北京奥运会的结束和2010年上海世界博览会（简称上海世博会）的开幕，在华及来华的游客对于纪念品的需求必然会随着旅游产业意识的提高和人们需求的增长得到一个井喷式的发展。现在看来这已经是毋庸置疑的事实了，这个表3-1的数据为上海世博会山东馆文化创意产品的开发指明了方向。

二、用户画像及设计定位

用户画像又称用户角色，作为一种勾画目标用户、联系用户诉求与设计方向的有效工具，用户画像在各领域都有广泛的应用。我们在实际操作的过程中往往会以最为浅显和贴近生活的话语将用户的属性、行为与期待的数据转化联结起来。作为实际用户的虚拟代表，用户画像所形成的用户角色并不是脱离产品和市场之外所构建出来的，形成的用户角色需要有代表性，能代表产品的主要受众和目标群体。

用户画像最初是在电商领域得到应用的，在大数据时代背景下，用户信息充斥在网络中，将用户的每个具体信息抽象成标签，利用这些标签将用户形象具体化，从而为用户提供有针对性的服务。用户画像作为一种勾画目标用户、联系用户诉求与设计方向的有效工具，在各领域得到了广泛应用（图3-10）。

用户画像可以提高决策效率。在现在的产品设计流程中，各个环节的参与者非常多，分歧总是不可避免的，决策效率无疑影响着项目的进度。而用户画像是来自对目标

图3-10 用户画像

用户的研究，当针对基于一致的产品用户进行讨论和决策时，就很容易约束各方能保持在同一个大方向上，提高决策的效率。人群画像的形式没有固定的模式，主要是根据设计项目来决定的，设计合适的人群画像架构对于设计策划的品质具有很大影响。

设计的定位就是由用户画像来决定的，越是明确的用户画像，越能使设计定位清晰准确。设计定位是产品策划的关键一环，面对上海世博会这一最为广阔的人群场景，对用户画像显然是很难具体和明确的，对把“用户”扩大至“人群”进行画像则是更为明智的做法，我们采用属性分析法，在对人群进行画像的同时明确下一步的设计定位，具体如下：

首先，我们来看一下参观者的构成成分。上海世博会的参观者是来自世界各地的观光客，大家带着不同的需求来到这里，作为能让他们带走留念的纪念品一定要有广泛的普适性，包括便携、别致、深刻等特性。这里主要强调一下便携，便携可以概括为“小”，体量小，我们设计的纪念品必须要便携，因为参观者不会携带体量较大的物品在园区内游览，况且大体量的物品本身就具有高成本的特点。

其次，来看一下参观者的体验方式。世博会的参观者具有都市旅游、绿色旅游、休闲旅游等多种体验方式，但这些体验方式都具有相对短暂，不可复制的特性，这就要求纪念品的设计要具有一定的观赏性和主题鲜明性，以便能够拓展参观者的体会时延，即使在离开世博会展览相当一段时间后，仍然能够令参观者经常将纪念品摆于眼前，欣赏的时候仍有身临其境的奇妙感受。

再次，从参观者的个性需求方面。纪念品应当具有和世博会相呼应的特质——大气而独特，因为面对世博会上琳琅满目的纪念品，参观者只会挑选自己认为独特而精致的纪念品带走。这一特性可由“土”和“巧”来概括，“土”：就是土生土长的，也就是当地的，具有民族性、地方性，能展示参展人的生活方式和价值观念的，是当地材料和文化的凝练。“巧”：就是设计要巧，结构要巧，讲究科学，讲究艺术，使人一见就产生联想，不是简单地复制、微缩历史，而是提炼、提升。

最后，就是从参观者使用需求出发。游客购买的一般旅游纪念品，大多是重在享受，次在实用。如果将世博会的纪念品的实用性作为一个重点来突出，不仅能够让参观者有耳目一新的感觉，更为重要的是在相当一段时间里，参观者都会使用该纪念品，加强了世博会在参观者身心中的时延。这样才能增加其纪念性、收藏性和欣赏性。

由此可见，2010年上海世博会山东馆纪念品设计的整体定位就显现出来了，那就是：集纪念性、便携性、功能性、艺术性、知识性、独创性、收藏性于一身，“小”“土”“巧”的产品或者系列产品。

三、设计构思

在整体设计定位的指导下，展开下一步的工作还需要有明确的思路指导，因为这不是一个人的设计工作，而是一个团队性的设计合作，明确的设计构思是工作能否顺利开展的重要前提。

众所周知，任何一个设计的展开，都需要有相应的设计来源，我们习惯称之为灵感。独立性较强的艺术创作总是给人灵感从天而降的感觉，然而进行设计工作，尤其是针对性较强的设计工作可能就没有那么洒脱了，特别是在团队合作的状况下，更需要明确目标，不能进行漫无目的的灵感搜寻，如何将设计工作从一开始就变得可以控制，让工作有秩序的展开成为我们首先要考虑的问题。于是确定较为明确的创意板块成为首要问题，在这一想法驱动下，结合纪念品设计的特征，明确了山东地方特色、齐鲁人文情怀和展馆形象特征这三个切入点，下面具体引申。

（1）**地方特色**。在这一点的开发思路可以套用地方旅游纪念品设计的某些思路，那就是抓地方特色，本着“土”思路开展，“土”就是土生土长，也就是当地的景致风貌和代表特产，大家都知道“民族的才是世界”的道理，同样“地方的才是全国”的说法就不难理解了。

根据这一思路可以有针对性地开发各地区富有地方特色的、蕴涵浓厚文化的纪念品（图3-11），如济南地区纪念品的开发可以以章丘的黑陶、长清的木鱼石、平阴的阿胶、市区趵突泉的泉水、鲁绣为开发重点；潍坊地区的纪念品可以重点开发风筝、杨家埠木版年画、泥塑、剪纸等手工艺品和以蓝宝石为重点的珠宝首饰商品；莱芜地区可以重点开发燕子石、锡雕等旅游商品；日照、临沂地区可以树立优质茶叶品牌、开发文物字画商品；威海地区可以着重开发闻名中外的“山花”地毯、肥城桃木、新泰草编等。

图3-11　山东的黑陶历史悠久且独具特色

可见，山东具有地方特色的东西还是很多的，但是我们必须考虑到在世博会的大舞台上，如果想通过纪念品的形式来展现山东的特色，一定要选取最具代表性，最具分量的事物来展示，所以说上文提到的内容还是要经过精挑细选的。

（2）**人文情怀**。山东，古属东夷之地，又称齐鲁之邦，这块具有悠久历史文化传统的土地孕育了光辉灿烂的齐鲁文化。千百年来，在一代又一代山东人身上繁衍生息，绵延不绝，成为山东人世代传承的人文基因，给全国人民留下了深刻印象。具体归纳出来，那便是浓郁厚重的儒家思想，真挚洋溢的好客热情和高旷广博的山海豪情。只有饱含情感的纪念品才能打动人心，这是毋庸置疑的。但人文情怀是一个相对抽象的命题，如何将抽象的情怀变成物化的纪念品，成了设计纪念品进一步思考的重点。

（3）**形象特征**。作为上海世博会山东馆这一特定展区的纪念品，必然要体现展馆设计的某些特点。山东馆的主要特点是在展馆本身的造型上，2010年上海世博会山东馆展示设计方案充分结合“城市，让生活更美好”和“齐鲁青未了”的展示主题，将山东“和而不同”的城市发展理念与城市家园理想作为两个重要诉求点进行设计切入。山东馆最有特点的是外立面设计（图3-12），整个外立面将齐鲁大地山的厚重和海的灵动融为一体。运用中国传统山水画的视觉元素营造的青绿山水胜景，勾勒出山东“海岱交融”的地理形胜，形象表达了“青山连绵不绝，绿水长流不断，文化传承不息”的意境，准确展现了开放的山东对未来城市发展的自信与畅想。

四、产品策划

产品策划又称产品计划，其指正确把握消费者欲求，从而实现产品的计划。主要是指企业围绕产品制定的一系列发展规划和策划等，其内容主要包括：新产品开发、半新产品开发、现有产品改良、现有产品新用途的开发、产品的中止或产品群的缩小、产品群的扩大等。产品计划通常是企业发展规划中最重要的内容，也是企业发展的核心问题。此外，产品计划也要与企业的品牌计划、商品计划等内容彼此适应，这样才能使企业的发展协调而稳定。随着人们生活水平不断提高，生活现代化，国际交流的频繁，人们的欲求、价值观、消费观念、生活意识、生活方式、生活结构等变得越来越复杂多样化。另一方面，由于科学技术的进步、新材料的开发、生产方式的改良，产品的质和量等方面都在发生变化。传统产品计划的思考方式，是一种仅基于生产意向的计划，已难以适应现在企业发展和市场竞争状况。现在的生产正逐步朝着销售意向、消费者意向、生活方式意向和生活者意向等方向发展。总

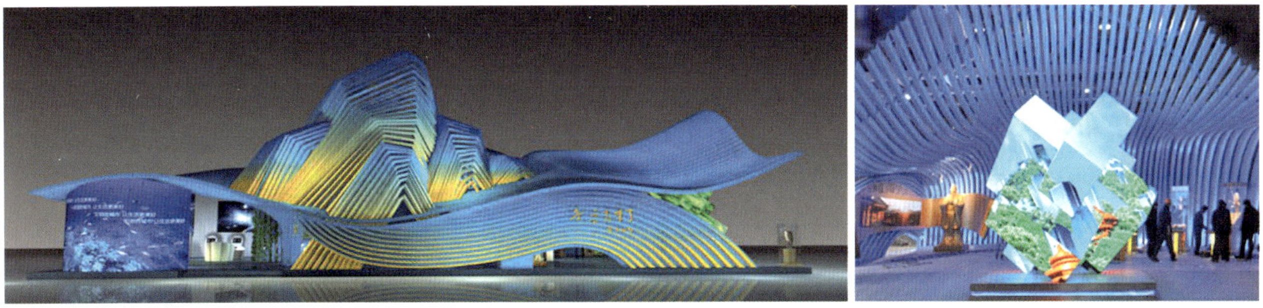

图3-12　2010年上海世博会山东馆的外观及局部

的来讲，产品策划的步骤大致可分为六个阶段：

① 决定问题范围的阶段。主要是研究产品规划的目标。

② 构思和选择的阶段。提出必要的构思加以研究、选择。

③ 产品计划的立案阶段。要研究试制的可能性、费用及工作步骤等。

④ 试制阶段。实行试制计划，结合研究制造工程中的制造计划，规定原价及局部市场测试结果等。

⑤ 制造阶段。即开始批量投入生产的阶段。

⑥ 销售规划阶段。制订销售的综合计划，逐步实施宣传、广告、销售活动的阶段。

根据具体的产品计划，可以制定相应的新产品开发流程，并在计划实施过程中，对相关部门的工作和人物进行明确界定，以利于各部门之间进行高效的合作与配合。

上海世博会山东馆纪念产品策划的宏观目标是：不仅要展现山东本地的特色，更应该有立足于全国的视野，设计具有东方特色的代表性纪念品，为提升我国旅游纪念品的设计水平和制造品质贡献一份力量。

在设计团队的选择方面：类似于世博会纪念品设计的展会纪念品设计在我国是相对空白的，这一次给设计者提供了相对广阔的创意空间。项目组挑选了思维相对活跃和动手能力较强的高年级学生组成创意团队，因为年轻人往往能够不受传统设计模式的制约，更容易对创造的世博会旅游纪念品形象产生新的构想。

即便如此，也应考虑到上海世博会山东馆纪念品的一些自身特性。其最鲜明的特点就是免费发放，这就决定了在参观人数如此之多的情况下，纪念品的设计上应首先考虑到产品的制作成本一定不能过高。并且针对参观者层次的不同，以及运营过程中对互动环节的配合需求等，也就决定了纪念品的造价层次要分明、数量多少要有限制。可见，细化纪念品的类型和造价是纪念品设计的重要工作之一。为此，制定了1～20元的造价范围，并且要使不同纪念品的造价和数量有一个梯度性变化。为此，项目团队主要考察本地小商品市场，针对小商品相对集中的商场集市展开调研，并通过拍照、询价的方式记录下适合的设计范围，为下一步的设计提案奠定基础。

根据此前的设计定位还要将提炼出的地方特色、人文情怀和展馆形象转换为物性载体。在转换的过程中，特别要注重对同一文化元素的多种物性载体表现，力求丰富纪念品的形态和类别。做到既要保持纪念品的文化要素的统一性，又要注重纪念品形态的多样性，设计出内容与形式的统一，适应参观人群需要，并有一定艺术性的文化产品。

第四节　设计提案

设计提案不是一蹴而就的，它既需要有充分的调研思考，也需要有具体的方案进行展示，提案的条理性显得尤为重要，主要通过以下几点进行表述。

一、方案构想与设计推敲

（一）方案构想

从概念的角度，是以产品语言、用户为导向及技术实用功能为基础所发展出的基本设计方案。构想所确定的并不是具体的、可实施的方案，而是尽可能多的、宽泛的、可选择的、可能性的方案。在经过前面对用户需求和功能技术的分析之后，设计师往往会受到分析结果的左右和限制，而陷入一些具体的功能、结构细节之中，进而构想出的方案也脱离不了常规思维的框框，很难带来创造性突破。因此，在此阶段，应尽力将上述分析研究结论作为构想方案的参考或依据，而不应受其禁锢和束缚。设计师必须学会将以物为中心的研究方法改变为以功能为中心的研究方法。从需求和功能入手，有助于开阔思路，使设计构思不受现有产品方式和使用功能的束缚。设计师在理性分析与思考后，需要更为感性的创造灵感与激情，应允许非常规、不平凡的构思，甚至“异想天开”。可以说，构想是将概念视觉化的第一步。

还是以山东馆纪念产品为例，地方特色、人文情怀和展馆形象是设计表现的主要内容，物性载体是设计表现的形式。这就要求在进行设计的过程中，既要保持地方特色的展现，又要注重人文情怀的注入，还要把握展馆形态的提炼，这样才能设计切合主题并有一定艺术性的纪念品，为此将设计构思中常用的头脑风暴法做了一次创新性的应用。下面，将这种设计方法进行详细表述。

首先，在前期思路的指导下搜集相关资料，其中山东特色提取的内容包括：特产、风景、戏剧、景观等；山东的人文情怀方面包括：历史名人、著名事件、文化特征等；展馆形象方面主要包括：展馆外观、功能分区、代表事物等。总之一定要把握：广搜集、多交流的原则，事无巨细地把资料记录下来。

其次，让大家将搜集到的资料、新产生的感悟，结合前期设计考察的内容全部打散，分为两个类别：一类是主题性的内容，就是创意来源之类的构思，不牵扯任何实际做法，越具有代表性越好；另一类是载体性的，就是实际制作的物件，把握造价不超过20元的原则，可以是现实中存在的，也可以是自己创新的。将这两类内容写到便笺纸上，越多越好，由主持人将这些内容分别贴到墙面左右相对应的区域（图3-13）。

当所有的主题和载体展现到大家面前时，下一步的过程有点类似于做连线题，让所有参与者按自己的感觉搭配主题和载体，创作新的纪念品。

这时候，再将所有参与者连线后产生的新提案写到便笺纸上，越多越好，粘贴到黑板上，在主持人的主持下进行集体讨论。此时，我们请到了从事多年礼品制造营销行业的经理，和不同性别、不同年龄段的普通大众，参与其中。前者主要是在产品的造价和制造的可行性上进行把控，后者主要从自己的喜好上给出评价。讨论开始后，主持人不可按照自己的喜好随意评判设计构思的好坏，尤其是面对学生团队时，因为反对的意见很有可能使很多好的构思走入死胡同。更多要做的是互相鼓励，不断提点，要用更为完善的建议进行相应的引导，使其成熟和合理。

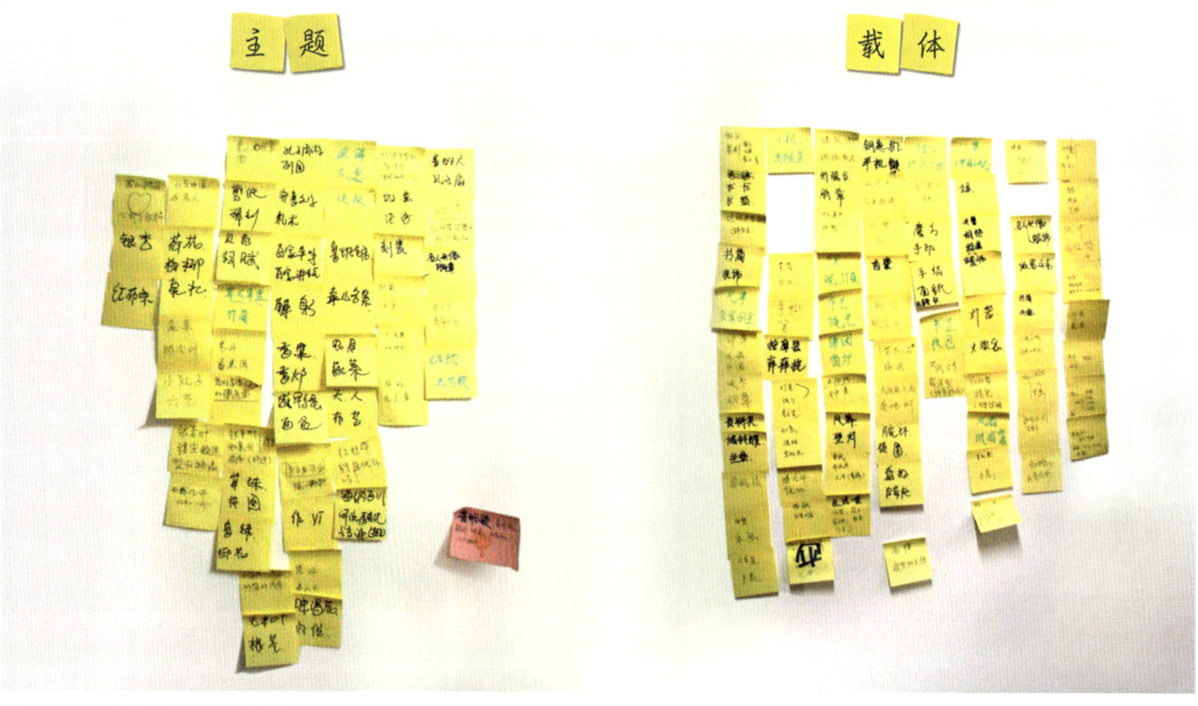

图3-13 头脑风暴法的应用

经过一番细致、深入的讨论后，成熟的设计构思浮出了水面，要设计的纪念品被明确出来，然后根据参与人员中各自的喜好自由选择，进行电脑虚拟设计。主持人的工作还要继续进行。主要是随时监控各个设计的进度，以及整体风格的统一，这毕竟是一个整体项目，必须有一个相对统一的视觉面貌。

可见，这种设计方法的最大特点就是将所有设计的构思都限定在一个相对统一的命题中，自由发挥创意的同时又会有一个明确的主轴，即使再偏离的创意都会被不自觉牵扯回来，避免了设计上“弯路”的产生，节约了大量的创意思考时间，对于时间周期相对紧张的设计案还是很有帮助的。

（二）设计推敲

手绘能力是设计师必备的一项基础技能，手绘的重要性不在于画面是否精彩绝伦，而在于它对设计构思的推敲与传达。设计师需要将众多因素加以归纳、综合、演绎，并快速有效地表达为具象的草案。这就要求设计师具有创造性地运用形式法则综合协调与解决设计目标系统内诸多因素的能力。在此阶段，产品设计师常采用手绘草图来记录和表现各种解决草案及草案的变体。手绘草图是一种快速记录思维构想的方式，它是从无到有、从想象到具体，是将思维物化的过程，因此是一个复杂的创造思维过程的体现。草图一方面可以记录、表现稍纵即逝的构思及过程，也可以用于团队成员间的沟通与交流；同时大量的草图也能够活跃设计思维，使创造性构思得以延展，尤其是团队成员往往会从中受到很大启发，并激发出大量的创作灵感。如图3-14所示，为上海世博会山东馆纪念产品设计过程中手绘草图汇总，数量巨大便于筛选。除了手绘草图之外，设计师也会借助其他高效便捷的表现工具，尤其是随着现代计算机绘图技术的迅速发展，设计师们开始广泛应用绘图软件进行构思与创意（图3-15）。应用2D软件绘制的扇子这种平面感较强的作品，效果直观且便于推敲。此外，设计师也通过制作草模或比例模型、结构模型等实体来进行概念发想（图3-16）。总之，这一阶段的主要任务是尽可能多地提出构想方案和可选择性的概念方案，从理想的角度来看，概念方案应该包括从保守到创新和从过去到未来等各种类型。

图3-14　记录草图形式：快速记录构思过程中的想法和概念

图3-15　应用2D软件绘制推敲纪念扇子的设计形式

图3-16　用卡纸制作的结构草模

二、CMF与人体工学考量

产品的颜值是人们内心永恒的期待，而产品的更新迭代，又以外观迭代最为频繁，因此自然就独立出一个领域，专门搞定产品的颜值，即外观设计，外观设计是由形态设计和CMF设计构成的（图3-17）。

CMF是Color-Material-Finishing的缩写，也就是颜色、材料、表面处理的概括。它是人们在对产品形态已经不能改变的情况下，仍然需要在视觉上追求更多可能性的方式。在消费电子类产品中应用尤其广泛，比如手机产品，在外形确定后，还要出不同价格、不同颜色和材质的版本（图3-18）。这种情况下，CMF就独立出来成为一个专门的研究领域。

CMF专业针对性较强、运用范围特殊，但却遍及生活的方方面面。CMF目前国内大多理解为表面处理工艺，CMF设计是作用于设计对象的形态表面，它是联系、互动于产品与使用者之间深层感性的部分，多应用于产品设计中对色彩、材料、加工等细节处理。除了解决视觉问题还牵动着用户的感受，具体如汽车关门的声音取决于门的材料是否厚重，把手传热能力取决于表面加工手段，或者汽车方向盘较紧凑的结构及较软的表面处理能否给驾驶者充分的安全感等。

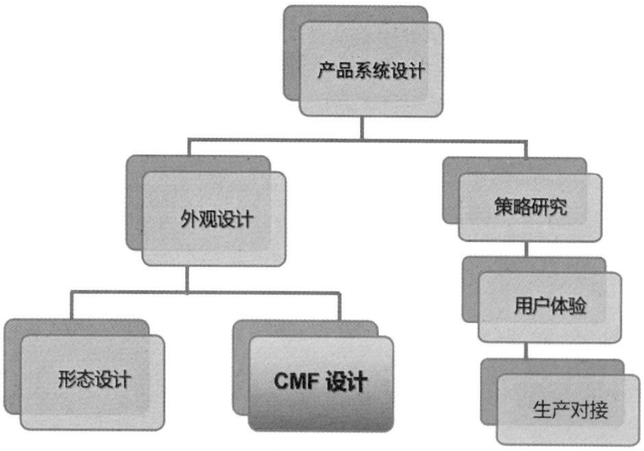

图3-17　CMF设计在产品系统设计中的关系

人体工学（Ergonomics），是诞生于第二次世界大战后的一种技术，除了常见的造型设计外，人体工学实际上还包括如按钮的位置安排、说明文字的设计等多个方面。实质上，所谓人体工学，在本质上就是使工具的使用方式尽量适合人体的自然形态，这样就可以使使用工具的人在工作时，身体和精神不需要任何主动适应，从而尽量减少使用工具造成的疲劳。鼠标的人体工学设计，主要就是鼠标的造型设计，而要研究这个问题，首先需要研究人手的自然结构（图3-19）。

人体工学的本质，是按照人的特性来设计和优化的科学，主要目的是使人能安全、健康、舒适和高效地进行各项活动。具体的操作流程是，以人为中心，把人—机—环境系统作为一个统一的整体来研究，以创造最适合人操作的设备和作业环境，使人—机—环境系统相互协调，在可靠和安全的前提下创造最优的人机关系、最佳的系统工作效益。人体操作动作分为三类18个要素：第一类是完成作业的必要动作，如伸手、抓握、移动、定位、组装、拆卸、运用、放置；第二类是辅助性动作，如寻找、发现、选择、检查、思考、预安放；第三类是多余的动作，如抓握、延迟、静止等。

上海世博会山东馆纪念产品设计在CMF方面的设计思路比较明了，主要考虑在实现视觉效果的基础上尽可能降低制造成本，为此采用的都是极为常见的材料和工艺，色彩采用较为理性的天蓝色（图3-20）。人体工学方面主要是在手上考虑的，考量是否方便抓握和携带，外形尺寸通过简易的打样和便捷的3D打印技术进行了多次实验和推敲，让使用体验更为合理。

图3-18 CMF设计在手机外观设计中尤为重要

图3-19 基于人体工学研究的鼠标设计

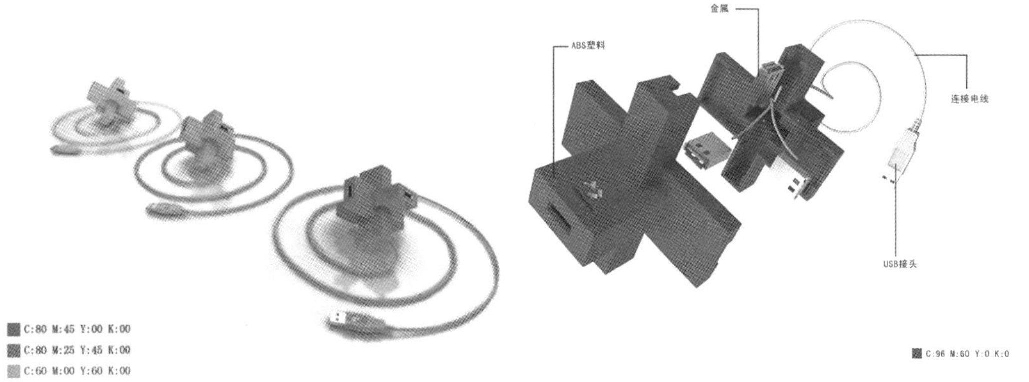

图3-20 鲁班锁USB集线器的CMF设计

第五节 设计深化

一、方案表现与优化

在经过概念构想，确定初步设计方案后，就需要从中筛选出可行性较强的方案进行更为严谨的发展和深化，这时需要设计师更加理性地综合考虑各种具体的制约因素，如比例尺度、功能需求、结构限制、技术条件、材料工艺标准等。好的产品表现图，要具备快捷、准确地表达造形、结构、材料的作用，帮助设计师抓住稍纵即逝的灵感火花，方便设计师之间进行交流和与客户沟通；此外，优秀的设计表现图也具有很高的艺术审美价值，在车展上很多漂亮的效果图就常常作为展览的一个重要部分。如图3-21所示，汽车展位上的手绘草图展示与汽车相得益彰。

设计效果图也称为设计预想图、设计方案图、设计展示图等。它是设计师根据内容要求，运用绘制工具，借助艺术绘画和工程制图的手法，将构想形态，遵照“可视真实”的原则，理性地绘制出的一种有表现力的图画。它既不同于纯艺术的绘画作品，又与纯技术的工程设计图存在区别，它

图3-21 汽车展位上的手绘草图展示与汽车相得益彰

融合了二者的表现手法，用艺术性的方式传达理性的概念（图3-22、图3-23）。

设计效果图绘制的目的是表现设计师的创意构想，并将构想中的产品形态在平面空间上具象化。要能够充分体现产品的立体形象的秩序、厚度、尺度、体量、匀净和严谨等价值。其基本的要求是：展现立体感、表现出材料质感、结构关系合理、整体美感。

随着设计工具不断更新，设计效果图的绘制方式也随之增多。就绘制手法来分，主要有手工绘制效果图和电脑制作效果图（图3-24）；就设计要求和意图来分，主要有方案效果图、展示性效果图和三视效果图。

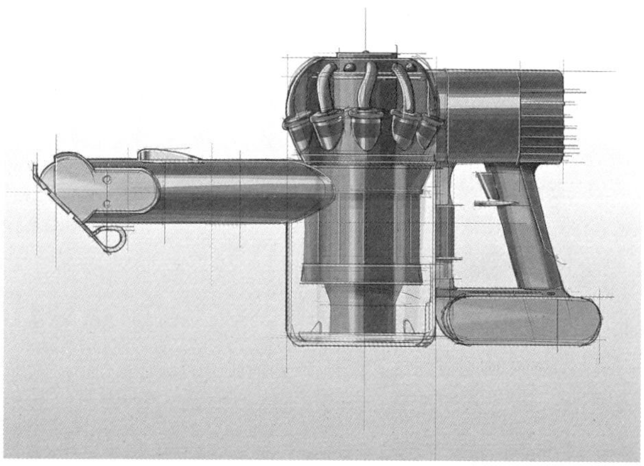

图3-22 手持吸尘器的手绘表现

（1）方案效果图：以启发、诱导设计，提供交流，研讨方案为目的而绘制的初级效果图。此时，一般设计尚未完全成熟，还处于有待进一步推敲斟酌的阶段。这时也往往需要绘制较多的图来进行比较、优选、综合。但较之前期的构思草图要详细而严谨，局部的细节、比例关系、结构、色彩及材质肌理等也要基本准确地符合构想产品的实际效果。

（2）展示性效果图：这类效果图表现的产品设计方案已较为成熟、完善。作图的目的大多在于提供决策者审定和实施生产时作为依据，同时也可以用于新产品的宣传、介绍和推广。这类效果图的效果要能充分表达出产品形象的形、色、材、质和工艺的内容，而且要强调细节的刻画和主体内容的展示。画面整体应能够突出产品的品质和亮点，并结合背景与附加物体现出创意和设计的感染力。当前，这类效果图多应用计算机绘图软件制作，如众多功能强大的二维和三维软件，已给设计者提供了更灵活和快捷的创作空间，同时也增强了效果图表现的真实感、艺术性和精致感（图3-25）。

（3）三视效果图：这类效果图是直接利用三视图（或选择其中一两个视图）来制作的。特点是作图较为简便，不需另作透视图，对立面的视觉效果反映最直接，尺寸、比例没有任何透视误差、变形；缺点是表现面较窄，难以显示前两类效果图所表现的立体感和空间视觉形态（图3-26）。

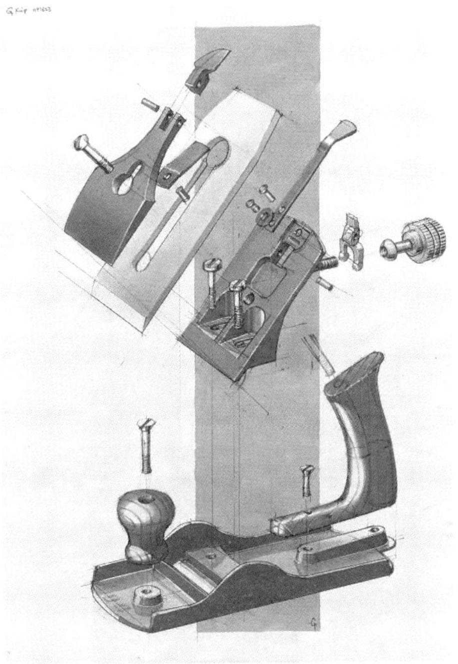

图3-23 手绘产品立体装配图

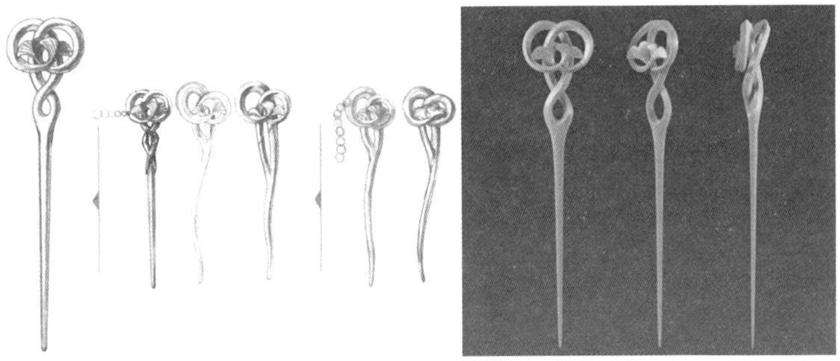

图3-24 手绘效果图与电脑效果图的效果对比

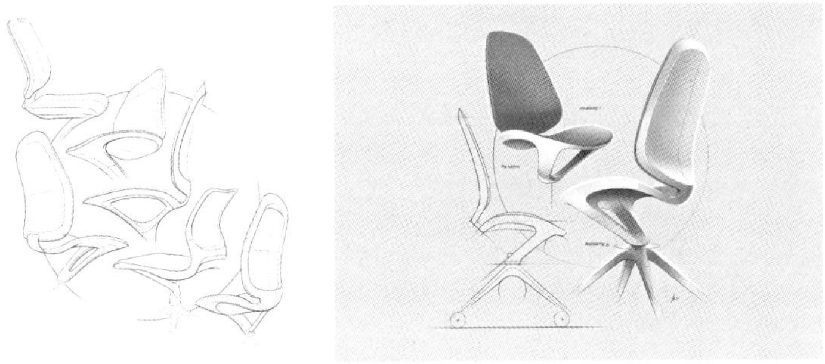

图3-25 瑞典设计师Filip Chaeder（菲利普·查德尔）设计的人体工学椅的方案性草图

对于产品设计方案的表现效果图，应以展示和传达设计理念为目的进行绘制和安排构图，力求表现预想产品的真实感。

二、设计表达

设计除了良好的效果图表现外，还应在设计说明上用心组织文字，简明扼要地传达设计的要点和亮点，图文结合才能客观准确地表达设计意图，对于设计方案评估才能具备有效性。

经过了相当一段时间的努力后，上海世博会山东馆整套纪念产品的设计方案逐渐完善起来。方案围绕展馆形象和齐鲁山、水、人的文化理念，以“礼轻情意重”为指导思想，在把握上海世博会山东馆“齐鲁青未了”主题的基础上展开设计，突出了便携、环保、实用的理念，体现了山东人民的热情好客。

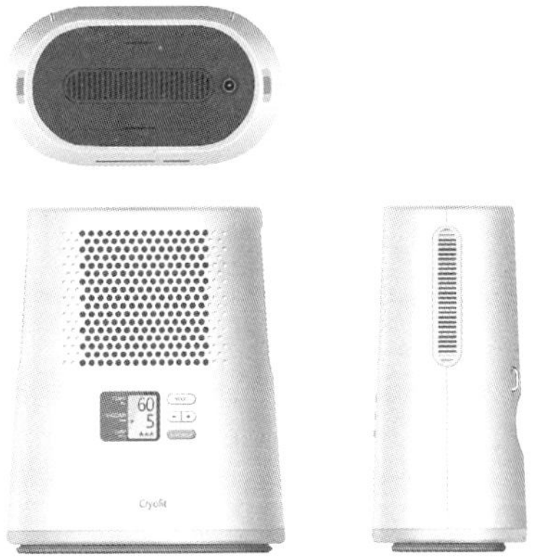

图3-26 空气净化器三视效果图

最终成型的方案有很多，本书展示一部分代表性的作品。

1. 从山东的地方特色出发

“怀古”黑陶摆件（图3-27），黑陶是山东省会——济南的特产，更是黄河流域，龙山文化的代表，作品独辟蹊径，采用小体积黑陶方片的制作方法设计，降低了成本，使其能够接近普通大众，另外在陶片上面绘制各种以龙山文化为代表的简洁纹样，将艺术和文化熔为一炉，在现代中怀念古人的神韵，并将其镶嵌在木料之上，使其尽显原生态的质朴感，使二者相得益彰，更便于桌面摆放和墙上悬挂。

“山、水、人”主题书签（图3-28），从整体出发，体现山东的地域特征和文化特质，通过泰山书签体现山东的大气，通过黄河入海书签体现山东的包容，通过孔子书签体现山东的睿智。

2. 从山东馆的形象特征出发

“和而不同”USB集线器（图3-29），以山东馆的蓝色为主色调，外观采用了山东馆主体形象——“鲁班锁”的造型，外伸的向上的三个块面成为USB的接口。作品注入了儒家文化“和而不同”的包容理念，与产品的使用功能达成了语义上的契合，使其既是一件简洁实用的电脑配件，又是一件美观大方的装饰品。

“海岱交融”配饰挂件（图3-30），整个形象设计选取上海世博会山东馆展馆外立面线条进行提炼与浓缩，把“海岱山东”所要表达的“青山连绵不绝，绿水长流不断，文化传承不息”的诗情画意集中于方寸之中，展现了开放的山东对未来城市发展的自信与畅想。

3. 从山东的人文情怀出发

“杏坛春秋”银杏叶扇（图3-31），设计灵感来自孔子聚徒讲学地“杏坛”的银杏树叶，外观设计选取了银杏树叶的扇面形态，将为观众在炎炎夏日送上一缕清凉。考虑到上海世博会展期时间长，设计根据上海世博会进行的夏、秋两季的时间段特点，将扇面设计了银杏叶在这两个季节的代表色——翠绿和金黄，分夏秋两个季节，分别向上海世博会山东馆的观众派发。

“人文共享”木简铅笔（图3-32），木简的出现对中国文化起着重要作用，形成百家争鸣的文化盛况。木简铅笔纪念品形式汲取了传统此类纪念品的形象优势，创新运用了“变立为破”的逆向思维方式，与世人共享孔子、孟子等圣人的文化思想。可作为礼品整体馈赠嘉宾，也可作为纪念品单支向参观者发送。

图3-27 “怀古”黑陶摆件

图3-28 “山、水、人”主题书签

图3-29 “和而不同”USB集线器

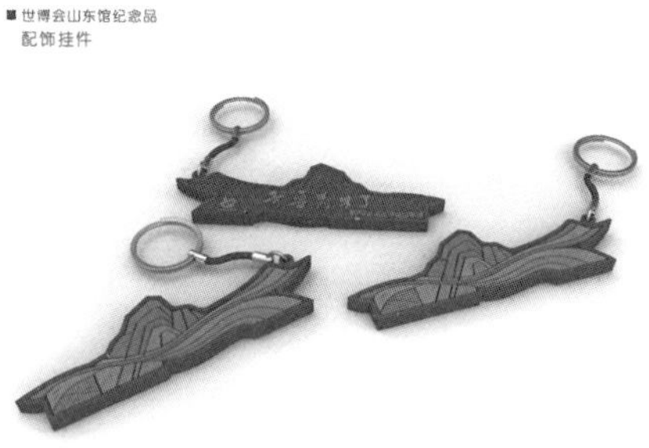

图3-30 “海岱交融”配饰挂件

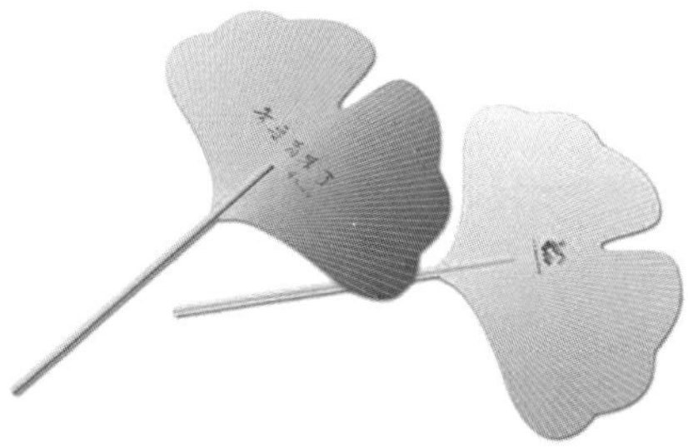

图3-31 “杏坛春秋”银杏叶扇

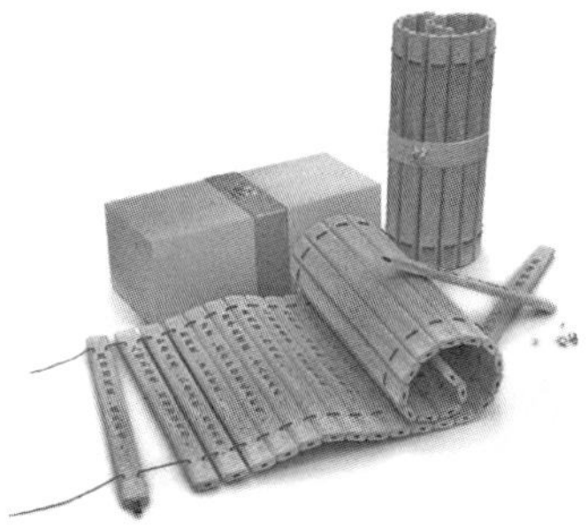

图3-32 “人文共享”木简铅笔

第六节 产品生产转化

一、模型制作

如果说，设计效果图提供给人们视觉感知的意义，产品设计模型则由于其纯粹物质的空间立体形象，不但具备了更丰富的视觉价值，还具备了手控的触觉价值，使设计表现更具真实感。同时，产品模型也是对设计对象进行直接分析、评价和感知的必要手段。产品设计模型是将我们的视觉感知和头脑中的感性评价转化为切实的知觉体验的重要途径和方式；由于视错觉的存在，实体模型的量感和结构关系通常与平面图纸及计算机图像中所显示的内容存在着一定的偏差，而且有些细节或局部结构（如倒角、表面工艺等）只有在制作模型实体过程中才能体现出来。模型与效果图的区别就好像雕塑与绘画的差别，绘画中的质感是视觉上所产生的共鸣，而雕塑则是切实可以触摸并感知的真实物件。

就设计过程中模型制作的用途来看，设计师选择制作的产品模型主要有以下几类。

（1）探索性模型：也称概念模型、早期模型。是设计师工作进展到一定阶段时制造的实物模型，其功能是了解产品的形态构造和使用特性，进而验证人、物、环境的合理关系和产品功能的可行性。这类模型通常不要求细节的精确，材料的选择，制作方式也力求简单快捷，能够表达基本的概念构思即可（图3-33）。对一些带有自由曲面的造型创意进行推敲时，笔和计算机都显得束手无策，只有通过设计师实际动手制作草模才能理解曲面的变化，从而最终完整表现创意意图和找到合理的设计。

（2）工作模型：也称分析模型。是设计师根据需要就设计中的某些具体问题而制作的一种模型，其功能是深入研究产品的某一属性，如形态变化、结构关系、色彩方案和工艺细节、功能组件的分布等。同样，这类模型在选材制作上应该尽量做到快速有效地达到研讨的目的，一般都选择较易成型的材料，如石膏、高密度发泡材料、油泥等（图3-34）。

（3）设计模型：也称外观模型、标准模型，这是设计师构想概念投放生产前制作的最完美的模型，质量要求比较高。形态上与真实产品相像，但不能工作。外观模型可用于产品后期的宣传，这类模型一般是设计方案定稿之后制作的，主要用于效果展示和外观评估，材料、工艺、色彩及质感、关键结构等内容都应在模型中得到体现，这类模型通常由专业模型师或模型制作公司来完成（图3-35）。

通过对各类模型的制作与测试，产品设计方案将得到综合性的检验和评估，并可以形成相应的生产文件，交由企业管理层决定是否制作样机并投入生产。

二、设计评价

在产品设计方案确定后，企业管理层会召开设计会议对各个方案进行综合性评价，从而选择投

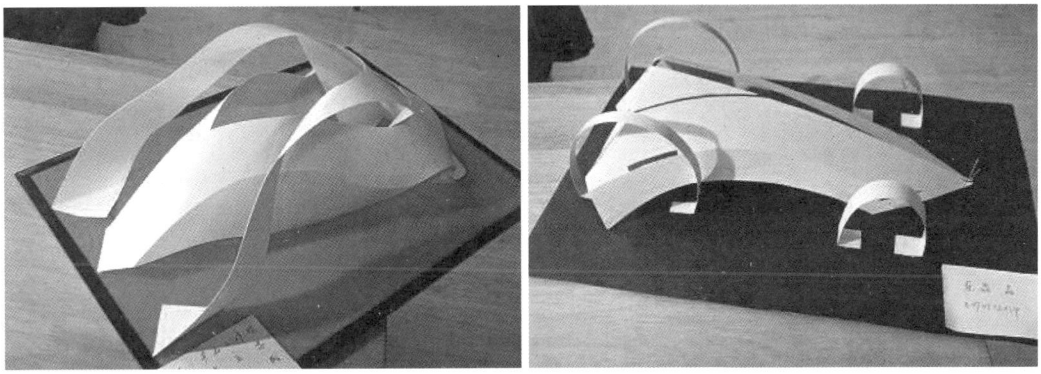

图3-33　探索性模型范例

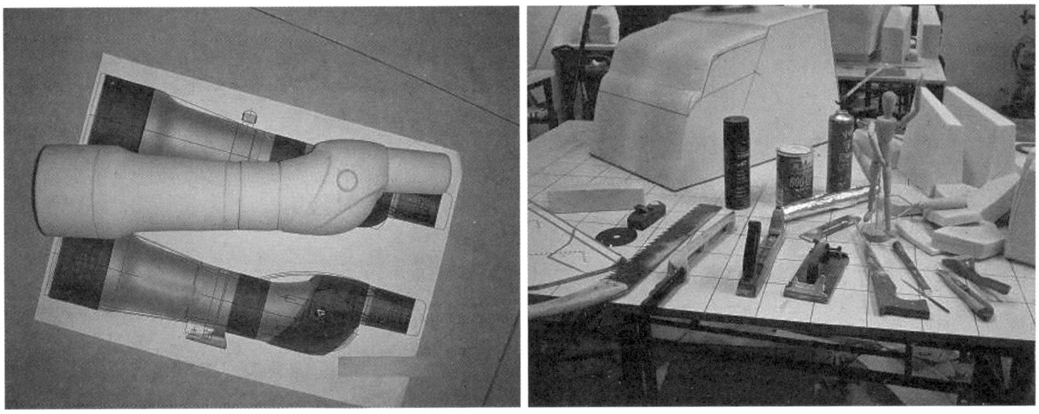

图3-34　聚氨酯制作的工作模型

图3-35 设计模型

产的最终方案。这种评价，不单是从产品的创新形式、功能和效果表现等内容上的感性评价，还是针对成本核算、市场接受程度、销售前景以及生产可行性、市场竞争力及存在的风险等内容的量化评价，这一过程需要有严谨的数字来做评价的依据。方案一旦确定，就转入产品的商品化实施阶段，设计人员就要与技术人员、生产人员紧密合作，完成具体的设计实施内容，包括精确的尺寸图、零件图及装配图、样机或真机模型乃至最终的模具开发等。这个过程根据产品的加工难度，需要反复沟通（图3-36）。

设计评价的目的就是将不同的人、不同的视角、不同的要求进行汇总，通过定量和定型化的分析，评估设计方案的实际开发价值，并对设计施加影响，其本质是设计付诸生产实施之前的“试验”和“检验”，其目标是尽量降低生产投入的风险。因为设计过程的投入成本与生产投入成本相比较要少得多。如果一款产品在投入生产后发现存在缺陷或问题，那企业的损失要远远超出前期开发设计成本投入。因此，任何一个企业对于设计方案的综合评价和筛选过程都是十分严格而慎重的，有时甚至需要经过多次反复的评价和论证才能决定最终的方案。

在设计评价阶段，企业通常汇集各方面人员组成评审委员会，召开评审会议。评审人员包括企业的决策者、销售人员、生产技术人员、设计人员、消费者代表、供应商

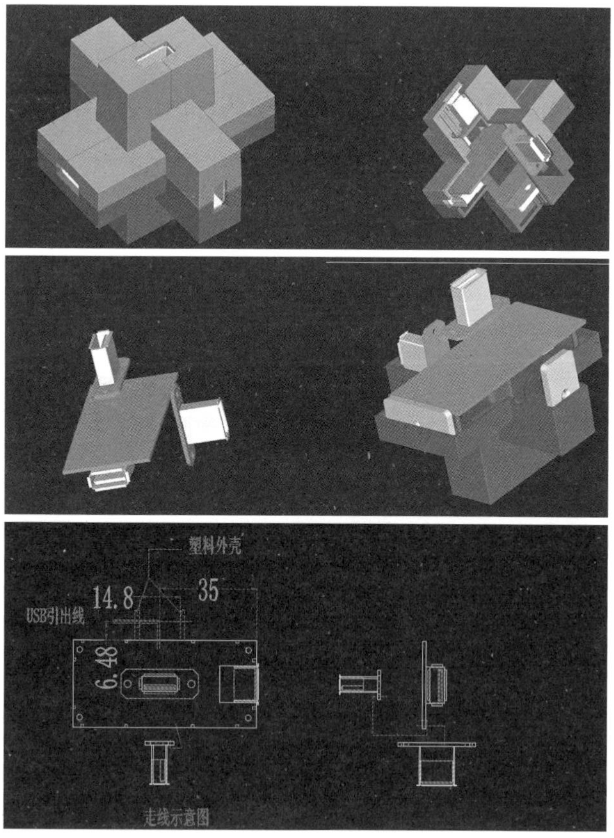

图3-36 鲁班锁集线器的工程模型及组件尺寸

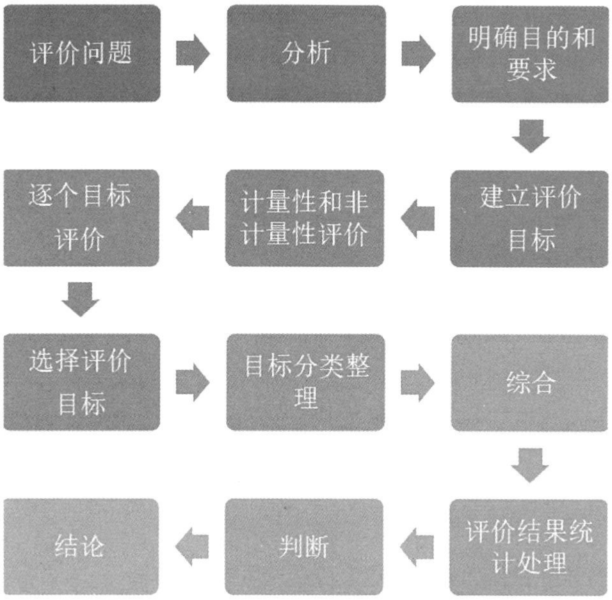

图3-37　设计评价的一般程序

与经销商、顾问专家等。他们可以从各自不同的角度来审查评价设计方案，并针对各项评价内容对方案进行评分或提出相关建议。因此，尽可能全方位立体真实地展示与说明设计构想尤为关键。企业在评审之前制定适宜的评审程序和进程安排，在不同的具体评价中，还应视具体情况确定相应的评价程序（图3-37），是总—分—总的模式。

三、生产实施

经过综合评价与反复论证，设计师会根据具体建议对备选方案进行适当修正，进而确定最终方案转交生产技术部门投入生产。在设计实施阶段，设计师的主要任务是与生产人员协作，协助处理并解决实际生产中出现的一系列问题。

虽然上海世博会山东馆纪念产品的设计是以山东为主题的，但是纪念品的制作生产决不能局限在山东区域。因为纪念品的体量不是很大，价格不是很高，属于小商品的制造范畴，然而山东在这方面的加工制造上并不占优势，必须要从全国着眼，找到相对专业的加工企业。专业的加工企业不仅制作工艺成熟，生产的周期比较短暂和稳定，而且造价也可以降低。考察过程分为网络考察和实地考察两部分。

首先是网络考察，在当今信息时代的背景下，网络成了考察必不可少的考察工具。谷歌和百度是我们非常熟悉的搜索引擎，刚开始不必马上明确所设计纪念品的具体加工制作地点，而是要考察类似产品加工制作的地域。根据考察，我们得知全国的小商品制造主要集中在浙江省的义乌和温州地区以及广东省的深圳、东莞及广州等地。鉴于对纪念品品质的要求比较高，为了便于全方位监控下一步的生产工作，我们着重选择了技术比较先进、工艺相对成熟的广东地区作为下一步考察的主要区域。然后具体落实了一些针对性强、质量好、信誉高的厂商进行电话沟通。再通过网络传输设计稿，进一步落实生产细节，以方便厂家核价。这一步对设计会有很大的修改和变动，主要为了适合生产和控制成本。

其次是实地生产。在进行了相对深入的了解后，选择报价合理、沟通顺利的厂家进行实地考察。主要考察厂家的具体生产实力以及沟通产品的生产细节。通过实地考察发现，产品生产的专门地域性确实存在很大差异性，于是四个纪念品就被分到了广东的深圳、东莞、广州这三个地方生产。是否能找到合适的厂家对于产品的质量、造价、生产周期的影响是很大的。

第七节　进入市场

一、辅助营销策划

1. 以市场为导向的设计调研助力产品营销

产品系统设计的程序是从市场调研起步的，一方面调研市场的同类产品；另一方面洞察消费者的需求。设计者的工作从一开始就与产品的营销有着必然的关联性，越来越多的设计机构与需求方在设计程序的起始或者末期就着手在营销上考虑。产品在策划阶段就为产品的营销做好了铺垫，也在设计实施阶段更多地回望产品的市场营销策略。如图3-38所示，是山东省人民政府在外交部举办的全球推介活动的文创产品，在鲁班锁传统木质材料的基础上创新结合了黄铜材质，让黄铜材质以印章的形式表达活动的主体——“推介山东”，铜章采用燕尾榫的结构形式与主体结合，一方面是对鲁班锁榫卯结构的外化提取表现；另一方面考虑的就是在产品后期的营销过程中，在印章上可以展现不同的内容，如百家姓、吉祥语、标志等，让产品的使用场景更为灵活多样，进而提升销售量，为加工企业带来更高的市场效益。

2. 以品牌为核心的产品规划提升产品营销

一个新产品开发，更多的是一个产品品类的开发、一个品牌的开发，进而是一个新的市场的开发。越来越多的设计机构正参与到产品品牌的策划和设计上来，为产品搭配更贴切的名称，设计更为优化的LOGO，提供脑洞大开的宣传文案，甚至是策划新品发布会和设计卖场及摊位，这些工作都是围绕品牌这一核心展开的，设计机构以品牌为核心的一系列产品规划对于产品的营销有着显著的作用。

激发目标用户的身份认同感，是品牌实现战略转型并拓展市场价值领域最有效的方式。设计机构通过和需求方多维度沟通，能够体会到品牌定位的整体走向，围绕品牌开展的周边设计更能够直达诉求，挖掘并强化产品性格，迅速激发目标用户的情感共鸣，为占领市场开路。

作为上海世博会山东馆向参观人群免费赠送的纪念品，针对的是预计的7000万入园的参观者。纪念品发放虽然仅覆盖了山东馆的参观者，但纪念品会随着参观者的步伐遍及全国乃至全世界，是企业进行商业推广的极佳舞台，更重要的是纪念品为山东馆极少可以接受商业赞助方参与的项目之一，更显其商业价值的弥足珍贵。

由于纪念品由山东馆发放，代表山东形象，因此，商业运作应考虑“度”的把握。其中介绍赞助的对象仅限于地方政府和行政机构、旅游景区、公益机构及全国知名品牌。赞助商的回报形式是在纪念品指定的位置加附赞助方的LOGO或中文名称，并附赞助者宣传口号一行，宣传口号要求文字简练，格调高雅、文明，可以是赞助方的欢迎词、公益内容或有关“好客山东”“文化山东”的内容（图3-39）。

二、后续工作

新产品上市并不是设计程序的终止，而是新程序的开端。新一轮的设计程序已经展开，这就要求需求方要有长远的发展战略，也要求设计方要有不断提升设计的完善意识，在产品有限的生命周期中不断延展设计的内涵与外延，提升产品的生命力，为需求方创造更多市场效益。

1. 经验积累和设计储备

一个完整的产品系统设计程序，不是线性的起点到终点的过程，它应该是螺旋式上升的曲线结

图3-38　铜木结合鲁班锁摆件（刘志刚设计）

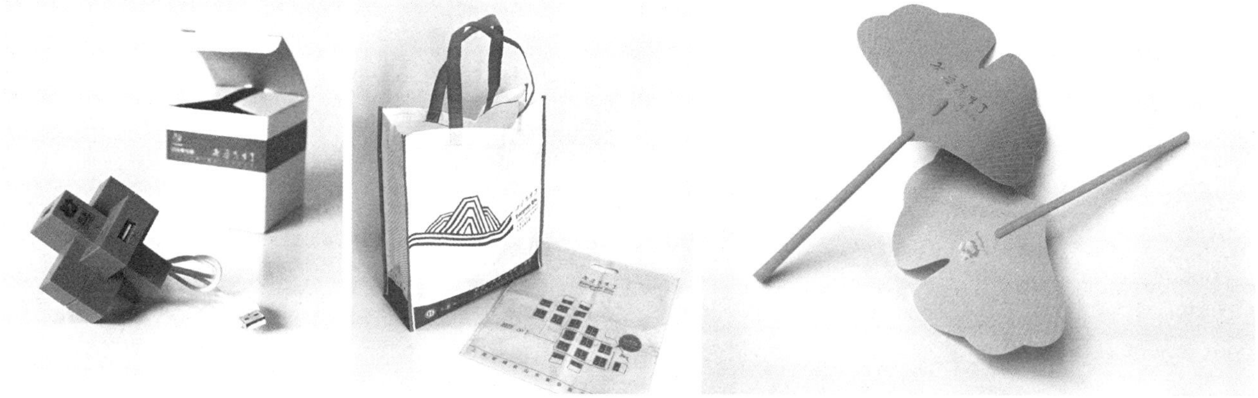
图3-39　上海世博会山东馆部分量产产品

构，产品不断优化迭代才是产品系统开发的使命。产品的升级和迭代来自设计程序的内部和外部：内部来看就是对于系统开发执行过程中出现的问题及时纠正，对于好的设计方法的运用继续优化，完善程序与方法将有助于为新产品的优化节省大量的人力物力，让设计程序更为合理高效；从外部来看，在设计执行过程之中肯定诞生了很多完整或者不完整的设计构思或者方案，就当前的设计预算来看可能无法执行，就当前的技术手段来看尚且青涩，但在可以预见的未来，这都是宝贵的财富，应该采用一定的手段将设计储备起来用以后续产品优化或者延伸迭代，用以面对更为复杂多变的市场。如图3-40所示，2018年北京车展亮相的"红旗E·境GT"概念车为红旗后续量产车型提供了设计参考。

2. 市场反馈和销售策略

新产品推向市场后，市场的反馈随之而来，市场反馈主要的作用有两个方面：其一来自用户，用户对于产品的使用体验会有一定的感受，这种感受相对是主观的、松散的，需要设计机构制定规范的调查问卷，由销售端与用户在一定的时间段内进行沟通填写，经过总体分析后获得相对客观的数据，用以对下一步产品的改进升级提供明确的依据；其二来自销售端，销售端的销售报表会呈现新产品的销售状况，这对于营销方案和定价策略产生明确反馈，这就需要厂家或者品牌商做出及时的应对，销售火热就需要加工厂做出提升产能的策略，销售不佳就需要针对问题改进营销策略，甚至是控制产能以防库存积压。

图3-40　"红旗E·境GT"概念车

本章内容小结

在工业化向信息化演进的过程中，社会生活、产业结构，乃至思想观念都在发生着巨大变化，从而影响着产品系统设计的目的、手段及思维方式。设计的程序正在由单一的“线性结构”向网络的“系统结构”进行着演进，呈现动态、多元的特点。当然，并不是说设计的程序无章可循，设计方法无所适从，产品系统设计的程序与方法就是让我们尽量寻找那些设计过程中带有根本性和共通性的规律，找寻推动设计系统发展的核心动力。只有这样才能针对不同的设计案例“对症下药”，找到理想的设计路径和设计策略。

对于设计程序的选择和设置，一般与设计对象和设计主体有着直接关系。设计公司与生产企业或单位的设计程序是不同的。设计公司的设计程序相对简单而直接，或者采用专人负责制或是团队合作，一般不存在部门的交叉；而企业的设计程序则相对复杂得多，生产、销售、技术、设计各部门之间需要并行展开，其中需要相互配合与协调，才能使整个程序顺利展开。

思考题

1. 设计程序与方法存在几种关系？
2. 客户的需求与最终开发出的产品是等同的概念吗？二者是否具有高度的一致性，为什么？
3. 设计过程的投入成本与生产投入成本相比较要少得多，这是为什么？
4. 为什么说新产品上市并不是设计程序的终止，而是新程序的开端？

第四章 产品系统设计类型

PPT课件

产品系统是由诸多相互关联的产品或部件所组合构成的。产品之间不同的关联形式决定了不同的产品系统类型，而产品的关联形式又受到产品自身结构的影响。本章主要从产品之间的不同关联形式和产品自身结构两个方面入手，针对产品系统设计中的不同类型进行详细讲授。

第一节 产品系统设计类型概述

一、产品关联

产品系统是指企业在设计生产活动中，有意识地将某些产品在组成要素、产品结构或造型风格上发生联系，由此而形成的产品整合称为关联产品群，也称为产品族。关联产品群有以下几种关联类型。

1. 自然关联

同一品牌的同类产品往往会形成关联产品群。例如，佳能公司生产的相机系列，大多采用了相一致的机身、镜头结构等相互关联的特征（图4-1）。佳能公司生产的打印机系列也是相互关联的（图4-2）。佳能相机与佳能打印机虽然同为佳能品牌，但是并不关联，所以自然关联的产品一般是相同品牌中的同类产品。

图4-1 佳能相机系列

图4-2 佳能打印机系列

2. 强制关联

强制关联是根据相同的属性所形成的关联产品群，关联群中可以有很多非同类产品。如，博世（BOSCH）电动工具箱组合钻、冲击钻、往复锯、多功能切纸器、手电筒、充电器等就是非同类产品，但根据维修工作环境相同的属性，它们被进行了强制关联，形成了强制关联产品群（图4-3）。

图4-3 BOSCH电动工具箱

3. 跟随关联

一般来说不同公司的产品是不形成关联的。但是，根据产品跟随开发战略，很多微小或新兴企业会特意与某些有影响力的企业的产品形成关联。如前几年涌现出大量造型极简、表面采用高亮白色塑胶材质的产品，形成风靡一时的产品风格。这都是某些微小或新兴企业跟随成功企业与成功产品风格面貌，进行跟随关联的结果（图4-4）。

图4-4 小米生态圈系列产品

二、构成类型

产品系统的构成反映了影响产品的外部要素（影响产品的外部要素：通常包括社会与自然环境要素、技术要素、审美要素以及人的要素四要素）、产品自身要素和产品整体系统的内在关系。这种内在关系包括关联产品群的内在联系，包括关联产品群与群内产品个体的内在联系，包括产品个体与产品平台的内在联系，包括产品平台与产品部件以及零件的内在联系。产品系统的构成是连接关联产品群中产品间的内在要素与结构的整体系统构造。产品系统的构成不局限于个体产品，而是更加关注关联产品群，关注关联产品中内在要素与结构的联系，如图4-5所示，BOSCH在其电动工具设计开发中，通过产品系统的设计理念，在造型、色彩、模块及系列等方面，强化品牌风格。

图4-5　BOSCH电动工具产品系统

基于系统论的思维方式，将原有散乱的产品，根据相同的属性，整合组成相互之间有关联的产品群体——产品关联群，就会形成系统规模效应，如生产成本更低、生产种类更多、生产效率更高、开发速度更快、市场竞争力更强等效果。

厨房用具的例子可以帮助理解产品系统构成的概念，厨房相关的工具种类繁多，有菜板、锅具以及各种厨房用刀等个体产品。JOSEPH JOSEPH品牌，根据不同功能需要，对尺寸规格进行统一划分。通过产品造型等手段，将不同厨房用具进行整合，使其造型风格、材料及表面处理相统一，将整套用具全部装入配套收纳库内，形成完整的系列化厨房产品。上述系列化厨房用具产品的全部构造，形成了该系列产品的产品系统设计构成（图4-6）。

图4-6　JOSEPH JOSEPH系列化厨房用具

在产品系统设计开发中，将产品整合为相互关联的产品群，主要有以下4个构成类型。

(1) 关联产品群中具有完整的平台实现共享——产品平台化。

(2) 关联产品群中具有诸多的通用零件共享——产品标准化。

(3) 关联产品群中具有诸多的通用部件共享——产品模块化。

(4) 将不同的产品整合形成有关联因素维系——产品系列化。

上述4种构成关联产品群的类型，作为产品整合的有效手段，已被企业广泛运用。例如，上汽大众汽车有限公司（简称上汽大众公司）在汽车产品设计开发中大力推广产品的平台化、标准化以及系列化，使公司走上了快速发展的道路（图4-7），也促使大众公司成为德国乃至全世界大规模的汽车集团企业之一。

图4-7 上汽大众汽车有限公司系列汽车

第二节 产品平台化

基于相同结构、相同组件或相同系统进行设计生产制造，满足市场的多层次需求的不同产品，这种系统组合称为产品平台化，这些产品所共享的结构、组件和系统称为产品共享平台。

一、平台化与共享平台

产品平台化与产品共享平台是两个概念。

产品平台化是指基于产品共享平台，实现产品相互关联的构成模式及方法。产品平台化的着眼点是如何让单体产品加入产品关联群，也就是通过设计整合产品的造型、结构等，使之可以共享产品平台。通过平台的打造，可实现降低开发和制造成本、缩减设计时间、减少系统复杂性、实现项目间更好的学习、提高更新产品能力等优势。

产品共享平台是指相互关联的产品，通过通用部件或结构实现共享的集合平台。以产品共享平台为基础，用于设计开发不同款式、不同需求的一系列产品，这些关联产品所共享的部件组合以及设计方案，被称为产品共享平台。

德国大众最早提出并使用了平台战略概念。如，用于捷达车型的PQ32平台，用于高尔夫车型的PQ34平台以及大众最新的MQB平台等。MQB平台技术（图4-8），可共享同样规格的发动机、变速箱及空调等总成，实现跨平台生产，共享比例大约达到整车零部件的60%。通过这些平台，

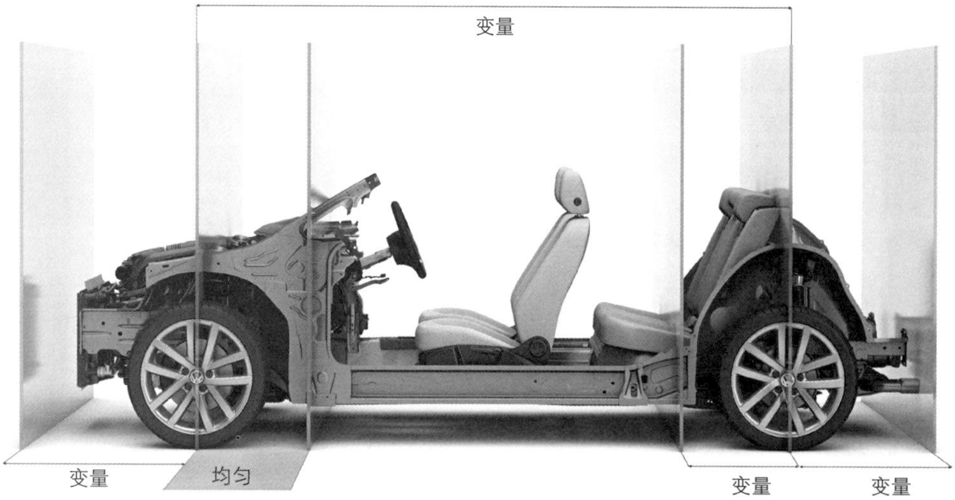

图4-8 MQB平台技术

使德国大众公司以一个主体为基础，根据需要配置相应的部件，实现了多种高度区分又共享平台大部分组件的汽车共享平台——两厢、三厢轿车或MPV汽车都可以出自这一平台。

这种采用相同部件或结构，开发不同类型产品来满足市场多种需求的组合规划即产品平台化构成类型，其中共享的底盘、发动机及变速箱等部件组合称为产品共享平台。

二、产品平台化方法

进入21世纪，企业面临着能否生产尽可能低成本的产品，并迅速传递到消费者手中的巨大挑战。为了应对这一挑战，大规模定制产品逐渐成为企业偏好的设计制造模式，而进行大规模定制的有效策略就是产品平台化。例如，单反相机内部成像部件可被不同型号的单反数码相机选用，以便缩短产品开发周期，降低产品开发成本，增加产品品种。同时，配合不同的镜头可以适应不同的摄影场景需求。

通过产品平台化战略，可提高产品部件的共享以及通用化，实现更大规模的生产。同时，可以缩短产品的开发周期，实现产品的多样性。既满足客户多样化的需求，又降低了制造成本，并实现了规模效应。实现产品平台化有如下方法。

（一）拆卸构造法

产品共享平台是产品实现共享的部件集合，是产品设计开发过程中确定而恒定的基准。以共享平台为基础，可用于设计开发多种不同款式、功能各异的系列产品体系。假设我们希望以某一产品为基础，打造系列产品系统，实现产品平台化，可通过去除产品上可变的部分以及方便互换的部件，保留组成产品的基础恒定部分。那么，产品所保留下来的基础恒定部分，最后通过设计开发实现共享，就成了该系列产品体系的产品共享平台。单反相机，在去除镜头等部件后，所保留下来的成像机构系统就是单反相机的产品平台。

（二）装配搭建法

在产品的装配生产过程中，首先要装配产品用于承载产品上其他部件的主体或基础部分，这种首先装配的产品部分，就成了产品的基础平台，也就是我们要打造的产品共享平台的基础。如电脑主机的装配，中央处理器、内存、硬盘等部件都需要装配在电脑主板之上，以此为基础，电脑主板即成为产品系统的共享平台基础（图4-9）。

（三）交叉关联法

通过已有关联产品群打造产品共享平台，实现产品平台化。首先，可选择关联产品群中两个以上的产品个体作

图4-9　电脑主板

为交叉样本。其次，比较判断关联产品群中可变产品要素与不可变产品要素，将不可变产品要素，作为关联产品群的产品共享平台预选；“交叉”比较后，重叠的部分可作为产品共享平台构造的预选方案。最后，将预选产品共享平台从产品性能、产品结构、制造工艺、经济性、可行性、可靠性等多方面进行分析、调整整合后，确定为产品平台。并以此产品平台为产品开发基础，通过系列产品品种及规格开发，检验该产品共享平台的适应性。

上述产品平台构造方法在实际应用中还需要根据具体问题具体分析，并做出具体调整，要进行多次反馈修正。

产品共享平台作为系统产品开发的重要部分，无论是简单的产品平台，还是复杂的产品平台，其开发难度和成本投入都远大于同类独立产品的开发投入。原因是产品平台是产品系统的共享部分，平台所存在的问题会影响以此为平台的每一件系列产品。所以，为避免此类问题的出现，必须在产品共享平台的开发上追求最优化。从而实现以共享平台为基础，根据产品的市场定位和用户需求，设计调整可变部件，开展有效快速的设计开发活动。

三、产品平台化的应用形式

产品共享平台确定后，通过改变部件参数、功能、指标及材料等方面，可设计制造更多系列产品。产品平台化在产品系统设计开发中的应用形式，总结为如下几种。

（一）经济型

经济型是根据不同的开发目标，针对不同的用户消费层级、平台部件选择或更换不同材料、工艺与部件，实现产品整体成本降低的表现形式。如图4-10所示，上汽大众公司开迪（CADDY）车款，为满足消费者不同的消费

使用需求，在汽车内饰、整车功能配置等方面，设计开发了不同选择配置，如通过更换内饰或座椅表面材料，使价格成本递减，同时配合更加多变的车内空间选择，使开迪车款作为家商两用工具车，大受好评。

（二）时效型

时效型是以平台某个产品为蓝本，根据市场动态或流行趋势，针对产品某些功能、部件特性进行修改或扩充，从而满足更多的用户及不同市场的需要。这种类型的产品只是对平台产品品类的扩展，成本不会明显增加，而开发周期缩短，时效性大幅提升，可以很好地适应市场瞬息万变的情况。如图4-11所示，为英国顺发梳（TANGLE TEEZER）品牌的梳子，通过变化产品表面壳体图形、色彩、工艺等，适应市场不同时期以及不同人群的需求。

图4-10　上汽大众公司开迪（CADDY）车款

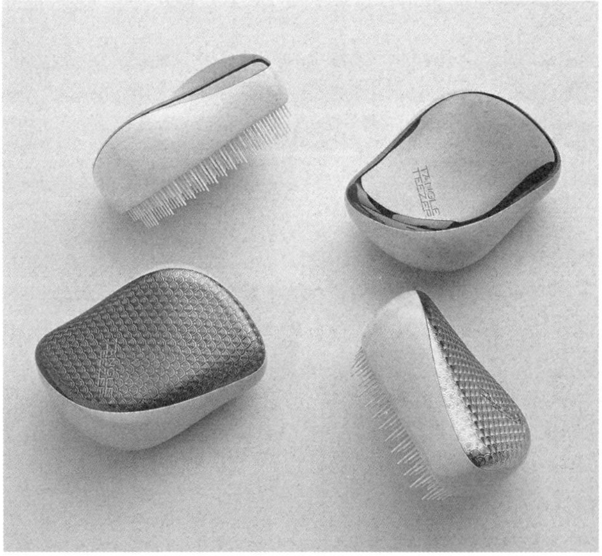

图4-11　TANGLE TEEZER品牌的梳子

（三）增强型

增强型是通过增强或增加扩展平台产品相应功能或部件，来满足市场及特定用户更高、更全面的需要。往往该类产品开发需要对基础产品的特性重新设计甚至扩展到一个用来支持多种变型产品的平台上。当增强型产品投放市场时，往往引起价格明显上涨。如图4-12所示，多功能办公复合打印机，将打印、复印、扫描、传真、装订等功能扩展在一起，通过增加不同尺寸的纸盒或功能形成多功能、多能力的产品。

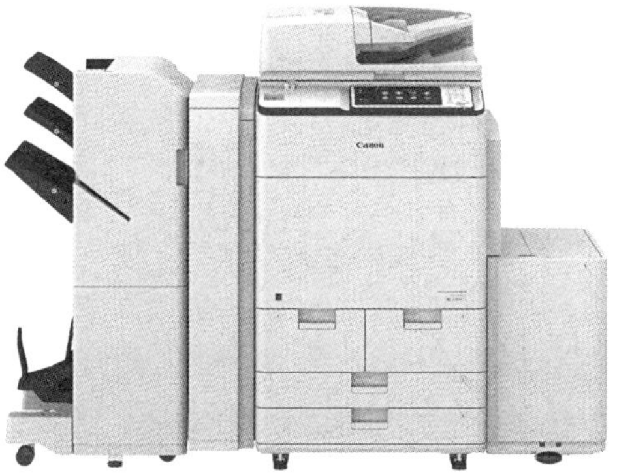

图4-12　佳能增强型多功能办公一体机

（四）多层级

多层级是基于相同的功能或构造原理，但是功率、性能及应用场景不同的产品集合。多层级产品除了大小、功率等方面不同，其他都是相同的。例如，法国嘉宝公司雕刻机系列产品，具有相同的系统构造，具有相同的功能，但为了达到不同工作幅面、不同的功率层级，各组件在尺寸等方面都不相同（图4-13）。

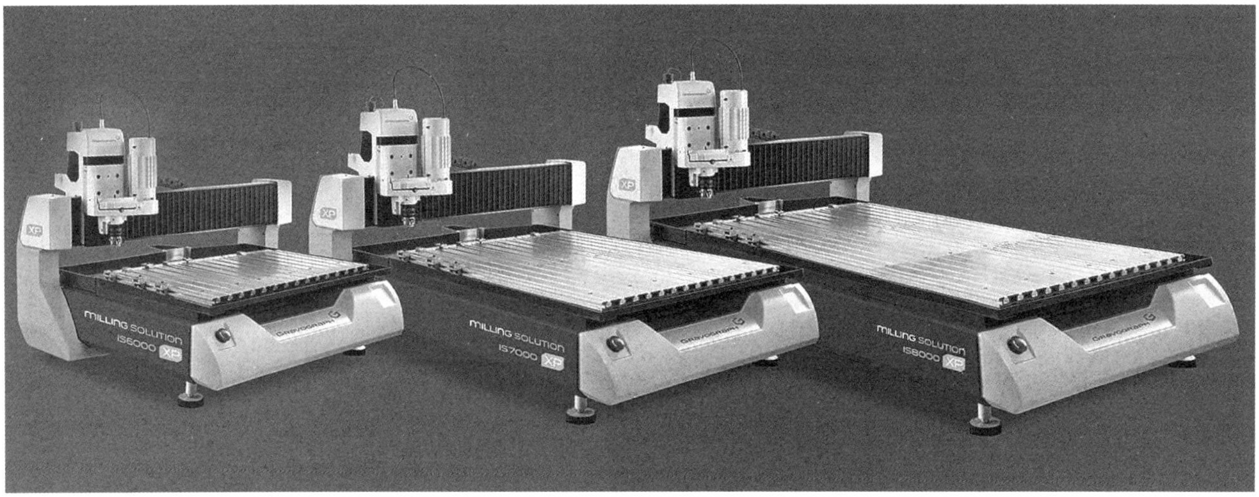

图4-13　法国嘉宝公司雕刻机系列产品

第三节　产品标准化

产品系统设计始于标准化。标准化要求产品与产品或产品各部件之间建立一种联系，可实现产品部件的互换。产品标准化促使产品置于相互影响和相互制约中，以可互换和可互补的方式，实现使用功能的多样性与灵活性以及易维护性。比如标准化USB接口，可以为多种电子产品进行数据连接及充电工作，从而实现USB部件共享优势（图4-14）。

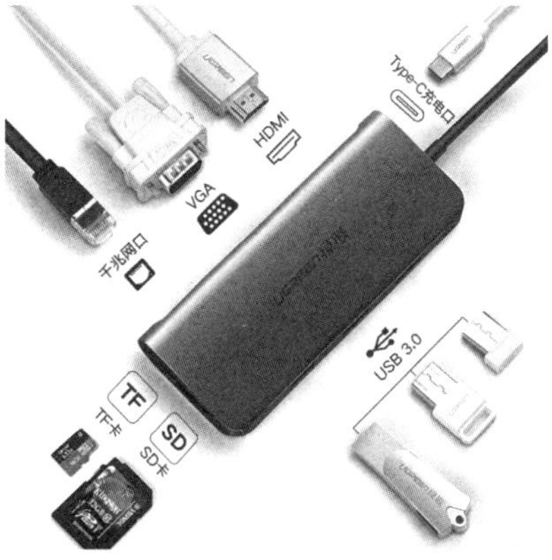

图4-14　USB标准端口共享

一、标准化是一种方式设计

20世纪50年代，由德国乌尔姆设计学院（Ulm Institute of Design）的设计师们提出产品系统设计思想。经过几十年的发展，产品系统设计已经成为一种成熟的设计方式，而且这种方式，被越来越多的企业应用于产品设计开发过程中，从而影响着我们，成为生活中不可或缺的部分，如图4-15所示，为德国乌尔姆学院设计师在1959年所设计的茶具系列产品。

标准化的零件，称为标准件。如产品上使用的螺栓、螺帽等零件，分别具有统一规定的相应符号或代号，并制定成各种标准层级（图4-16）。可根据产品不同的需要与用途，按照规定的标准，进行使用和生产。由于标准化的可互换性，消费者获得了选择、安排或发展不同使用方式的自由。如图4-17所示，BOSCH电动工具通过标准化接头，根据不同需要组装成不同的产品，实现不同功能。

二、标准的定义

为在一定的范围内获得最佳秩序，对实际的或潜在的问题制定共同的和重复使用的规则的活动，即制定、发布及实施标准的过程，称为标准化。我国颁布的国家标准GB/T 200001-2002中，对标准的定义是："为了在一定范围内获得最佳秩序，对现实问题或潜在问题制定共同使用和重复使用的条款的活动。"

标准化定义中所揭示的含义有以下三点：

（1）强调标准化的目的是最佳秩序和取得最佳效益。

（2）标准化不是孤立的事物，是一种活动，一个系统，包括制定、修订、贯彻和实施工作。这种过程并不是单次就完结的，而是一个不断循环、螺旋式上升的运动过程。每完成一个循环，标准的水平就会提高一步。

（3）标准化的核心是标准，关键是贯彻执行。

三、标准化意义

近代文明史中，标准化已成为提高劳动生产率的重要手段。1918年前后，美国福特汽车公司生产研制出"T"形车（图4-18），福特在简化产品和零部件的基础上，采用流水作业的大批量生产模式，使一辆汽车的成本，从1910年的800美元，降低至1917年的500美元以下，到1926年再降至260美元，从而一度统治了世界汽车市场，占领了市场50%的份额。直到20世纪70年代，才由日本打破了美国对世界汽车市场的垄断，原因之一是日本在汽车

图4-15 茶具系列产品

图4-17 电动工具接头标准化

图4-16 五金标准件

图4-18 "T"形车

生产中标准化程度高达90%，而美国在当时仅为70%。

通过以上例子，我们不难发现标准化在提高产品通用性、降低生产成本以及优化维修保养等方面，发挥着举足轻重的作用。

四、标准化原理

（一）统一原理

统一原理是对产品的形成、功能或其他特性，确定适合于一定时期和一定条件的一致规范。统一是为了确定一组对象的一致规范，其目的是保证产品所必需的秩序和效率。如图4-19所示，轨道射灯设计，由于统一标准的轨道结构设计，因此可选用不同造型或照度的灯具。

（二）简化原理

简化原理是为了经济有效地满足需要，对标准化对象的结构、形式、规格或其他性能进行筛选提炼，剔除其中多余、低效能、可替换的环节，保持整体构成精简合理，使之功能效率最高。如图4-20所示，杯子的设计，在保留基本容量与功能的基础上，通过设计实现结构层叠，造型简化到极致。

简化原理的目的是经济，使之更有效地满足需要。简化的原则是从全面满足需要出发，保持整体构成精简合理，使之功能效率最高。简化的实质不是简单化而是精炼化，其结果不是以少替多，而是以少胜多。

（三）协调原理

协调原理是使标准的整体功能通过有效的方式，协调好系统内外相关因素之间的关系，达到建立和保持相互一致，适应或平衡所必须的条件关系（图4-21）。

协调原理是建立相关因素之间相互一致关系（连接尺寸）、相互适应关系（交换条件）以及相互平衡关系（技术经济招标）。目的在于使标准系统的整体功能达到最佳并产生实际效果。

（四）最优化原理

最优化原理是按照特定的目标，在一定的限制条件下，对标准系统的构成因素及其关系进行选择、设计或调整，使之达到最理想的效果，这样的标准化原理称为最优化原理（图4-22）。

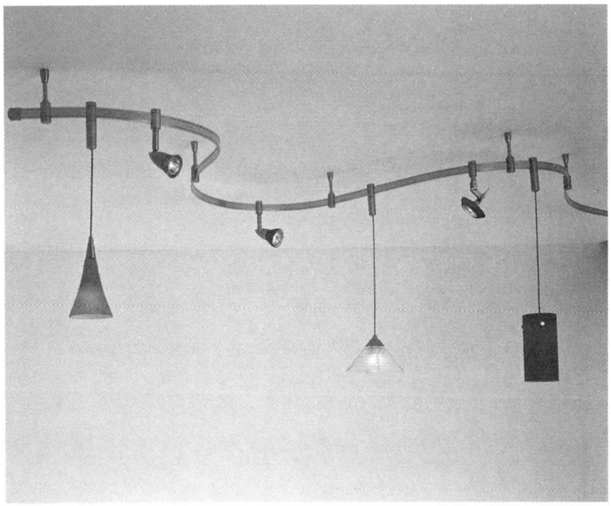

图4-19　统一标准的轨道设计

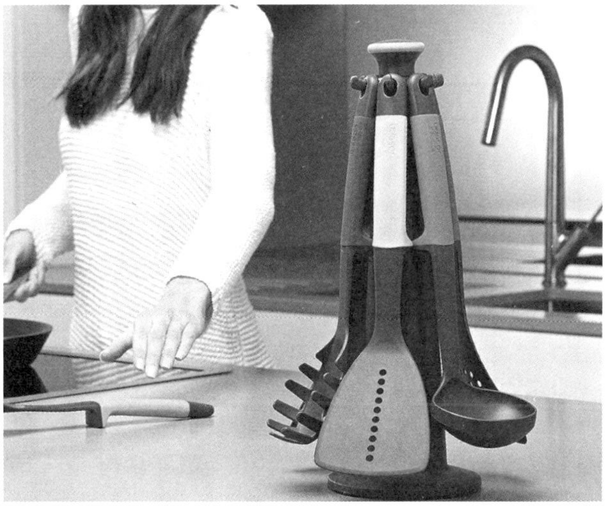

图4-21　锅铲套装

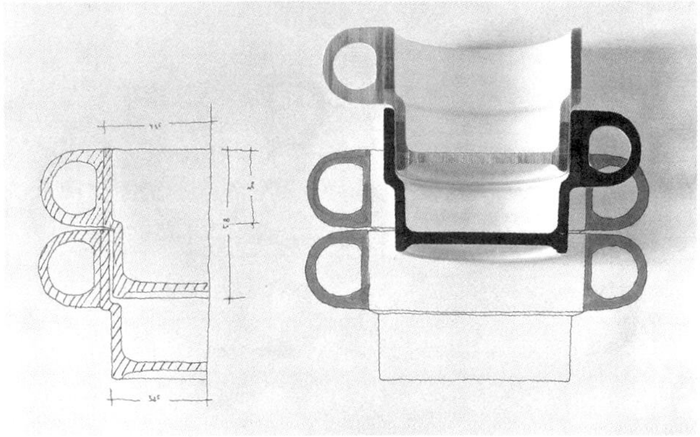

图4-20　简化原理用于杯子设计

图4-22　戴森美发系列产品

五、标准的种类

标准系统是多层次、多类型的复杂系统。标准根据不同目的，从不同角度进行划分分类（表4-1）。

表4-1 标准的种类

分类目的角度	标准内容
按一般习惯	技术标准、管理标准和工作标准
按作用范围	国际标准、区域标准、国家标准、地方标准和企业标准
按标准在标准系统中的地位和作用	基础标准和一般标准
按对象在生产过程中的地位和作用	原材料（毛坯、半成品）标准、零部件标准、设计标准、工艺标准、工艺装备设备维修标准、自制设备及设备维修标准、检验标准等
按标准管理系统中的地位和作用	技术管理标准、生产组织标准、经济管理标准、行政管理标准、管理业务标准和工作标准
按标准的特殊功能	安全标准、方法标准、包装标准、编码（编号、代号）标准等
按标准的法律属性	强制执行标准和推荐性标准
按标准的保密性	公开标准和内控标准

第四节 产品模块化

产品模块化是人们在长期实践中，逐步认识并加以运用的。德国学者雷德侯（Lothar Ledderose）在所著《万物》一书中认为，中国的汉字系统、青铜器的模范铸造、活字印刷、斗拱梁柱的建筑构件都称得上是应用模块化构造方式的典范，也是全世界应用模块化构造方式最早的地区之一（图4-23～图4-26）。

现代模块化设计的主要发展可以追溯到20世纪20年代和30年代美国建筑师理查德·巴克敏斯特·富勒（Richard Buckminster Fuller）进行的灵活住房实验，即模块化住房“Dymaxion House”计划，带有非常先进的预制浴室模块（图4-27、图4-28）。

1956年，瑞典家居品牌宜家家居（IKEA），基于其平板化包装的概念形成了完整的家居品牌体系，系统的构造原理即为“模块化”，如桌面与桌腿的构造，既通过平板化包装降低了运输成本、提高了效率，又形成了产品的多样性与丰富度。

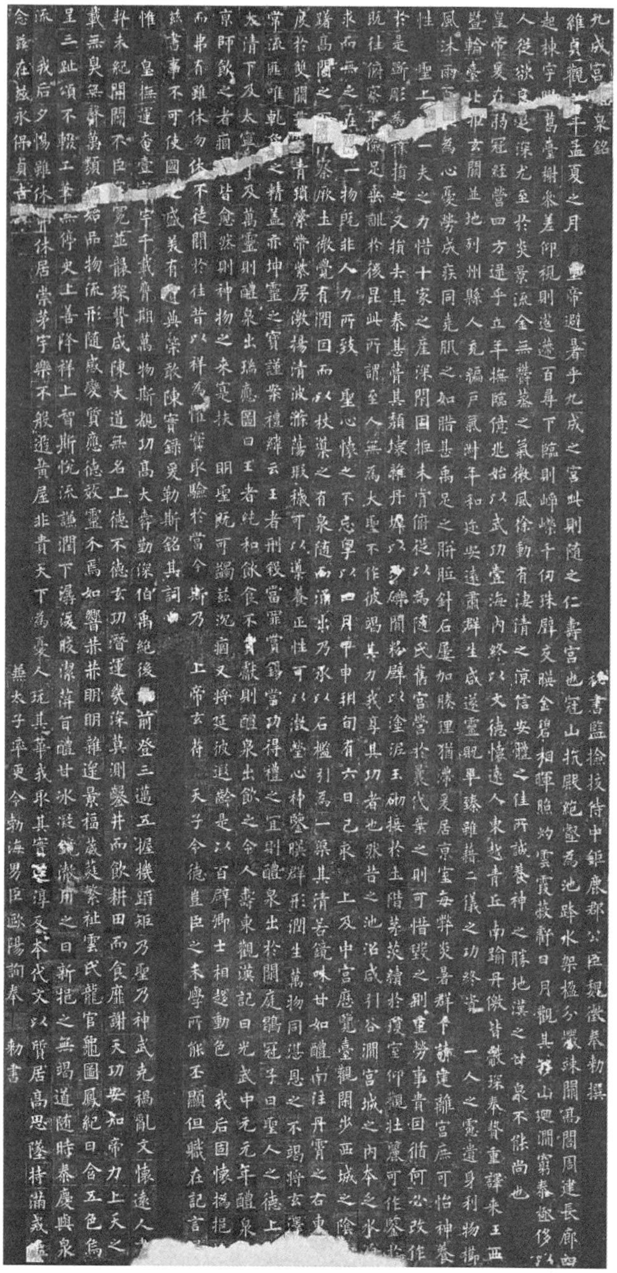

图4-23 汉字

1964年，美国IBM公司的设计者在开发IBM SYSTEM 360计算机时创造了“兼容性”设计理念（图4-29），使计算机通过不同功能部件与外设功能设备实现了“模块化”原理，通过“模块化分解”和“模块化集成”实现了计算机发展史向计算机系统迈进的里程碑式的重大创新。IBM将计算机分解成主板、处理器、磁盘驱动器、电源等功能相对单一的模块化组件，通过一定的规则（端口或界面）实现不同品牌的相应模块化组件互相兼容。使各厂商在确保模块端口一致的前提下，可进行完全独立的设计、制造，同时也实现了厂商在同一模块上彼此

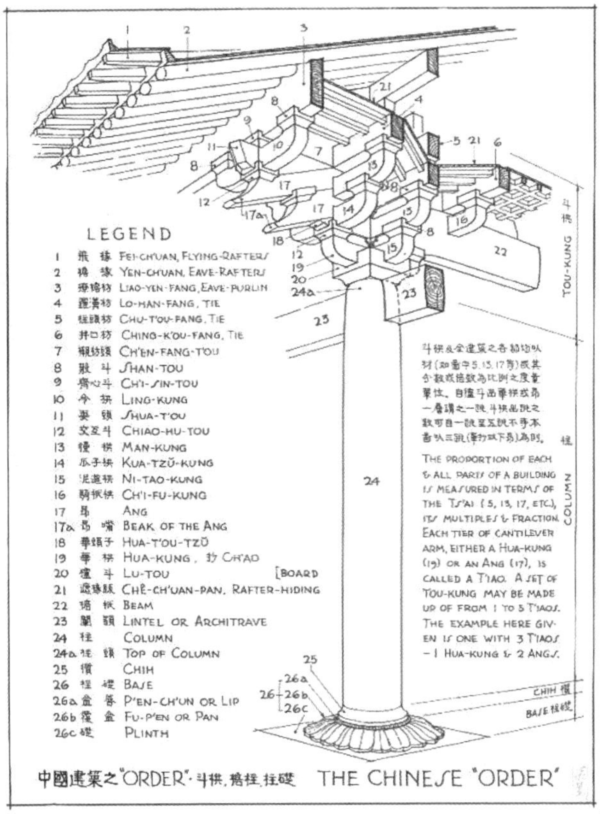

图4-24 斗拱梁柱图示

图4-25 青铜器

图4-26 活字印刷

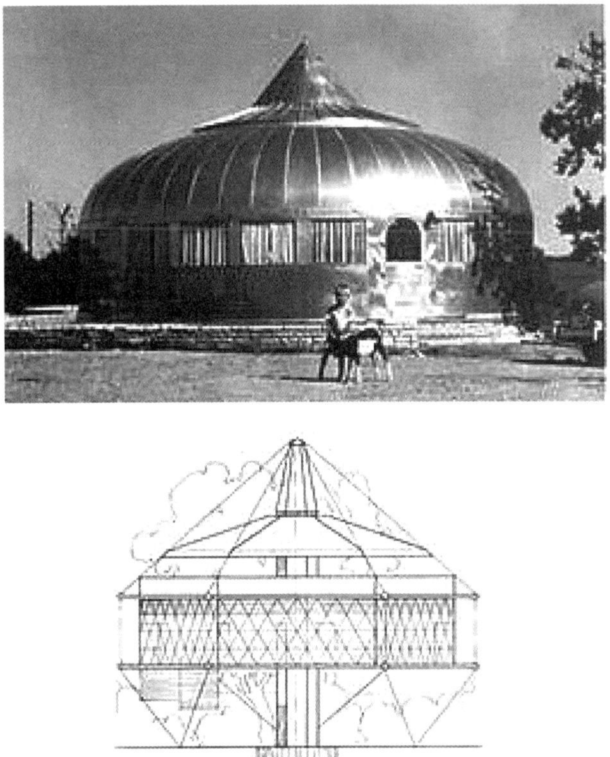

图4-27 模块化住房图示（一）

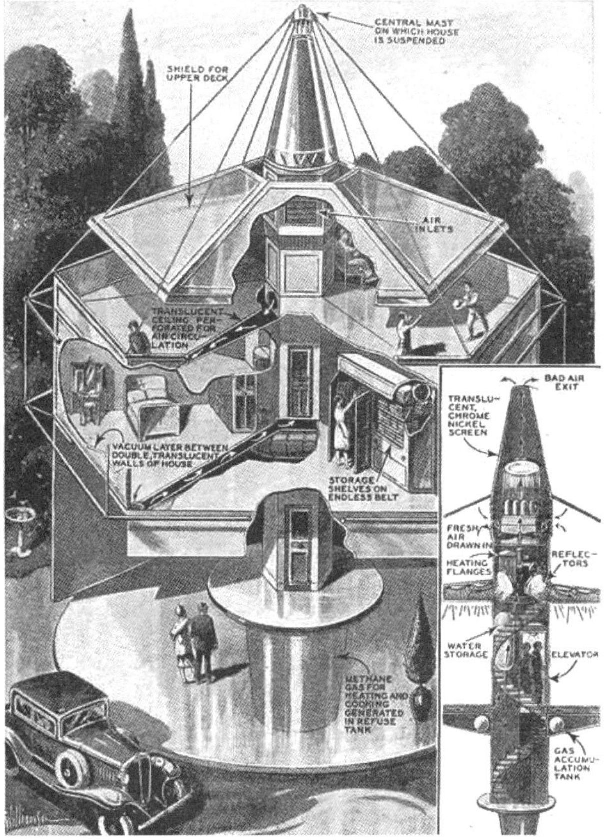

图4-28 模块化住房图示（二）

进行竞争。IBM在计算机构造设计上"模块化"原理的大胆创新运用，加速了电脑技术创新和产品升级的速度，最终导致并形成了今日全球范围内分工整合的IT产业格局，"模块化"正是推动人类变革进步的主导力量之一。

图4-29　IBM SYSTEM 360计算机

一、模块的定义

模块是产品中相对独立的具有互换性的部件，是用于构造系统的功能单元，这种独立的功能单元就是模块。产品模块是一组具有同一功能和同一接合要素，但性能、规格或结构不同却能互换的单元。如自行车的轮胎、车座、避震器等都是自行车产品的功能模块，可根据不同性能、规格进行模块更换（图4-30）。

图4-30　自行车模块部件图

二、模块化设计

将某些要素组合构成具有特定功能的部件，将这个部件作为通用性的模块与其他产品要素所组成的模块，通过多种组合产生不同功能或相同功能、不同性能的系列产品，这就是产品的模块化设计。如，瑞士军刀作为一个产品系统，是由刀子、钳子、剪刀等若干模块组成的（图4-31）。

系列产品中的模块是一种通用件，也可看作是具有特定功能的零件、组件或部件。模块应具有特定的接口、界面以及结合要素，以便保证模块组合的互换性。由于模块可以在不同的系统中互换，而且模块之间的连接关系具有简单和统一的特点，与儿童的积木玩具相似（图4-32），所以模块化也被称为积木化。

模块化设计是根据产品系统整体架构需求，针对产品的功能要求扩展而进行的设计。在模块化的产品结构中，

图4-31　瑞士军刀

产品的功能组成部件有着一一对应的关系，各部件之间界限分明，关系相对独立，改变一个组件，并不会影响其他组件的结构和功能，有时模块也可以独立使用。模块化设计在具体产品设计中应具有特定的功能；具有连接的要素以及尺寸的模数化等特点。如图4-33、图4-34所示，模块化插座设计，运用相互并联的结构，组合所需要的功能模块，如两相和三相插座、USB等模块。

三、模块化分类

模块的规划是模块化设计中的关键问题。规划模块的出发点是功能分析，要根据产品的整体功能，逐级分解出主次功能，最终获得功能的载体——功能模块。在此基础上具体得出生产单元——生产模块。

（一）功能模块

功能模块是对产品的功能进行主次功能的划分，然后将各子功能用形式关系加以表达。功能可分为主要功能和附属功能，与之相应的功能模块也可分为基本模块和附属模块等。基本模块是实现系统中的主要功能或基本功能，是反复使用的基础模块，附属模块配合基本模块完成工作。如图4-35所示为英国戴森吸尘器根据不同吸尘清扫功能需要，进行设计开发的不同使用功能模块。

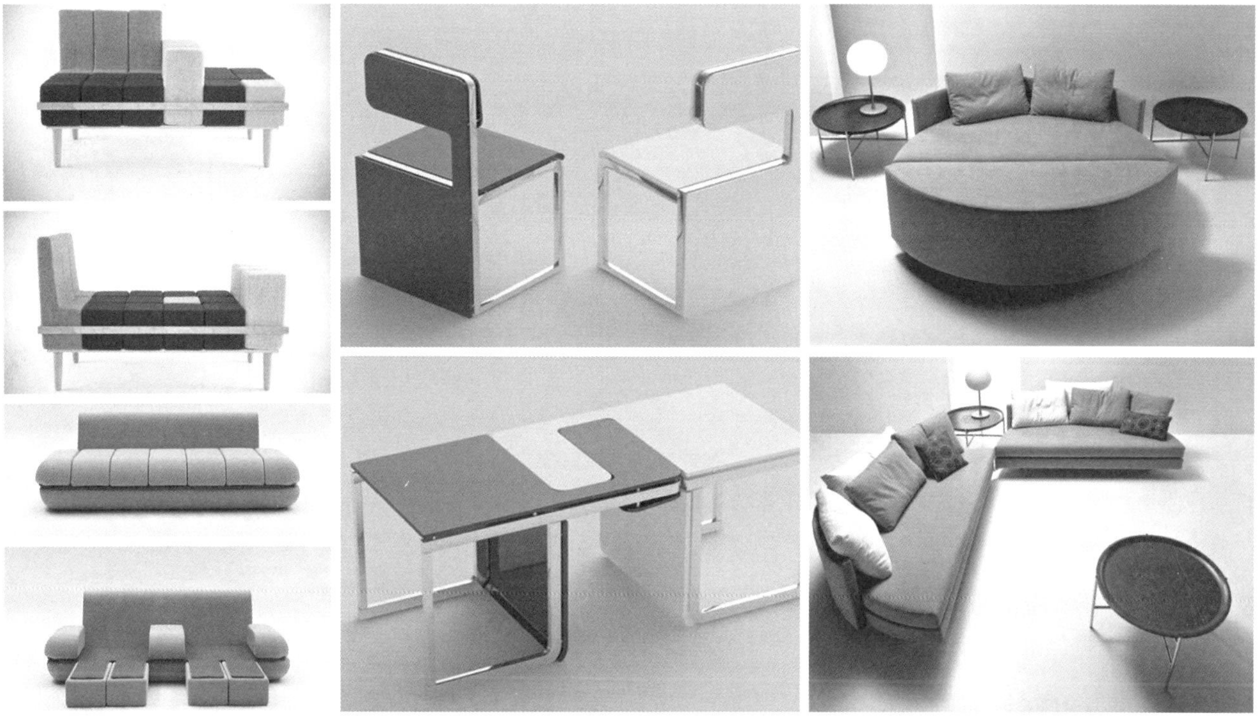

图4-32　与积木玩具相似的模块化家具

图4-33　模块化插座设计（一）

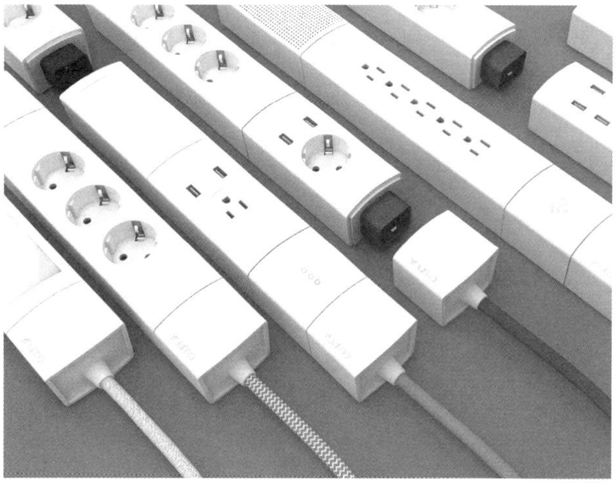

图4-34　模块化插座设计（二）

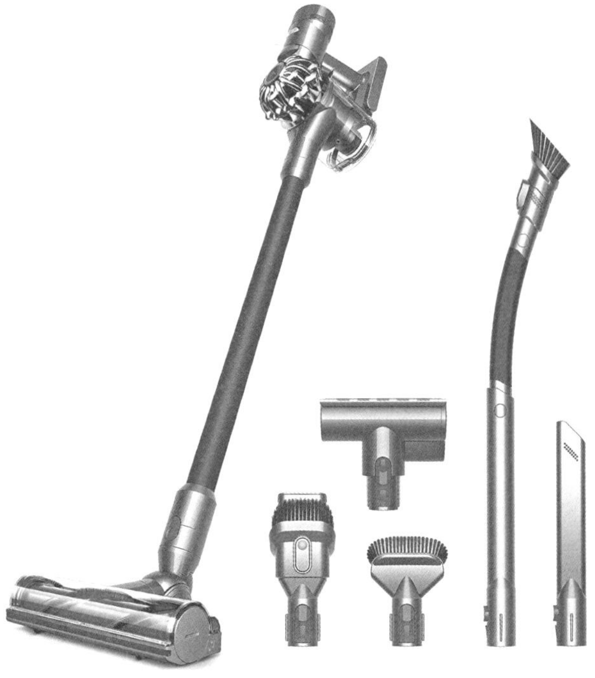

图4-35　英国戴森吸尘器功能模块

（二）生产模块

在功能模块的基础上，根据具体生产条件，确定生产模块，该模块是加工装配单元，是实际使用时拼装组合的模块。生产模块是基于加工技术和组装操作的特性作为划分依据，一个功能模块可以分解为几个生产模块。以生产模块作为部件的情况较为普遍，它们既是基本模块，也是具有不同功能的模块（图4-36）。

四、模块的特点

一方面，产品模块要求通用程度高、生产批量大，对降低成本和减少各种投入较为有利；另一方面，要求模块适应产品的不同功能、性能、形态等多变的因素，因此对模块的柔性化要求就极大提高了。对于生产而言，要尽可能减少模块的种类，达到一物多用的目的。对于产品的使用来说，往往希望扩大模块的种类，以更多地增加品种。针对这种矛盾，设计时必须从产品系统的整体出发，对产品功能、性能、成本诸方面的问题进行全面综合分析，合理确定模块的划分。

模块化产品设计的目的是以少变应多变，以尽可能少的投入，生产尽可能多的产品，以最为经济的方法，满足不同市场需求。如何去实施模块化产品设计的过程，要视不同的情况而定。

（一）组合性

组合性是指模块在组合中的可靠性和良好的置换性，遵循某些标准或在一定范围内将其精准化，实现易装、易拆、易换。如图4-37所示，摩托罗拉生产的MOTO Z系列模块化智能手机，通过磁点可连接组合不同功能模块，包括JBL外放音箱模块、哈苏摄像功能模块、投影功能模块等。

（二）适应性

适应性是指模块结构与外形的适应性。从整体上考虑，模块应该具有共性，在与不同的产品进行组合时，要能够与整体产品保持形式上和视觉上的协调（图4-38）。

（三）互换性

互换性是模块化所具备的通用化特点，是模块从系统中独立必不可少的条件。系统如果需要改变功能的话，往往只需在原有系统中增加或更换某些模块即可。如计算机一般把中央处理器、显卡、内存等安插在主板上，如果需要升级，只需把原来的功能板拔出，重新插入另一块功能板即完成升级。由于储存器、加速器、显示器等都可以保留，因此所花费的资金远低于再购买功能相同的主机，由此可见，在这类体系中，各系统之间良好的继承性得益于模块具有良好的互换性，因而可以使用户以较小的代价实现系统性能的显著提高。如图4-39～图4-40所示，微软ARA模块化智能手机，通过不同功能模块，实现功能组合、互换以及升级。

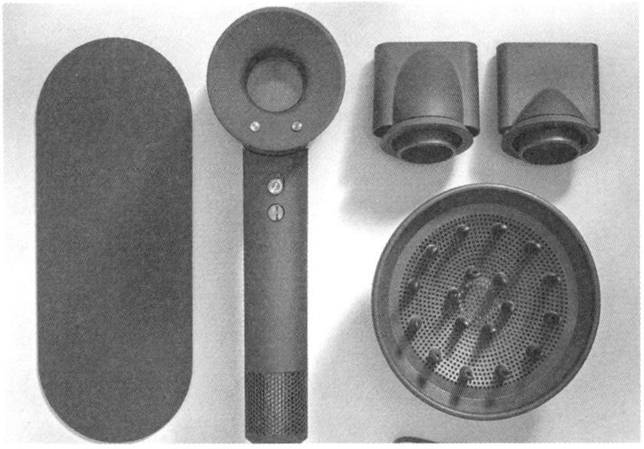

图4-36　英国戴森吹风机模块

图4-37　MOTO Z系列模块化智能手机

图4-38 模块化家具

图4-39 微软ARA模块化智能手机（一）

图4-40 微软ARA模块化智能手机（二）

（四）灵活性

灵活性是指模块可以不从属某个系统，只要任何一个需要某项功能的系统能够兼容，具备相应功能的模块就可以加入该系统。当系统增加、减少或更换某些模块，就可以方便地使得性能与功能更新。而且，同一功能的模块，可利用不同的元素以及连接方式构成。如图4-41所示，740堆叠系统家具，用户可以根据需要进行选择，通过灵活的更换不同功能的模块，获得座椅、圆桌等功能家具。

图4-41 740堆叠系统家具

用户通常在选择产品时十分注意性价比问题，原则上不会为不需要的功能买单，如果企业专门设计一系列功能不同的产品，可能会导致产品成本过高而使之失去竞争力。而模块化产品系统设计，可实现在具备基本功能的产品的基础上，设计一系列扩展模块，用户可根据具体需要，对产品进行功能扩展。

五、模块化设计方式

（一）横系列模块系统

横系列模块系统是以基本产品为基础，通过更换或添加模块，从而获得扩展功能的同类型产品。其中要注意保证模块结合界面的通用性与一致性。例如，铣床在不改变产品基础结构与功率的前提下，可以通过加装立铣头、卧铣头、转塔铣头等，形成立式铣床、卧式铣床或转塔铣床等。如图4-42所示，储藏杯的设计，通过更换不同材料、质感、容量的杯体，可以得到一系列新造型的储藏杯产品。

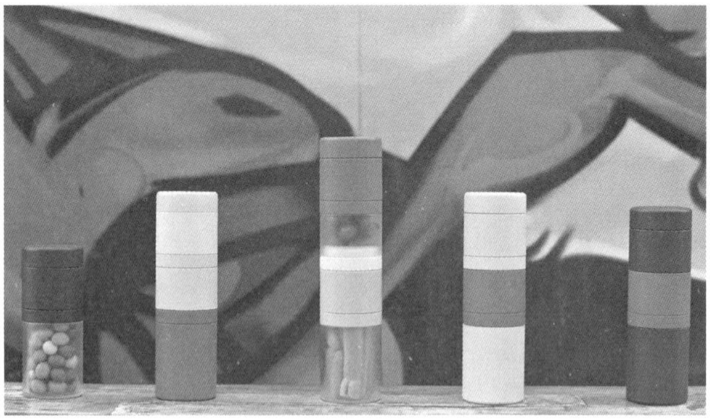

图4-42 模块化食物储藏杯

（二）纵系列模块系统

纵系列模块系统是产品的功能、原理、形式相同，结构相似，尺寸参数产生变化。无论尺寸、规格如何变化，模块的组合与基础产品的结合面应具有通用性。JBL音箱组合，通过模块化系统，根据环境空间使用的需要，可自由进行产品模块的组合，实现摆放、吊挂等使用方式（图4-43）。

（三）跨系列模块系统

跨系列模块系统是具有相同或相近功能，但不同类型的模块化产品。轨道式插座模块（图4-44），可以通过滑轨这一标准化界面，实现各不同的功能插座模块的连接以及不同的使用位置的变化。

图4-43 JBL音箱组合

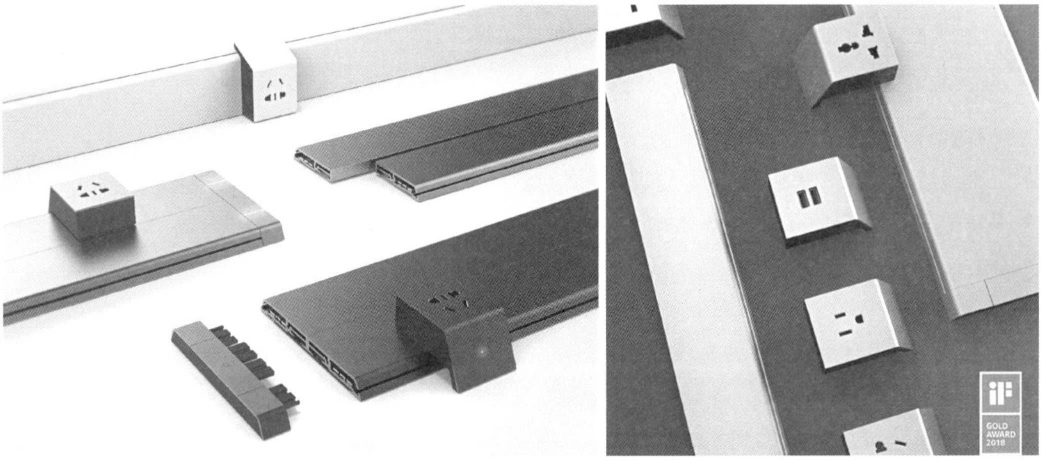

图4-44　轨道式插座模块

第五节　产品系列化

一般首款新产品开发成功后，后续将面临系列产品更大范围的开发任务。可以运用产品系统设计开发的理论与方法提高设计效率、提升产品质量以及降低制造成本，提高产品在市场上的竞争力，如图4-45所示为吸尘器系列产品。

一、系列化概念

系列化是通过对同类产品发展规律的分析、研究以及对国内外市场的产品需求发展趋势预测，结合企业自身的生产技术条件，经过全面的经济技术比较，将产品的主要形式、参数、尺寸、基本结构等做出合理的安排与规划，提高零部件的通用化程度，合理地简化产品的品类规格。采用发展变形产品，设计开发系列化产品来满足不同层级用户的需求。

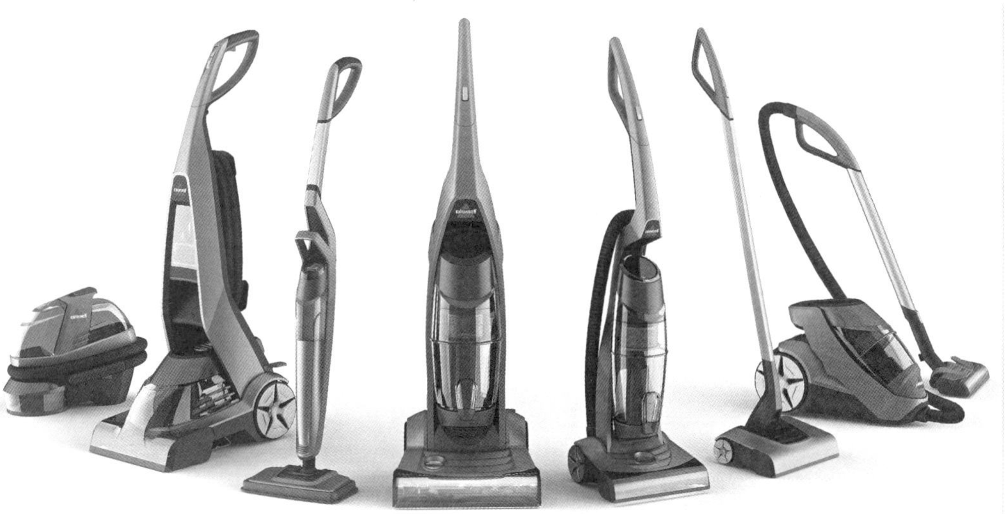

图4-45　吸尘器系列产品

任何一个企业在产品开发的过程中，要想扩大市场，要想做大、做强，必须进行系列化产品的开发，这是同类型产品满足不同社会阶层、不同文化风俗、不同年龄、不同性别人群差异化需求所决定的。如图4-46所示为系列化厨房产品，运用清新而丰富的色彩所设计开发的厨房用具，塑造了独具魅力的品牌特点。

根据系列化的科学规划，可以合理简化产品的品类，提高零部件的通用化程度，提高产品开发效率、提高劳动生产率以及有效降低成本。同时系列化具有关联性、独立性、组合性以及互换性等特征（图4-47）。

图4-46　系列化厨房产品

图4-47　系列家具设计

二、系列化设计类型

系列化产品根据功能与形式的变化组合关系，可以分为规格系列、成套系列、组合系列、家族系列等类型。

（一）规格系列产品

功能相同、造型相同；不同规格、不同型号的同品类产品组成的系列称为规格系列产品（图4-48、图4-49）。

（二）成套系列产品

功能相似，造型相配套的同类产品组成的系列，称为成套系列产品。通过产品的局部改变或通过更换模块所形成的系列产品也是成套系列产品。成套系列产品可提高产品的适应性，满足特定的需要，同时，成套系列产品整齐美观，具有相对良好的视觉效果。如图4-50所示，运用统一

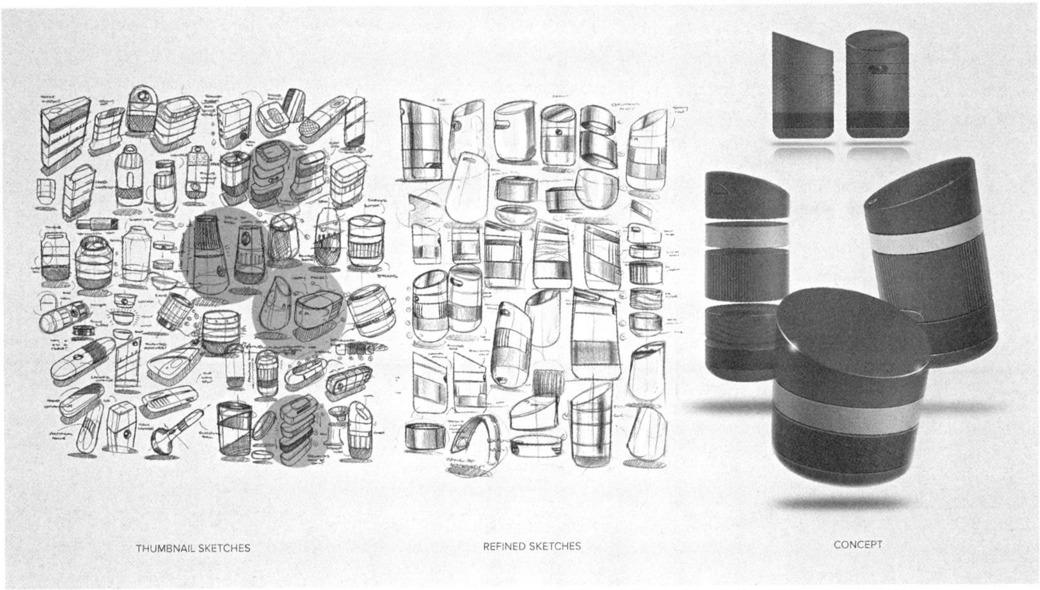

图4-48 埃美柯（AMICO）桌面语音控制仪设计草图

图4-49 桌面语音控制仪

的复古造型风格设计的猫王RADIOOO蓝牙音箱系列产品，就是成套系列产品的类型。

（三）组合系列产品

功能不同，造型配套，不同规格或不同型号的系列产品，称为组合系列产品。组合系列产品是以不同功能的产品或部件为单元，各单元承担不同的角色，为共同满足整体目标而构成的产品系列。系列产品的功能之间不可互换，但有着依存的关系，这种系列也可以形成家族感，但是与形式上的统一感相比，功能上的配套性更为重要。从使用角度讲，组合系列设计的意义在于体现功能协同上的完整性。从商品角度讲，更能体现出企业品牌效应。2018上合组织青岛峰会的国宴用瓷以及会议用瓷系列，会议用瓷设计就是将咖啡饮用行为过程中，涉及的咖啡杯、奶杯、糖罐、搅拌勺以及托盘等功能产品，组成了一个完整的咖啡组合系列（图4-51、图4-52）。

（四）家族系列产品

功能有差异、造型有不同的同族产品组成的系列产品称为家族系列产品。家族系列中的产品往往形态、规格、色彩、材质上不同，这与成套系列产品相类似，但是产品之间在形式、形态以及功能等方面，又具有同家族基因的相关性，这类产品更具有选择性及商业价值，从而更能提高品牌效应，如图4-53所示为乐活（Fitbit）可穿戴系列产品。

图4-50 猫王RADI000蓝牙音箱系列产品

图4-51 2018上合组织青岛峰会国宴用瓷

图4-52 2018上合组织青岛峰会会议用瓷

图4-53 乐活（Fitbit）可穿戴系列产品

三、组合系列设计

产品是一个系统，包括功能、用途、原理、造型、规格、材料、色彩等构成要素。组合系列产品设计，就是将某些要素，从纵向或横向来进行组合或将某个要素进行扩展，构成更大的产品系统。

组合系列设计分为功能组合、要素组合、配套组合、强制组合以及情趣组合，这五种组合形式。

（一）功能组合

在单件产品设计中，常会将多种不同的功能，组合到一个产品中，这就是所谓的多功能产品。这种多功能产品的优点是可以实现一物多用，但缺点也是很明显的。消费者对产品中某些功能使用频率不同，而某些使用频次不高的功能，对于使用者而言是多余且浪费的。系列产品的功能组合，是将若干不同功能的产品组成一个系列，消费者在购买或使用时，产品具有可选择性，可形成一个整体的产品系列，在使用中更具灵活性。如图4-54所示的布瑞克（Brick）冰箱设计可以根据人们的环境和饮食而组合变化，用户可根据自己的喜好来设计制作专属冰箱。人们在需要的时候可以买一个模块而不是新的冰箱。还有具有其他功能的功能模块，如净水器或微波炉，可以与冰箱相结合，可满足消费者的不同需求。

图4-54 布瑞克（Brick）冰箱设计

（二）要素组合

产品具有功能、用途、结构、原理、形态、规格等要素，如果将其中的某个要素以特定目标进行扩展组合，就可以形成系列产品。如图4-55所示，日本著名产品设计师深泽直人为“淘宝心选”所设计的“生活分子”系列产品，以“黑色砖块”为要素，强化统一整个系列。

图4-55 “生活分子”系列产品

（三）配套组合

配套组合是指将不同的、独立的产品作为产品构成系列进行组合。其目的是使成套产品，产生规模品牌效应，从而帮助企业，实现商业特定服务目标。如图4-56所示，小米的智能家居系列产品，就是其中典型的例子，运用物联网技术，实现家居智能产品的相互配套，从而形成系列化。

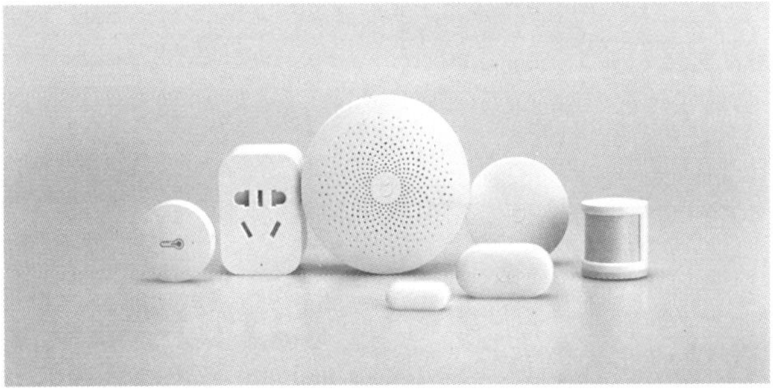

图4-56 小米智能家居系列产品

（四）强制组合

将功能与品类等没有任何相关性的产品组合在一起，形成单件产品或构成系列产品，使其实现整体目的性和相关性，这就是系列化设计的强制组合。如图4-57所示的产品群是强制性的配套组合，作为构成系列的要素进行组合。

强制组合的产品系列并非完全没有相关性，需要至少在总体目标上是一致的。以休旅系列产品为例，尽管系列中的各单件产品在功能上、使用上没有必然的联系，但均作为休旅用品，具有可便携、体积小、适应不同环境状况等特点，在满足休旅使用功能这一点上是一致的，不同功能的产品为了同一目标组合在一起，发挥综合作用。

强制组合产品在设计开发过程中，关键是要解决统一性的问题。

（1）形式统一，如放置方法、包装方法等。

（2）形态统一，造型、风格统一。

（3）色彩统一，视觉统一。

（4）某个部件统一，部件具有互换性。

（五）情趣组合

情趣组合往往是借用人们的希望、爱好、祝愿、幽默、时尚追求等富有生活情趣的内容，通过形象化的造型或附加造型的方法，组合到系列产品中去，构成趣味性产品系列。情趣组合，可以是成套的，也可以是强制性的，组合的目的是增强品牌风格化，如图4-58所示爱洛（ARLO）监控摄像头系列设计，通过增加符号化造型，提升产品的情趣化。

图4-57　布瑞姆（brim）系列产品

图4-58　ARLO监控摄像头系列设计

四、变换系列设计

变换系列设计是指通过改变产品造型、结构或更换模块所进行的设计。变换系列设计可起到有效增强产品功能，提高性能、降低成本等作用，具备适应性强、反应快、成本低的特点。

（一）变换系列设计条件

并不是所有的原型产品都适合进行变换系列设计，适合进行变换系列设计的条件是:

（1）通用性。原型产品部件、单元或模块，应达到可置换性要求。

（2）标准化。标准化是可置换设计的先决条件。一是产品系列中为达到互换目的而构建的标准；二是行业或国家制定的标准。

（3）系列化。产品系列化目标与变换设计是相辅相成的。变换设计是在原型产品的基础上进行要素变换，不同类型的产品系列，要采取不同的处理方法

（二）变换系列设计方法

1. 纵向变换设计

纵向变换设计是通过一组功能相同、结构相同或相近，而尺寸、规格及性能参数不同的产品所进行的系列设计，如图4-59所示微软公司的Surface电脑系列产品属于纵向变换系列设计。

2. 横向变换设计

横向变换设计是在产品的基本形态上进行功能扩展或提升，设计开发派生出多种相同类型产品构成产品系列，即横向系列，如图4-60所示。

3. 多向变换设计

多向变换设计是针对产品的某些要素，采用增减、置换、重组等变换方法进行多角度、多层次、多途径的变换设计，以相同性能或通用部件构成不同类型的产品系列。“多向”系列不一定是形式上的系列感，也可运用通用部件或模块，实现技术和功能上的共性，形成设计特点，从而获得良好的系列化产品。

4. 相似变换设计

相似变换设计是纵向变换设计的另一种方式，是在功能属性、结构等相同的条件下，将形态尺

图4-59 Surface电脑系列产品

图4-60 德国依诺泰克（INOTEC）肉制品加工系列

寸、性能参数按一定的比例关系进行变换设计，构成相似系列产品，如图4-61所示。

相似系列产品，首先需要确定产品基本原型，然后进行推导扩展设计，其中原型的设计是最重要的，我们可以通过相似变换的推导过程寻求最优化，可以避免漫无边际、跳跃性思维的不确定性和设计开发效率低下的情况。

图4-61 奇特科（CHITCO）厨房搅拌系列

五、产品系列化设计要点

产品系列化设计要点如下：

（1）选好基型，进行基本原型设计。基型应该是系列内最有代表性、规格适中、用量较大、结构先进、性能可靠的产品。

（2）基型设计应在国内外同类产品基础上，进行优选。通过验证，采用新技术、新结构以及新材料，促使产品更新换代。

（3）通用化。主参数相同的产品，以基本原型为主，实现最大限度的通用化。遵循结构典型化的原则，实现组件、零部件的通用化。

（4）在设计基型产品的基础上，设计基型系列的各种规格。对系列内产品的主要零部件，确定几种典型结构形式，供具体设计时选用。

（5）系列中不同规格产品的外形尺寸、重量均有相当大的差别，分档较密的系列，可以局部实行分组通用，在同一通用组中，外形风格应尽可能一致。

（6）设计变型系列或变型产品时，应利用组合化、模块化的设计思想，尽量减少专用部件的增加，以达到变型和基型产品能最大限度的通用。

（7）分析产品结构，对具有共性的零部件，进行通用化工作。对通用件实行部件归口设计，以提高零部件的标准化以及通用化水平，可以将通用件编制成图册，供设计人员参考选用。

本章内容小结

本章主要从产品之间的不同关联形式和产品自身结构两个方面入手，针对产品系统设计类型概念、产品平台化、产品标准化、产品模块化以及产品系列化这几种类型进行详细讲授。

1. 了解学习产品系统不同关联形式以及产品关联群中的不同关联类型。

2. 学习产品共享平台与平台化之间的区别、概念以及产品平台化设计开发的方法与应用形式。

3. 学习产品标准化、模块化以及系列化的概念原理、不同种类以及特点等内容。产品系统设计作为一种方式设计，被越来越多的企业应用于产品设计开发过程中，成为生活中不可或缺的部分，时刻影响着我们。

4. 通过本章的学习，学生应掌握针对不同设计需求灵活运用相应的系统设计类型，并具备基本的产品系统设计能力。

思考题

1. 简述产品平台化的概念，利用产品平台化的方法对产品开发过程能起到哪些有利的辅助？举例进行解释。

2. 模块化产品设计的优点是什么？举例进行解释。

3. 系列化产品开发方法为很多企业所青睐，请解释它的概念，并说明系列化产品包含哪些系列，各有哪些特点。

第五章 产品系统设计开发综合案例

PPT课件

产品系统设计理念及方法广泛应用于各种品类产品的设计与开发的过程中，本章节筛选部分平台化、系列化、模块化以及综合应用与品牌形象的优秀系统设计案例，展示从调研分析、设计定位，到设计构思、设计深化，直至试制、生产的全流程设计工作，希望大家通过这些优秀案例能够更加深入感受理解产品系统设计开发过程。

第一节 基于产品平台化的设计案例

一、电视伴侣产品设计

设计：刘明良

（一）调研分析

随着智能硬件的大力发展，基于物联网平台的系列化产品如雨后春笋，在各大智能厂商之间展开博弈。智能音箱的普及已经得到众多用户和厂商认可，并普及渗透三四线城市。相较而言，智能电视同样拥有巨大的市场前景，但同时市场中存在着大量传统电视亟待进行智能升级，如将传统电视直接淘汰进行更换升级，将带来社会资源的极大浪费。因此，电视伴侣产品以传统电视智能化升级为设计切入点。

（二）设计定位

电视伴侣产品，基于企业物联网技术平台，集人工智能家庭影院、音箱、电视盒子、智能语音于一体，集成融合为企业智能产品家族平台中的成员。全面接入企业人工智能助手能力，在屏幕关闭之后成为一台智能音箱，可以听音乐、查信息、查新闻、iot智能家居控制等。

（三）设计构思

根据产品设计定位、目标人群以及产品使用环境等要素，进行手绘草图及二维效果图设计提案（图5-1）。

电视伴侣产品扁平化的造型可以更好地与电视机相配

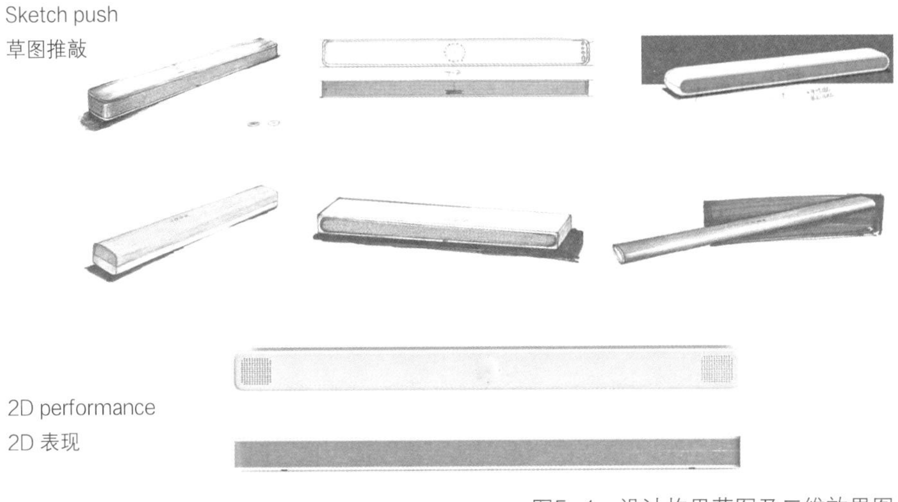

图5-1 设计构思草图及二维效果图

合，简洁流畅的造型可以应用于不同的场合以及家庭环境。产品自身搭载平台化的人工智能语音系统，可尽量减少机体自身物理按键的设置，消费者可以通过语音指令实现操控电视的功能，说出想要看的节目。在产品硬件方面，电视伴侣产品内部构造预设采用低频增强的箱体设计，可使产品达到高级别音质。

（四）设计深化

为保证产品功能、造型、结构、色彩等各方面细节，达到最高的契合度与融合度。针对各环节不同问题，不断进行设计深化提升修改。根据使用情景需求及用户使用体验研究，减少产品功能接插孔的数量。针对机体音箱开孔形式进行设计，从而影响调整音箱音质表现效果。同时，减少机体地脚接触面积，避免声音导致产生机体共振（图5-2）。

针对产品各部分组件设计确定加工材料、工艺、色彩及表面处理（图5-3～图5-5）。

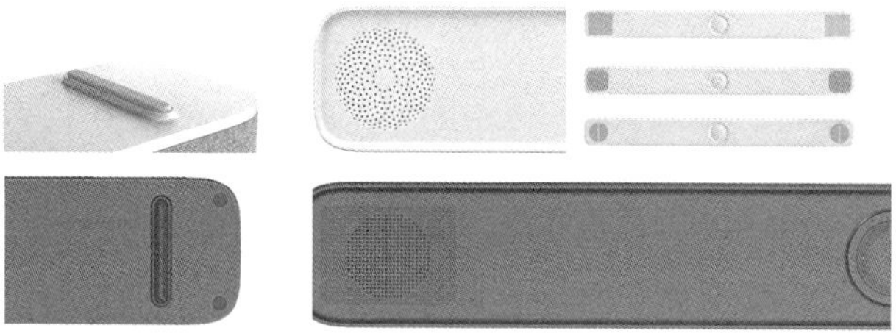

图5-2　音箱开孔形式设计深化

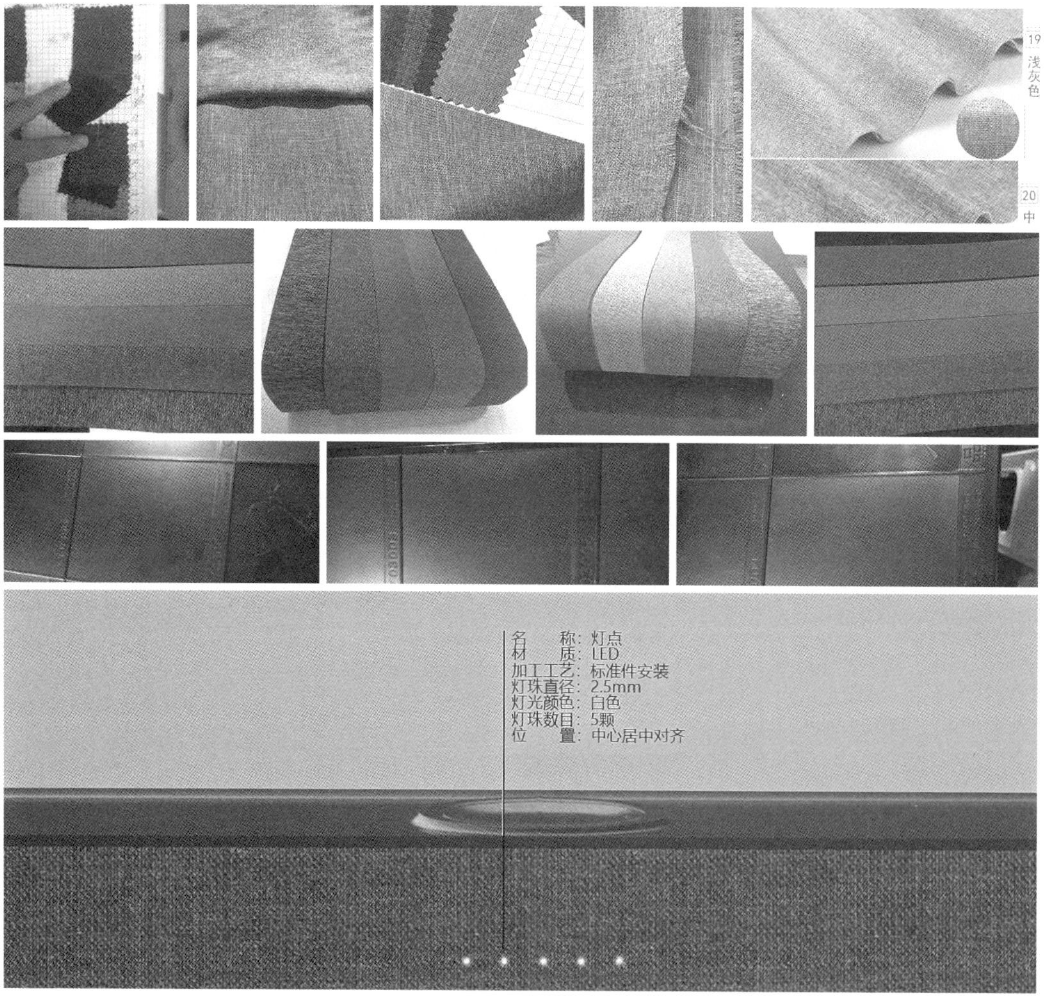

图5-3　机体表面布料及色彩筛选

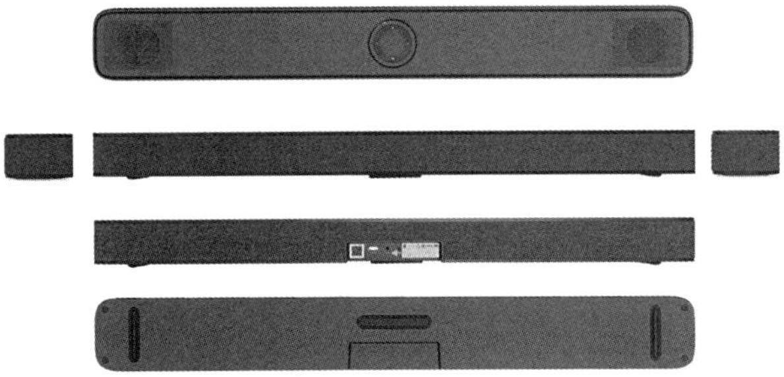

图5-4 工艺文件

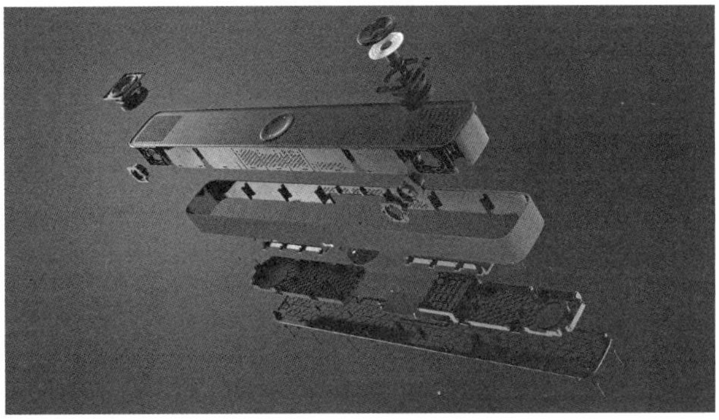

图5-5 产品结构立体装配图

（五）样机制作

根据设计深化要求，进行样机加工制作，从而针对产品整体及各方面进行实际评估。经过后期评估，根据成本及使用情景需求，产品最终设计定义机体主体配色为黑色（图5-6、图5-7）。

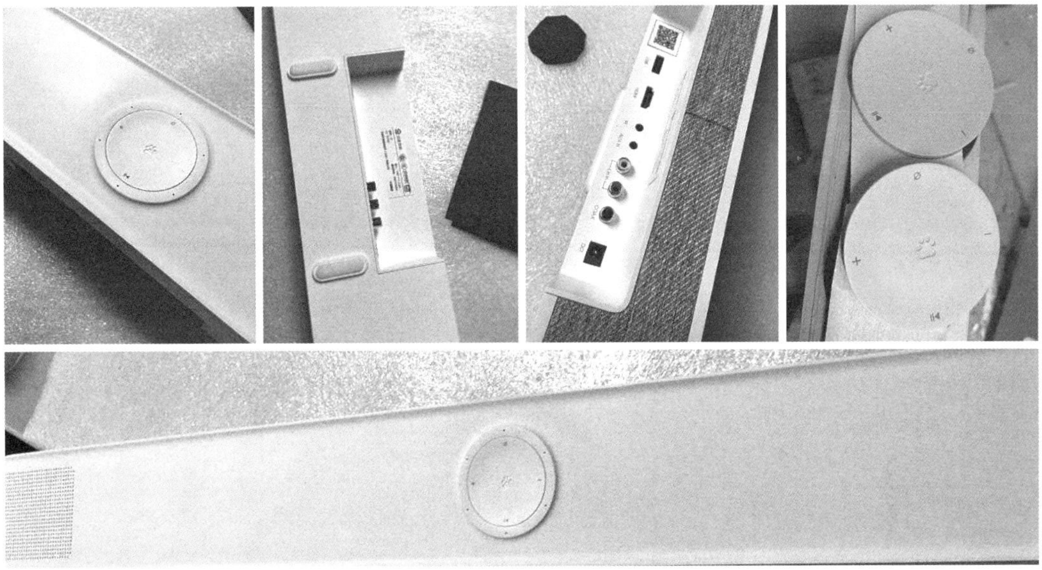

图5-6 白色样机制作

图5-7 黑色样机制作

（六）设计展示

产品生产加工、装配完成。由专业人员进行商业摄影策划及拍摄，需要在合适的背景和灯光下拍摄产品照片，以突出产品的特点和品质，吸引潜在客户的眼球。在产品商业摄影中，摄影师通常会使用专业摄影设备和后期处理技术，以获得高质量的照片。产品商业摄影通常应用于广告、宣传册、网站等多种媒介，以展示产品的特点和吸引客户购买（图5-8、图5-9）。

二、“知电”智能益智玩具

设计：邵义晗

（一）调研分析

众所周知，玩具老少皆宜，玩具被视为成长的第一本“无声教科书”，在孩童成长的过程中发挥着启蒙益智的作用。玩具文化是人类文化学的一个组成部分，中国玩具文化是中华民族五千年光辉灿烂文化中的一朵奇葩，中国是世界上最大的玩具出口国。随着科学技术的发展以及智能时代的来临，许多高新技术和新材料不断被运用于玩具设计中，科技的介入也使得玩具发生了本质上的改变，被赋予了更加复杂的功能、更多变的造型，甚至可思考与人互动，使玩具发展实现了新的飞跃。针对“智能益智玩具”的竞品、用户以及使用环境，进行广泛市场调研后，发现市场诸多玩具往往忽视儿童身心发展的特殊性和需求，将儿童智能玩具视为“玩具”的简化版（图5-10～图5-12）。

同时，智能玩具相比传统玩具存在很多优势，儿童与智能玩具之间可以通过双向交互完成预先设定的任务，这些任

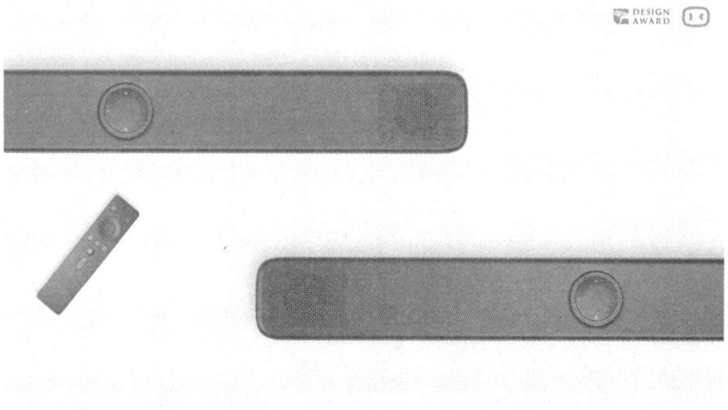

图5-8　商业摄影展示1

图5-9　商业摄影展示2

图5-10　竞品调研

务和具体的教学目标有关，可与教育进行紧密融合而相互推动。

关键部分	父母	儿童&青少年	教师
人物画像			
关系期待	"我想让孩子全身心地投入学习中，不要抵触学习。"	"学习太没有意思了，我不明白为什么要学习这些？"	"我希望学生能够很好地吸收课堂上的知识。"
基本信息	·31~41岁 ·被孩子影响 ·收入水平高 ·消费水平高 ·对教育重视程度高	·6~16岁 ·对话语权要求高 ·收入依赖（父母） ·对体验感要求高 ·思考力强	·26~36岁 ·行动力强 ·受教育程度高 ·有主见
益智性玩具			
娱乐性玩具			
体验性玩具			

图5-11 用户调研

图5-12 使用环境调研

（二）设计定位

未来的教育中，智能玩具所占比重会继续增长。相比传统的教学模式，在信息技术化教学模式下，学生成为教学活动的主体，教师是教学活动的引导者、管理者和组织者。如何实现将智能玩具带入每个年龄段的学习过程、每个学校的教育课堂、每个家庭的生活环境是一项艰巨的任务，智能玩具凭借其强大的交互能力、游戏化的教学方式等优势不断发展前行，为未来的教育方式提供了新的思路（图5-13、图5-14）。

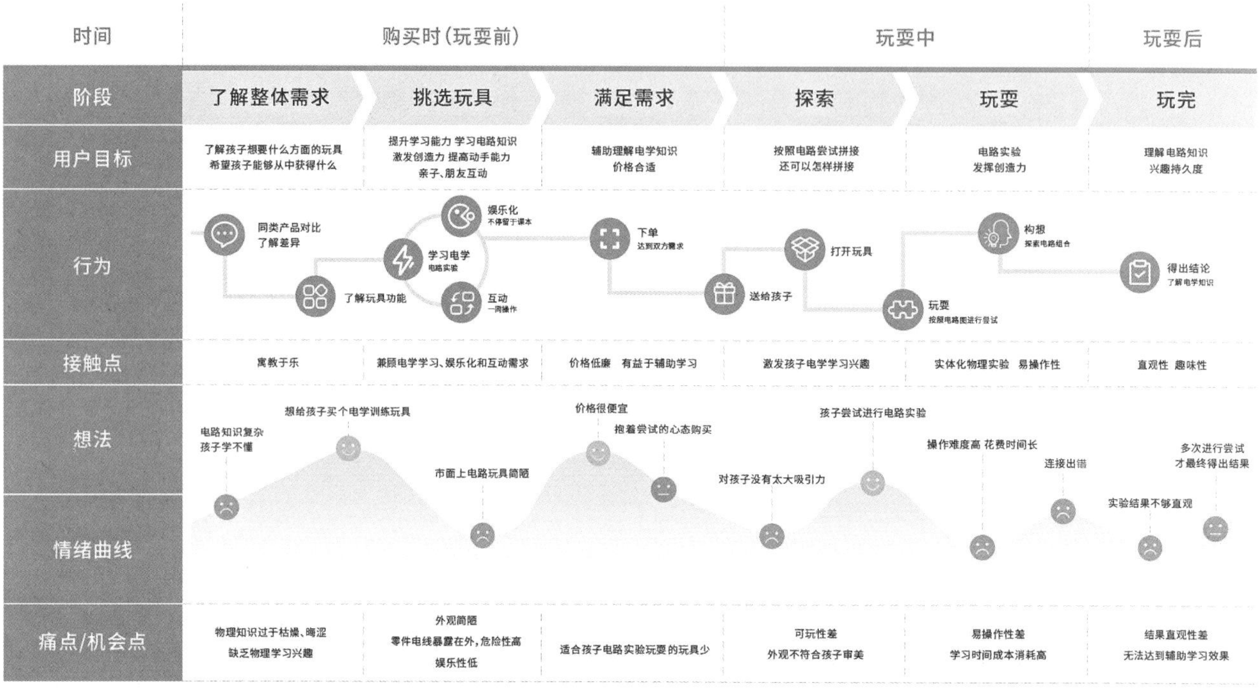

图5-13 用户旅程图

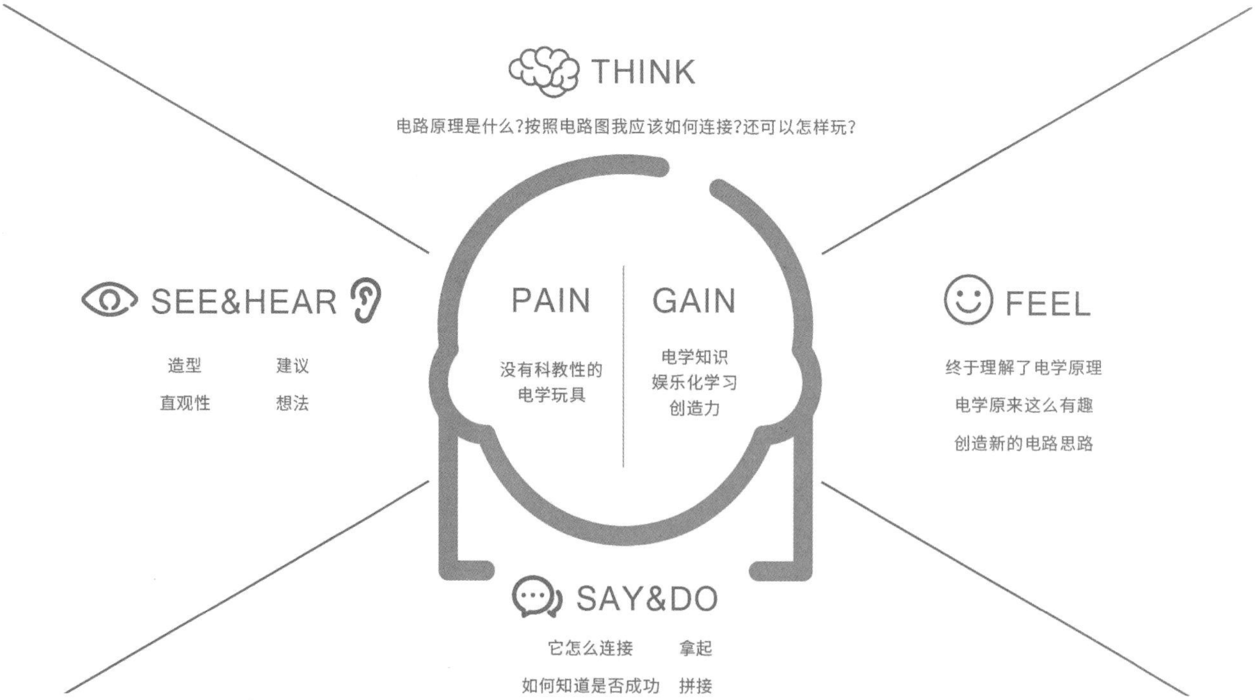

图5-14 同理心地图

该设计将以物理电能为教育基础知识，通过设计系统构建玩具平台，实现不同功能单体模块，如电源、开关、串联、并联、动力发生等部件相互连接、互通的科普玩具。

（三）设计构思

“知电”智能益智玩具案例，针对中小学生课本中物理知识过于抽象的问题，以玩具为载体，以探讨“玩”与“学”之间的联系为出发点，将物理电学知识融入智能玩具中。通过“知电”玩具系统平台的设计构建，设计一套辅助学习物理电能知识的科普玩具，促使儿童通过玩耍自然了解与熟知相关电学原理、规律以及应用的可能性，在提高学习兴趣的同时更利于物理知识学习（图5-15）。

“知电”整体造型为简约几何化，并且更加直观，提升体验感。共分为三个模块组——调控、输出电流、输入电流。每个模块都发挥着不同的作用，通过不同模块组合相接，达到物理电路实验目的。将物理知识娱乐化，不同的组成电路模块组合起来，根据电路的逻辑，进行物理电路尝试、探索。用户可以根据物理题目中的电路图，进行物理实验组合，更加真实地感受物理电路知识，达到物理电路实验目的。也可以自己进行多种组合尝试（图5-16）。

图5-15　使用故事脚本

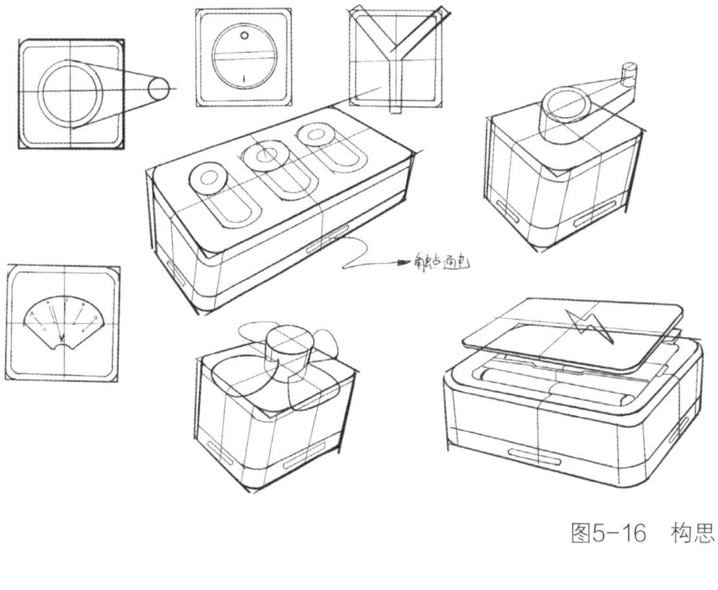

图5-16　构思草图

（四）设计深化

设计构思工作完成后，针对“知电”智能玩具，进行使用行为、交互技术实现等方面的逻辑构建、推演以及研究。在此过程中，需要充分预设儿童各种合理使用的可能性，以及各种非合理、非常规使用的应对策略，最终形成交互逻辑流程图（图5-17）。

根据交互逻辑流程图、人机工学以及交互技术等方面的内容，进行玩具各个功能模块造型、结构细节以及材料、色彩、表面工艺等设计深化（图5-18～图5-21）。

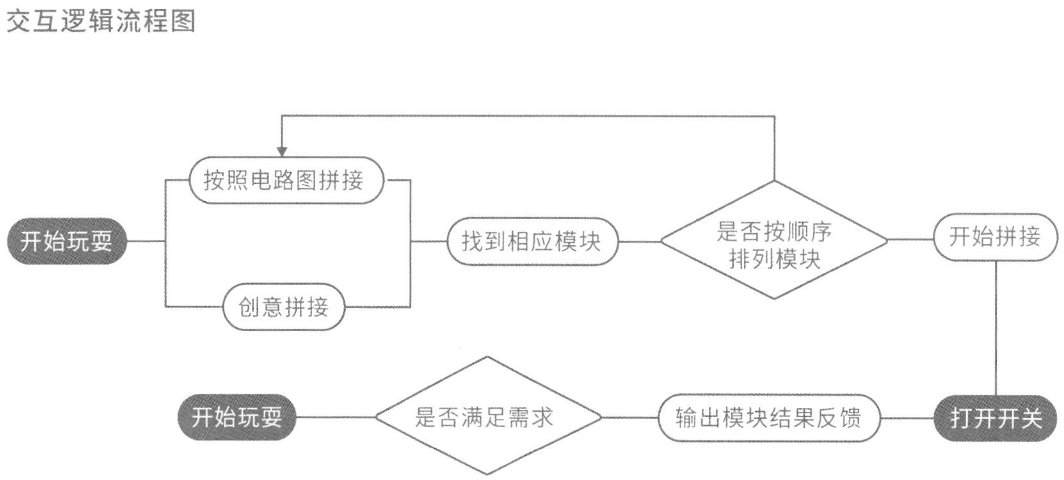

图5-17　交互逻辑流程图

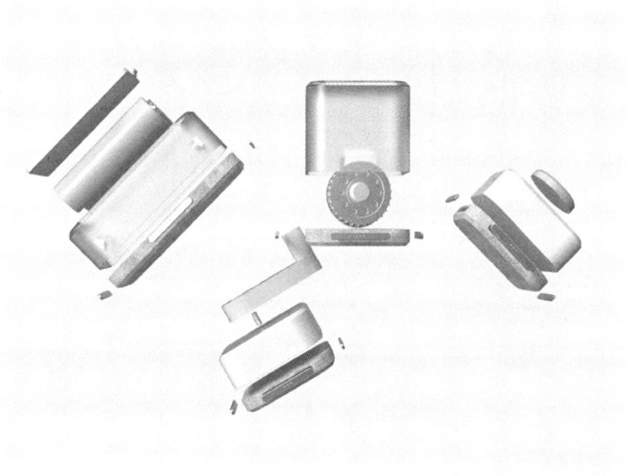

图5-18　产品结构爆炸图

图5-19　产品细节图

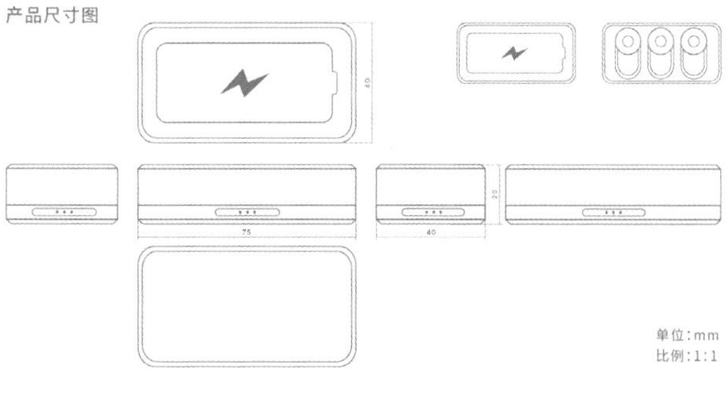

图5-20　电源模块尺寸图

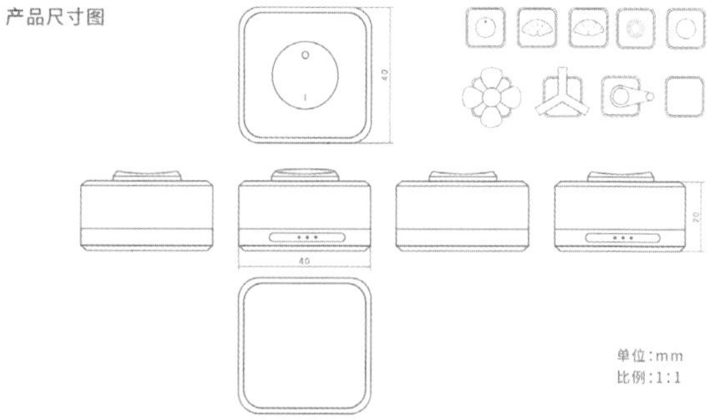

图5-21　功能模块尺寸图

（五）原型试制

原型是设计师进行设计验证的重要阶段，是设计尺寸、功能体验以及结构验证的简单实验模型，用于快速、廉价的测试或验证概念，设计师通过原型制作，可以将前期的设计想法进行实际化互动与验证，从中获得反馈，得以清晰、快速论证设计的可行性、合理性。原型可采用低成本形式进行初步试制验证（图5-22～图5-26），根据深化确定尺寸及基本形态，采用硬纸板粘结出设计草模，相较于样机或手办表现虽然粗糙，但是其快速直观性优势明显，已足够进行设计研究、探讨及验证。

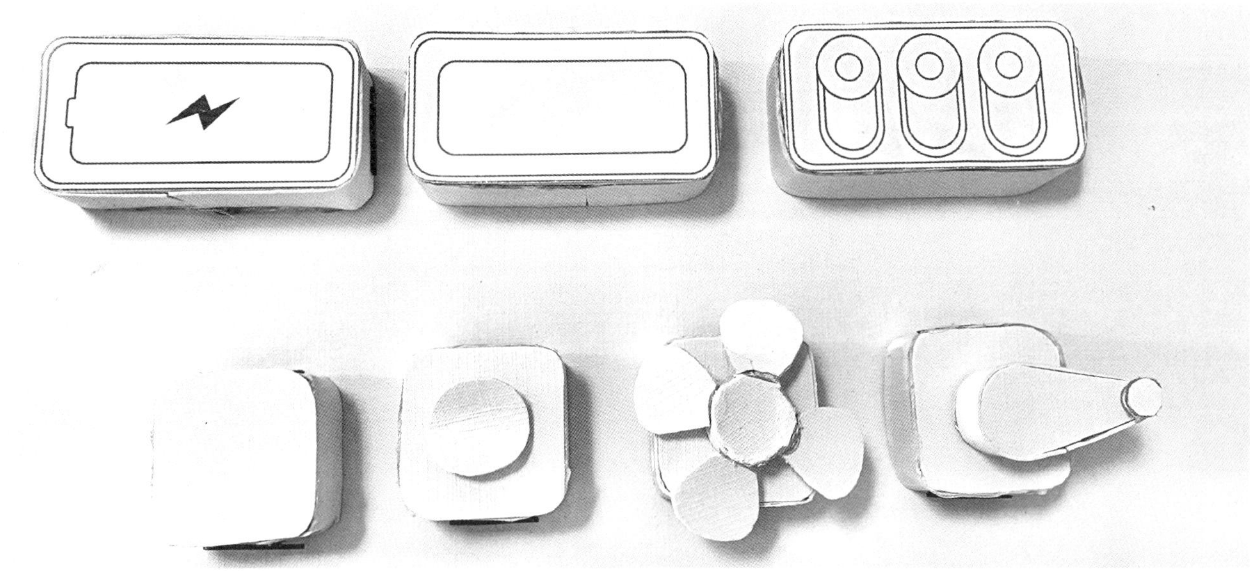

图5-22　原型试制

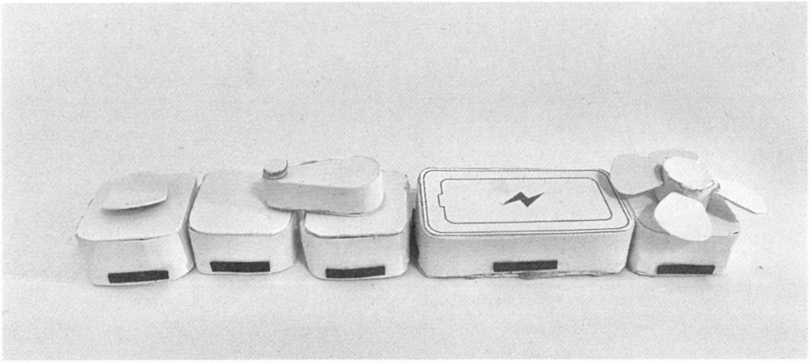

图5-23　模块连接测试

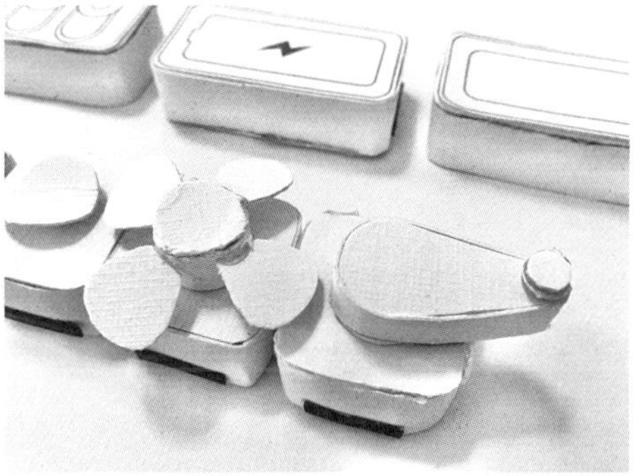

图5-24　原型细节

图5-25　原型操作测试

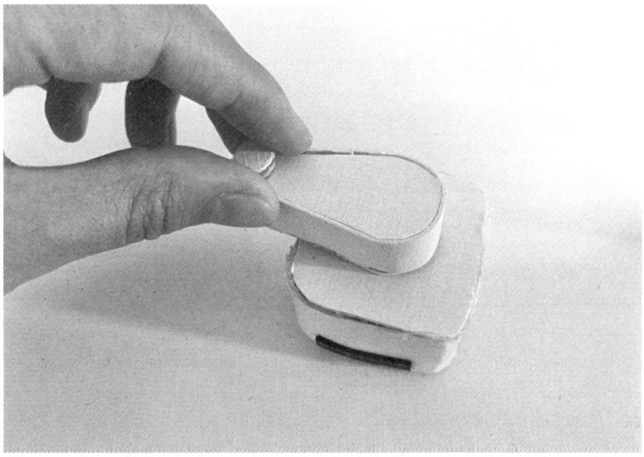

图5-26　原型人机测试

（六）设计展示

经过系统设计平台化全过程，“知电”智能益智玩具设计以及“玩耍”功能实现效果，如图5-27～图5-33所示。

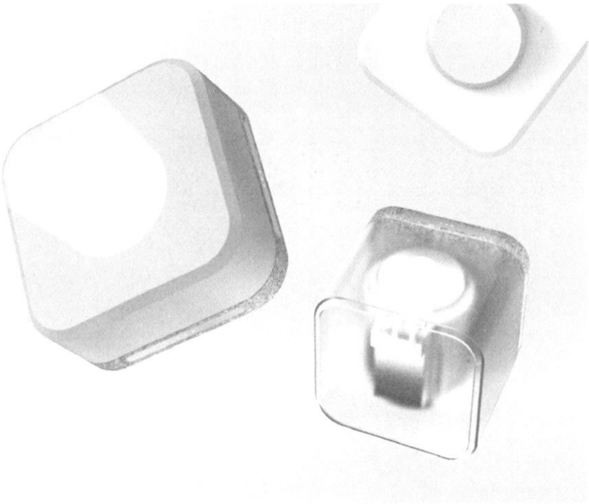

图5-27 设计效果

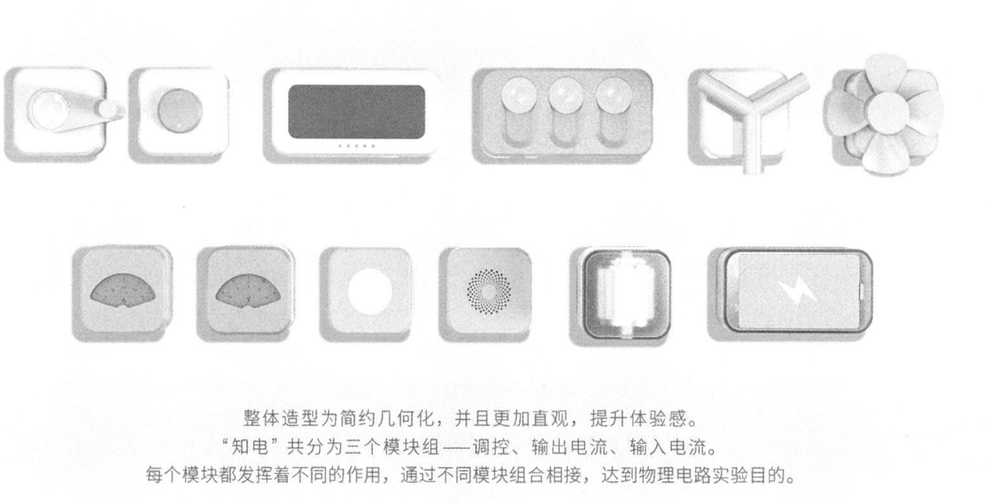

图5-28 平台化组件造型

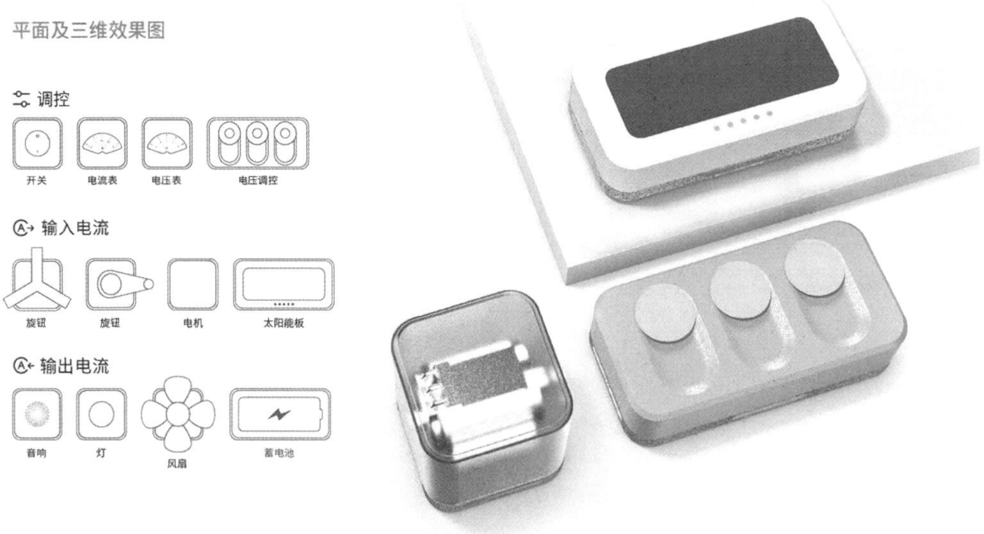

图5-29 平台化功能模块

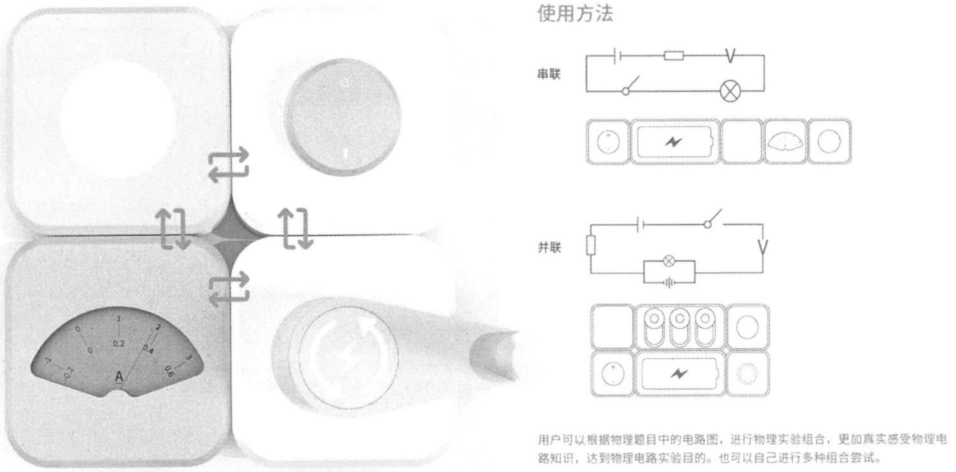

图5-30　模块使用效果

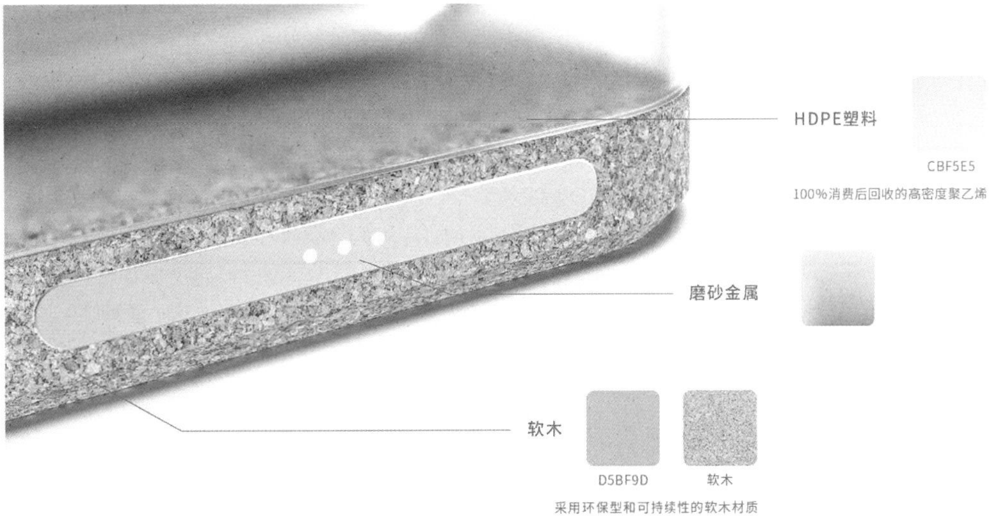

图5-31　模块细节效果

图5-32　“知电”使用模拟

图5-33 使用场景效果

第二节 基于产品系列化的系统设计案例

一、2018上合组织青岛峰会国宴用瓷设计

设计：林宇峰、耿大海、单大鹏

2018上合组织青岛峰会《千峰翠色》系列用瓷：首脑晚宴用瓷、元首会议用瓷、茶咖具，元首下榻的房间，以及单边、双边会谈室陈设瓷、盖杯，始终相伴于每一位元首及随从政要的会谈对话、饮食起居，在峰会上全系列使用和陈设。

（一）调研分析

2018上合组织青岛峰会于山东青岛举办，高级别国际会议是展示中华文明和灿烂文化的重要舞台。宴会用瓷设计、工艺及材料要达到国际水准，既要展现主办方东道主国家的大国气度，又要呈现会议主办地文化、地域特色（图5-34）。以往多边外交大型国际会议用瓷，大多采用镁质瓷配以不同釉色花纸（图5-35）。

（二）设计定位

青瓷是中国陶瓷皇冠上的明珠，中国传统一直延续着宋代以来“以素为美，以青为上”的陶瓷审美。

玲珑剔透万般好，静中见动青山来。《千峰翠色》的设计重点为表现齐鲁海岱文化，传承与创新并举，儒家思想的“和而不同”融会其间。造型设计以泰山、祥云、海为题，体现出以海岱文化为代表的齐鲁文化，彰显包容、开放与厚重。以往国宴用瓷多以优美釉色花纸进行装饰，如2016年二十国集团领导人杭州峰会、2017年金砖国家峰会等，表现当地的温婉与华丽。本次国宴用瓷设计以东方传统审美，以素为美，突出山东青瓷文化，在其上稍施元素与装饰，同时表现山东人真实质朴的性格特点。

（三）设计构思

国宴用瓷系列设计灵感来源：造型设计主创元素以山（泰山，代表稳定祥泰）、海（代表博大、包容的胸襟）为题，海岱相连，山水呼应，刚柔相济，和谐统一，金色泰山祥云下映衬着三条不同粗细的浮雕海浪波纹，映射出水的涟漪，如图5-36所示为设计构思草图。

（四）设计深化

2018上合组织青岛峰会用瓷《千峰翠色》秉承了中国青瓷“九秋风露越窑开，夺得千峰翠色

（a）泰山

（b）海洋

（c）青岛城市景观

图5-34　山东地域特色

图5-35　以往多边外交大型国际会议用瓷

来”的外观特征，赋予了青岛峰会用瓷“和济世界、礼遇天下”的创意与情怀。器型中的立面产品造型如蒸蒸日出，平面产品流畅如线，组合成日出东方的蓬勃之美。造型深化中保证线条挺拔，器型整体饱满圆润（图5-37～图5-40）。

图5-36　设计构思草图

图5-37　主餐盘及餐盖平面设计图

图5-38　餐盘细节平面设计图

图5-39　茶杯及酒盅平面设计图

图5-40　茶盘及盘托设计平面图

金色的泰山浮雕盖纽，显现五岳之尊泰山在悠悠天地之间的大气磅礴之势，缭绕山间的朵朵祥云飞逸着当今中国的盛世祥和、蓬勃发展之象，浮雕的海浪波纹相拥相连，跳动着天下一体的生机和韵律（图5-41、图5-42）。齐鲁文明“和而不同”的思想融会其间，令观者心领神会，心驰神往（图5-43、图5-44）。

图5-41　会议用瓷设计平面图

图5-42　宴会用瓷设计平面图

图5-43　三维渲染效果图（一）

图5-44　三维渲染效果图（二）

（五）样品试制

在正式批量投产之前，需要进行样品试制工作（图5-45、图5-46）。在设计生产期间，由于国宴餐盖尺寸大、重量大，泰山盖纽祥云的尺寸、位置、泰山造型结构皆进行了多次调整，最终确定能够方便拿取的比例尺寸。金釉显色出现了问题，存在金色釉面发乌、不匀等情况，经过更换多种不同金釉原料与调整工艺，最终得以完美呈现。

图 5-45　设计样品试制

图5-46　会议用瓷修坯及餐盖试制

图5-47 《千峰翠色》国宴用瓷系列1

（六）设计展示

“九秋风露越窑开，夺得千峰翠色来”的外观特征以及瓷质所呈现通透晶润，质地清朗的现代美学风格，其赋载的文化意义和艺术价值得以无限延伸，尚青文化得到了新鲜时尚的延续。《千峰翠色》系列历经近8个月的设计开发，20种设计预案，几十次反复打样，70余道工序的精雕细琢，方修得清醪既成，青瓷既启。用瓷瓷器材质晶莹朗润、清澈通透，如同大海，象征着盛世大国的胸襟（图5-47～图5-49）。

图5-48 《千峰翠色》国宴用瓷系列2

图5-49 《千峰翠色》会议用瓷系列

二、儿童智能音箱设计

设计：梅敏

儿童智能音箱设计，基于产品系列化设计方法，对儿童行为习惯进行设计调研分析，提出与现有市场竞品具有差异性、竞争力的系列化设计创意作品，并完成系列化产品设计、包装设计以及终端应用界面设计。

（一）调研分析

智能音箱产品的应用场景是居室内，属于全群体的产品，虽然目标群体界定在12岁以内的儿童，但是购买者或使用者也可能是成年人，他们会以自己的生活经验来判定产品。所以，在设计创意之始，应从全群体的角度出发，通过思维导图寻找设计痛点（图5-50）。

通过思维导图的帮助，圈定多个与设计关联的信息点，这些信息点与儿童心理、产品功能、使用环境等相关。此外，智能音箱类产品，虽是一个单品却不能独立于企业产品生态圈之外，所以应全面地从消费者角度，从产业生态角度以及使用环境角度进行网络调研、实地调研、信息归纳整理，考虑到产品线间的互惠，对用户进行创意方向的引导。

1. 竞品调研

目前市面上的产品功能包含语音智能交互功能，提供天气问询、加减乘除、英语翻译、成语解释、讲故事、讲常识等一系列语音服务，还可设置提醒功能，每天提醒孩子按时睡觉、吃饭、刷牙等。可进行远程亲子语音沟通，部分内置摄像头可远程看护。产品功能已经非常完善，技术已非常成熟，不存在技术壁垒，各大品牌都有能力开发智能语音类产品，要在产品的技术功能上寻找突破点，开发周期长、成本高。

智能音箱类产品以单体结构产品占绝大部分，基于产品技术模块的限制，以摆件存放的方式居多。

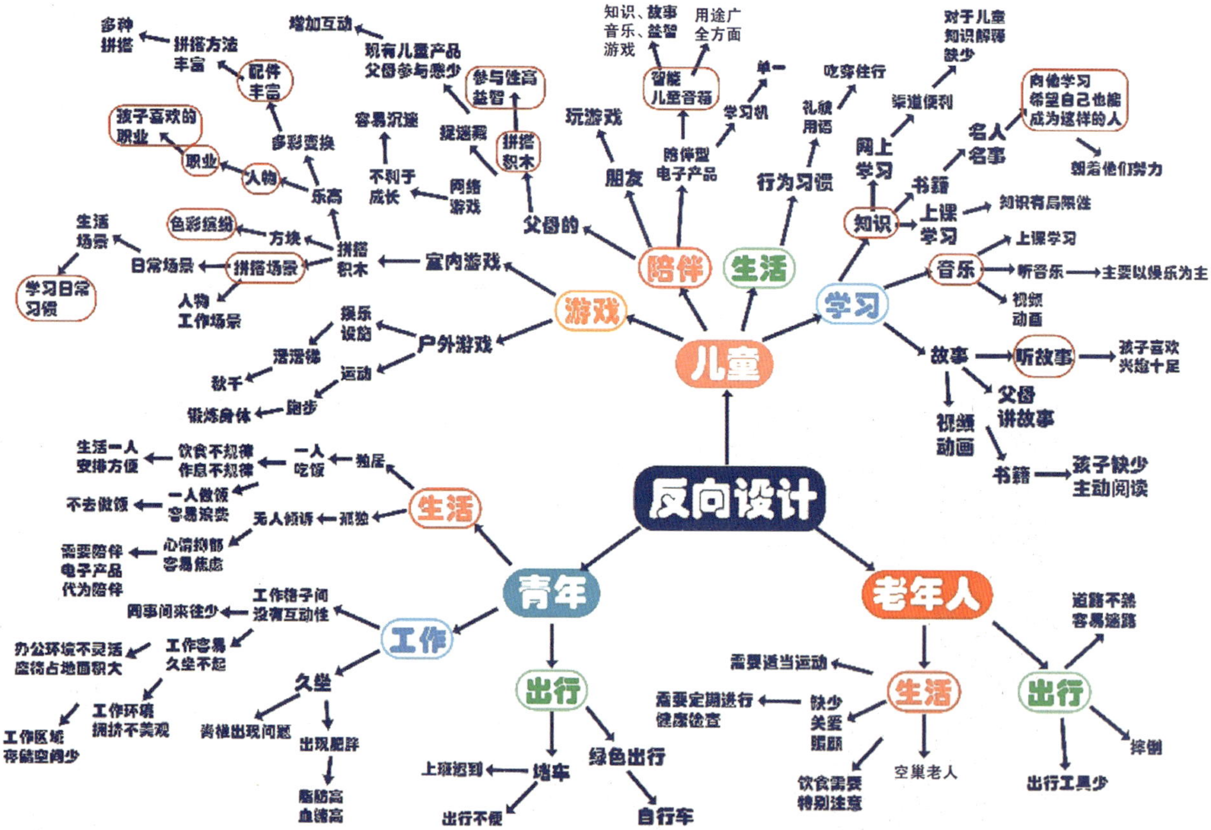

图5-50 思维导图

仅以语音交互方式实现产品与儿童的互动，可考虑加入新的互动方式，如肢体互动（表5-1）。

表5-1 竞品调研

产品名称	公司	价格	核心卖点
Echo Dot Kids Edition	亚马逊	79美元	搭载FreeTime Unlimited服务
天猫精灵儿童智能音箱	阿里巴巴	199元	天猫精灵火眼，内置803套儿童读物
晓雅Mini	喜马拉雅	299元	近1亿条音频内容，并针对儿童优化归类
TicKasa Fox	出门问问	499元	儿童TTS，便携防水
乐迪智能机器人	奥睿智能	499元	热点IP，内置天猫精灵语音助手及Skills

2. 人群调研

儿童类产品多采用靓丽的配色，符合儿童喜好（图5-51）。

3~6岁的低龄儿童的喜好与6岁以上的小学阶段的儿童喜好会有差异，低龄儿童喜欢可爱、圆润、色彩亮丽的产品；6岁以上的儿童会对产品细节提出要求，会关注产品的内容。要做到一款产品适合多年龄层较难，可通过产品附件的更换实现产品外观的变化，从而适应更多儿童的需求。

从父母的层面来说，对儿童类智能语音产品的功能需求主要是陪伴、教育。如何让产品能够更长时间地吸引孩子、陪伴左右，是该产品的一个核心点。

从产品生态的角度来说，可形成家庭智能产品间的物联，目前各大品牌均在构建产品生态圈。

（二）设计定位

1. 创新点

“可变身”的积木型儿童智能音箱，让音箱不仅能够实现声音的功能，还能够通过动手组装增加互动、参与感。可变身的概念也为不同年龄段的儿童喜好增加了宽容度，同时，让产品能更长久地陪伴在儿童身边。

2. 设计概念

产品提供适合儿童的语音智能交互功能，进行天气问询、加减乘除计算、英语翻译、成语解

图5-51 同类产品调研

释、讲故事、讲常识等一系列语音服务，还可设置提醒功能，每天提醒孩子按时睡觉、吃饭、刷牙等，以及进行远程亲子语音沟通。

职业梦想，通过附件特征，实现特征明显的职业服装呈现。“可变身”，可组装的结构特点，通过增加附件，实现不同附件搭建塑造出不同职业特征的外观。附件以积木的形式，搭建职业场景，给儿童更丰富的想象空间、动手机会。通过职业模块识别，语音输出职业信息。通过语音引导，实现职业模块搭建方法传达。通过终端应用端，实现相关功能选择。

（三）设计构思

角色细节构想，给每个职业形象设计配置相应的积木配件，可发挥想象搭建场景，让音箱同时具有玩具的功能（图5-52）。

角色的身体是方形的积木块，同时也是音箱发声的核心功能模块，以凹凸结构与其他附件拼接，通过不同系列化组件，可组合生成不同职业角色（图5-53）。

图5-52　音箱构思草图

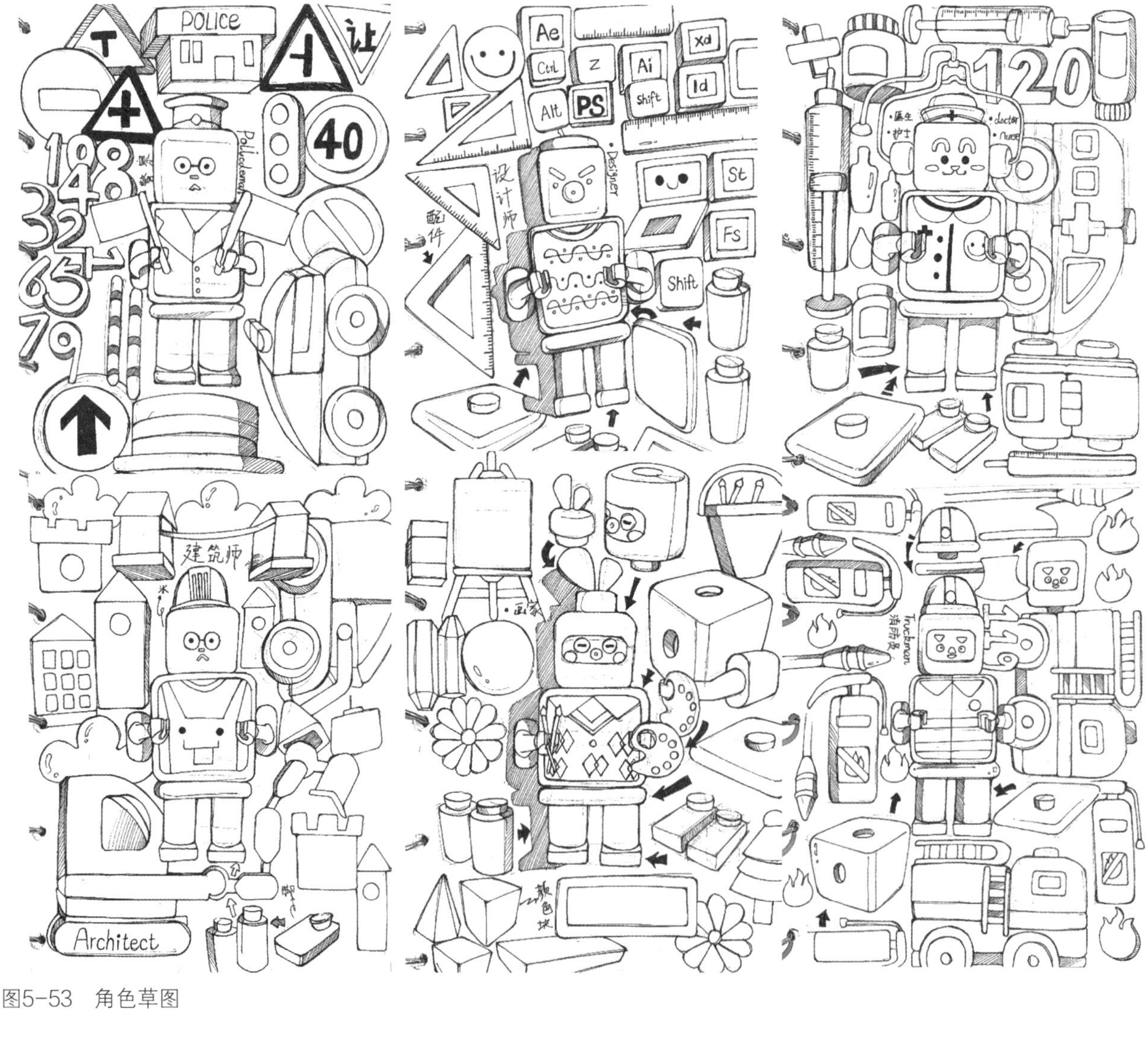

图5-53　角色草图

（四）设计深化

1. 单职业设计深化

产品造型人物头部与帽子的部分为职业身份识别的部件，通过磁点识别技术，识别芯片内置于积木底部，与主机终端建立信息联系，读取职业角色，每个人物形象通过服饰配件来区分。配件中有该职业相关的模块，例如画家，配有画笔、调色板、画架子等，可发挥想象自由安装在场景中，相较于现有市场竞品更加注重用户的参与和互动，进行建模，推敲产品的外观、色彩、表面涂装、组件结构以及尺寸的合理性（图5-54、图5-55）。

图5-54　画家结构设计

图5-55　画家组件功能设计

2. 职业系列组件设计深化

根据不同职业的不同面貌特征，设计深化推敲突出各自形象、配色、结构以及典型道具，完成诸如画家、护士、建筑师、警察、农民、设计师、消防员等职业系列组件设计深化工作（图5-56）。

3. 系列产品CMF设计深化

CMF是Color Material Finishing的缩写，是基于对色彩、材料、表面处理工艺的认知，对产品外观形态元素进行再设计的过程。如图5-57所示为进行CMF设计深化。

图5-56 不同职业系列组件设计

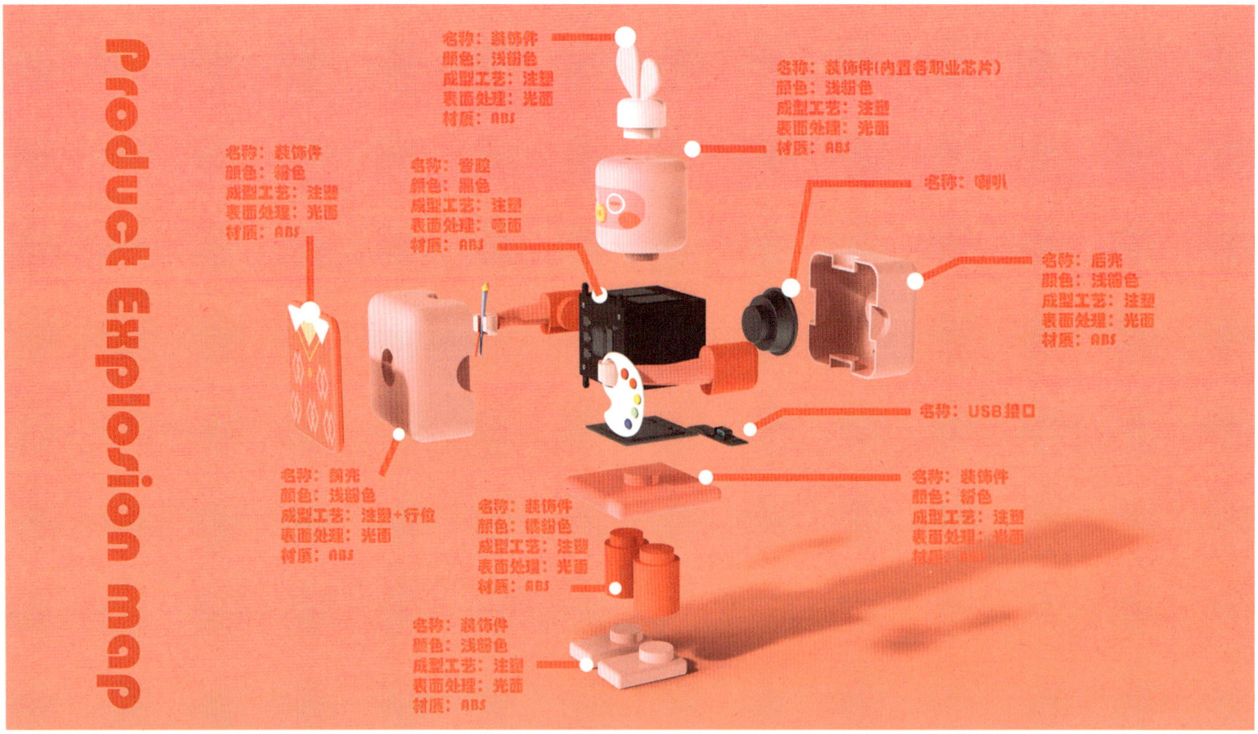

图5-57 CMF设计深化

4. 系列产品场景化设计深化

针对不同职业设计不同场景搭建，验证模拟消费者使用产品搭建说明提供示范（图5-58）。

5. 产品包装设计深化

以环保理念设计产品外包装，将外包装做成产品的一个部分，不丢弃。可以作为模块收纳的盒子，也可作为模块搭建的底板（图5-59）。

（五）设计展示

整套“儿童智能音箱系列设计”，汇总完成画家、建筑师、农民、设计师、消防员、护士、厨师、教师、警察共9个职业角色系列设计（图5-60、图5-61）。

图5-58 场景设计深化

图5-59 包装设计深化

图5-60 职业角色汇总

图5-61 使用场景

第三节 基于产品模块化的系统设计案例

一、建筑模块化皮肤墙产品系统设计

设计：刘成杰

针对目前城市生态系统所进行的产品系统设计，探索基于城市生态的可持续解决方案，合理利用自然特性来减少人们对化石燃料的依赖是设计的核心。通过对典型城市的调研，分析目前城市生态系统中存在的不可持续发展问题的原因以及解决问题的方式。

（一）城市系统调研分析

城市生态系统是人改造自然生态过程中，创造的适合居住和生产的人工生态系统。城市生态系统不同于自然生态系统的自给自足，其需要从其他生态系统（农田、森林、海洋）中人为地输入能源和资源，其产生的废物则需要输送到其余生态系统中解决。通过调研分析整理出城市生态图以及城市能源资源依赖图和公寓生态图，形象化展现城市生态中每个部分之间的关系，了解城市生态系统中每个部分是相互依赖，互相服务的（图5-62）。

通过运用系统设计理念与视角，将现代城市作为生态系统的完整体，进行系统调研与分析，从中梳理出能源的产生方式、传输的路径、消耗、使用情况以及城市居民在城市生产、生活过程中，日常活动所消耗的资源以及产生的废水、垃圾等多方面情况。通过城市生态图、城市能源资源依赖图和公寓生态图总结绘制，从而发现其中可进一步切入的设计点。

（二）设计定位及目标

通过城市系统调研，发现大量地面空间被停车场、广场、道路等使用；建筑楼顶空间普遍被太阳能热水器、光伏发电板使用；而建筑外墙存在大量的闲置空间。

（1）在建筑外墙安装模块化产品系统，缓解城市空气污染、电能紧张和绿化空间不足的问题，使用可持续环保的材料。利用生物能、光合作用等自然特性来减少对化石燃料的依赖。

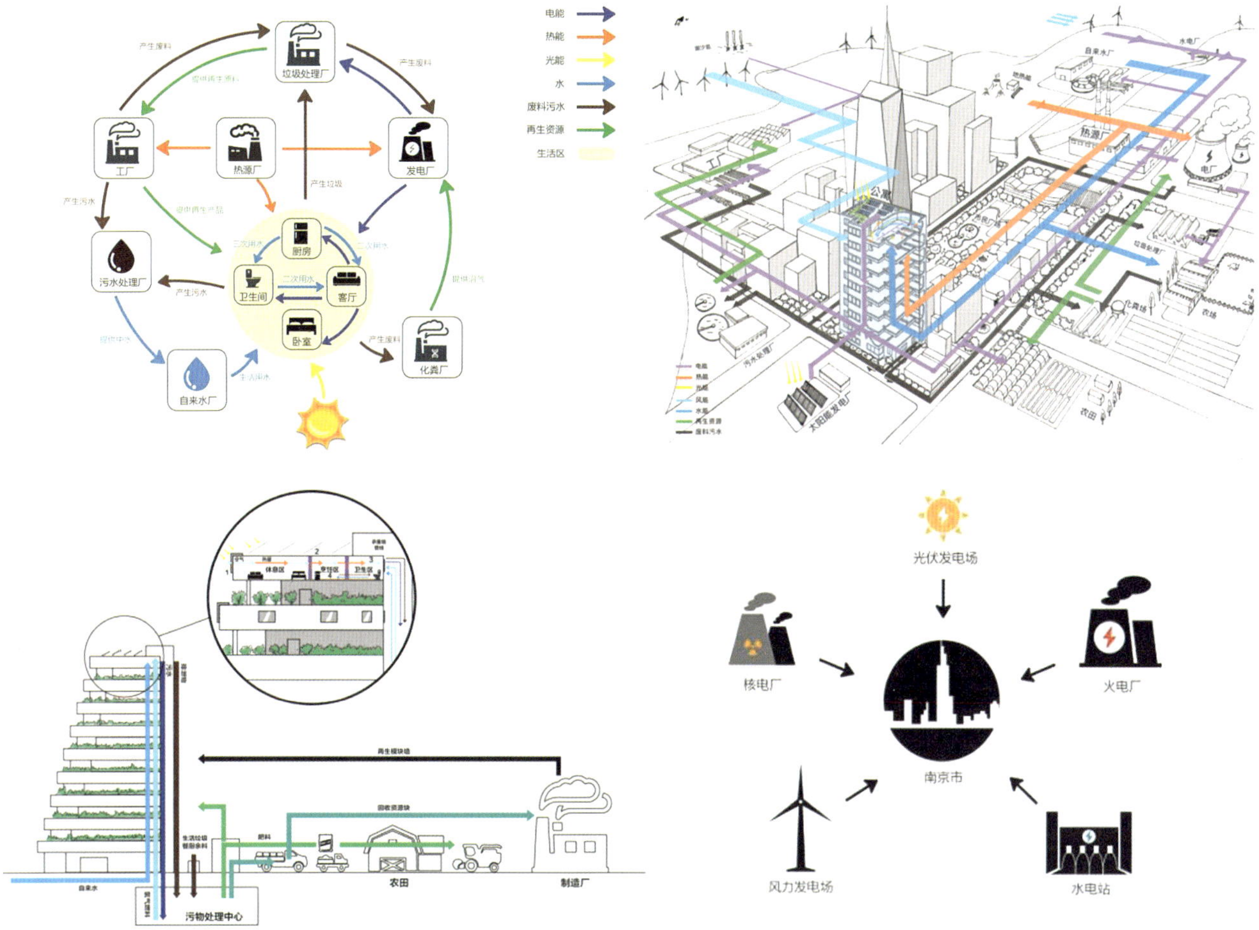

图5-62　城市生态系统图

（2）具有未来感的外观，简洁自然的配色，构成令人愉悦的生活场景。

（3）能根据光线变化自主运行，减轻管理员工作量。模块系统方便工人安装和维修。

（4）让建筑充满生机，城市生态系统可持续性发展。

（三）模块系统设计构思

利用太阳能电池发电缓解城市电能紧张的问题，利用苔藓净化空气的生物属性解决空气污染问题，并以其为基础在建筑外墙闲置空间做垂直绿化，增加城市绿化面积。整合构思一款应用于建筑外墙，提供绿色电能、净化空气的模块化产品，为城市生态服务的系统（图5-63）。

太阳能电池在光照下产生电能，苔藓植物在弱光或荫蔽时净化空气。太阳能发电叶片遇强光

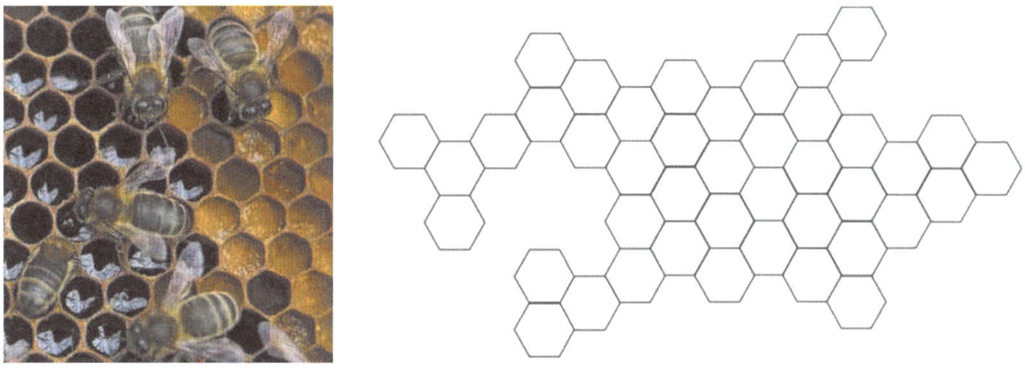

图5-63　蜂窝模块化结构

照射时合拢，一方面进行大面积光发电；另一方面可以保护苔藓免受强光伤害。在弱光时，打开太阳能发电叶片，让苔藓接触一定量的阳光和充足的流动空气，来过滤污染物，释放氧气。在不改变外墙结构的情况下，将模块安装在墙体上。通过划分六边形，得出六个正三角形，可以把每个三角形的三个角留作形变材料和空气流通通道，中间安装薄膜电池。对薄膜电池外观进行推敲，模块依附于建筑外墙上，面板可以折叠，尝试采用三角形，达到外观和结构最简化（图5-64）。

（四）模块结构设计深化

针对模块单体尺寸、功能、结构等方面进行全方位设计深化（图5-65）。

每个模块被安装固定在斜拉钢索上，可以大面积安装。斜拉钢索的每个固定点被膨胀螺栓固定在墙面上，固定点分为单联、双联和中联三种造型。将固定架模块化，安装模块前，先依次安装固定架，铺设电路。每个模块背面有卡扣，可以直接挂在固定架上的孔里（图5-66、图5-67）。

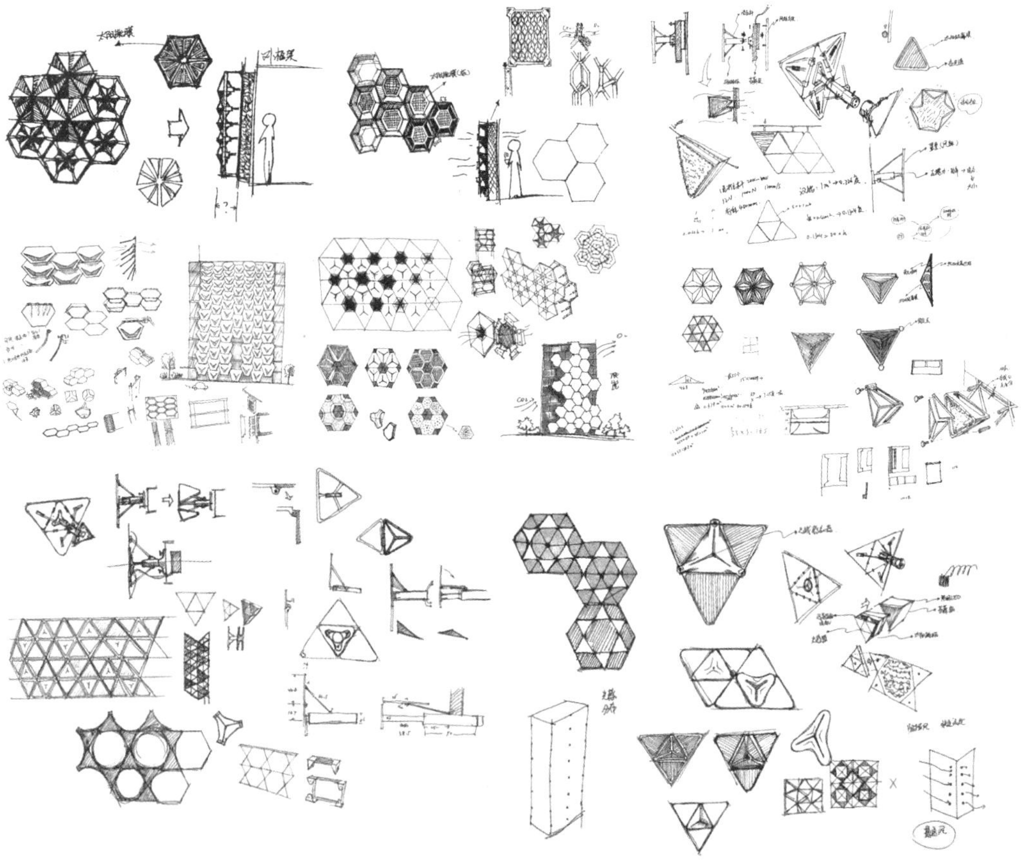

图5-64　方案造型结构推演

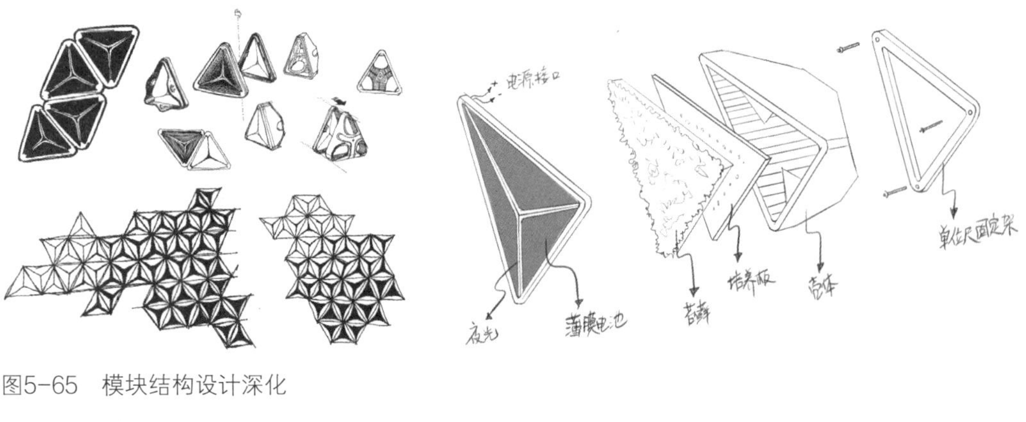

图5-65　模块结构设计深化

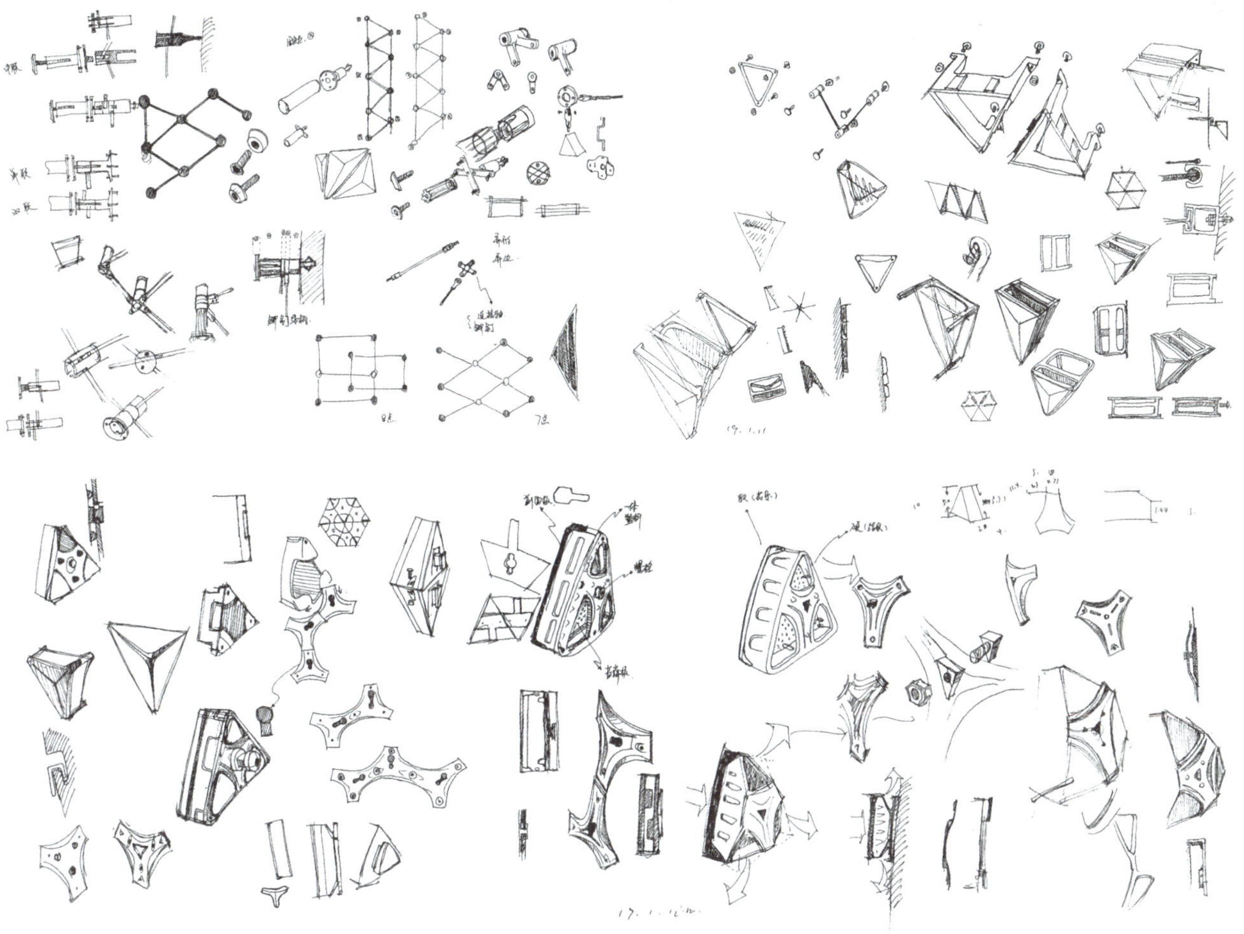

图5-66 模块安装结构深化

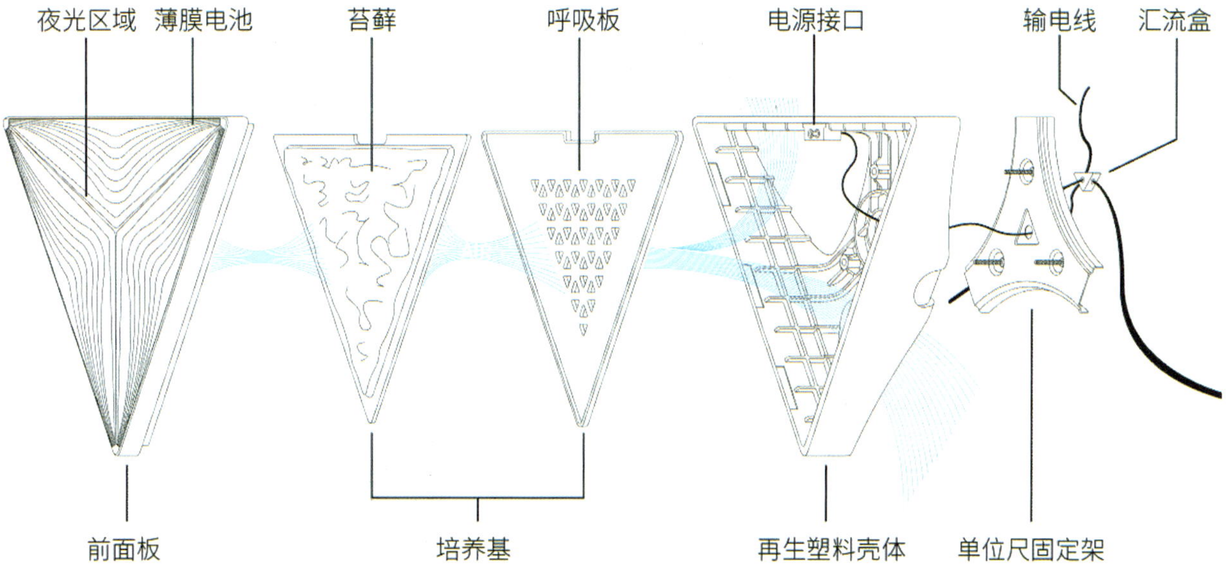

图5-67 模块分层结构深化

根据确定模块组合形式，深化设计单体模块造型、功能结构等方面，如图5-68、图5-69所示。

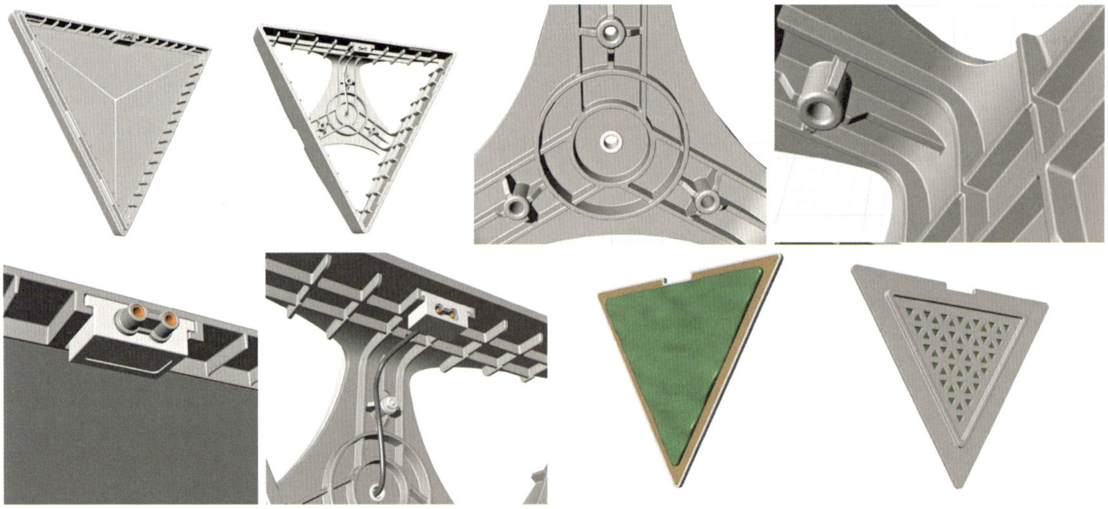

图5-68　单体模块造型

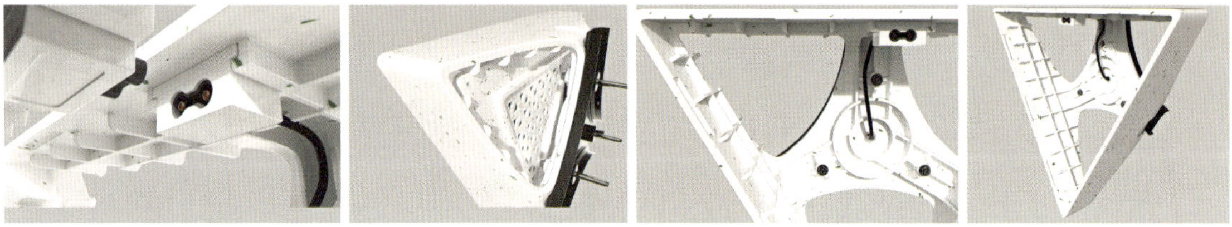

图5-69　单体结构结节

（五）单体模块设计展示

单体模块设计展示如图5-70～图5-74所示。

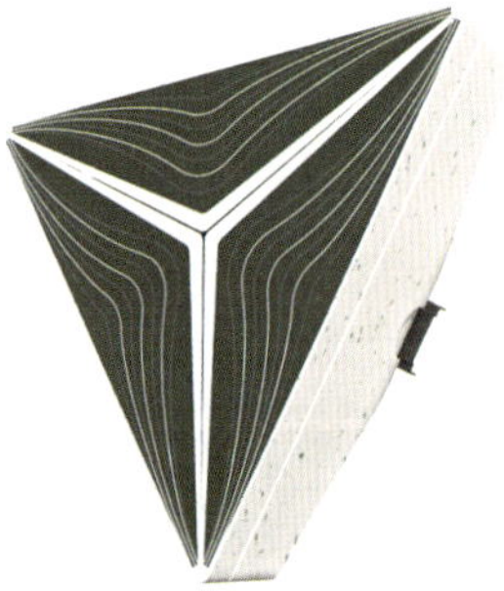

图5-70　产品前部渲染效果图

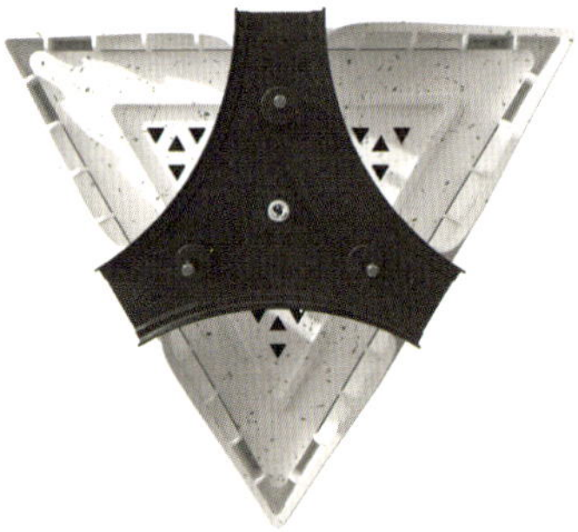

图5-71　产品背面渲染效果图

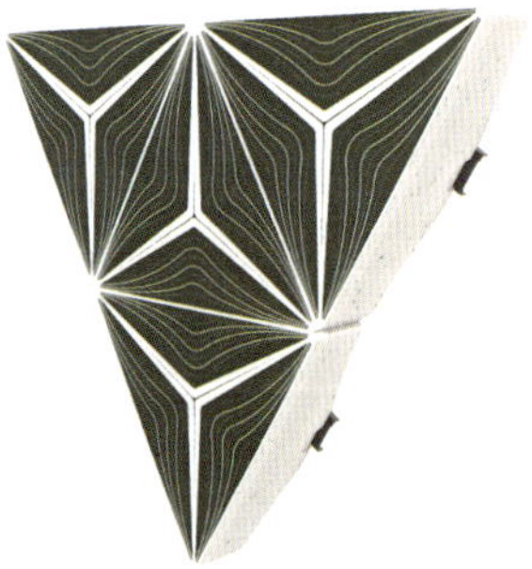

图5-72　模块组合前部渲染效果图

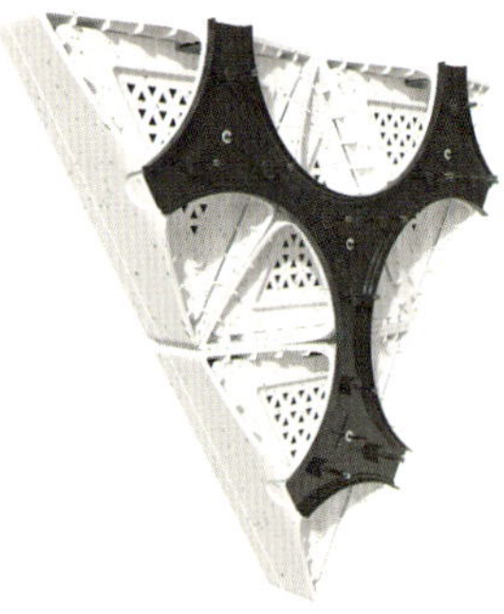

图5-73　模块组合后部渲染效果图

图5-74　产品展开渲染效果图

（六）产品系统设计展示

产品系统设计展示如图5-75～图5-78所示。

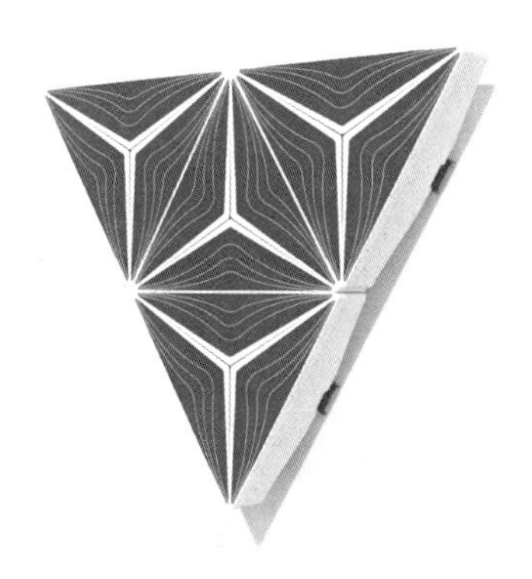

图5-75 模块组合安装效果

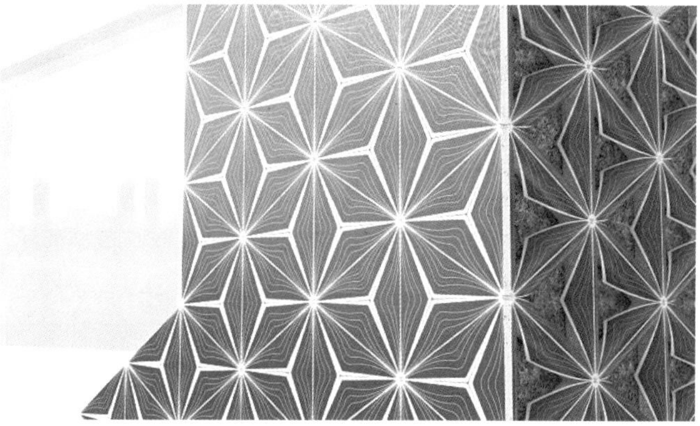

图5-77 产品不同光照状态效果

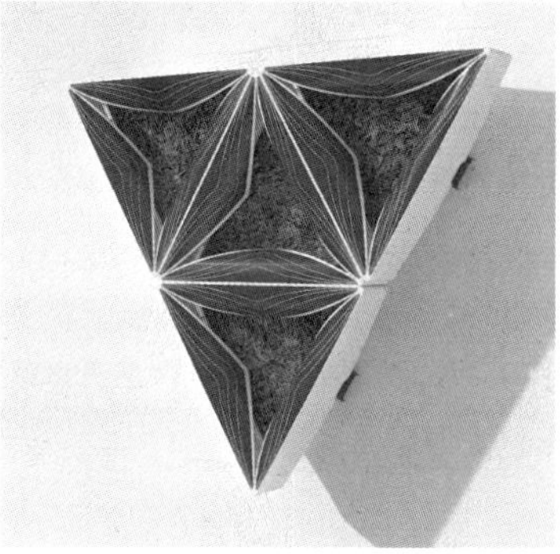

图5-76 模块组合使用效果

图5-78 产品装配完成楼体外观场景效果图

二、轨道式移动“器官”墙设计

设计：刘谋远

在城市高昂房价与人们居住需求的环境下，如何在小型空间格局下满足空间功能转换的需求以及如何通过设计让空间布局更合理、空间功能更具适应性，是该设计案例的实现方向。如何从室内空间的灵活性、改变空间格局的便捷性与资源利用的合理性这三个方面，提出有效解决空间格局变化的设计方案，以此提高住宅的空间利用率及小型空间内的居住体验。

（一）设计调研

根据小户型居住空间与居住体验之间存在的问题，从产品的角度解决住户对小户型空间规划的诉求并提升住户的居住体验。为了深入了解现今城市中住户与小户型居住空间的现状，从以下几个方面进行深入调研。

1. 用户调研

以年龄、居住环境、居住体验、现居空间格局等方面的选择性问题以及对现居空间存在不满的开放性问题，进行用户问卷调研。

通过线上问卷调查（投放环境：朋友圈、小区业主交流群、个人），得到62份样本，筛选掉填写问卷时间过短（样本可信度可能存在问题）和所填问卷内容有明显逻辑问题的样本，最终得到了29份有价值的样本信息。经过用户调研数据分析，在城市快节奏的生活环境下，不同人群对居室的需求不一，但考虑到房屋原本的结构，在短期房屋租赁产业下，租主不会为了满足不同租户的需求去花费更多成本对房屋进行改造。居住空间小、灵活度低，导致居室空间无法满足用户个人的居住构想。

2. 城市住宅空间调研

本次设计针对的是在大型城市中住户与小户型居住空间存在的问题。中国产业信息网对大型城市商品房销售面积的统计，在2016年，上海市90平方米以下的小户型住宅成交量占比为49.1%，深圳市90平方米以下的小户型住宅成交量占比为70.5%。通过线上资料分析法对现今城市住宅空间进行调研，以确定设计目标并对设计进行深入分析。

3. 家具市场调研

小户型住宅在城市商品房销量占比较大，随之而来的是如何在住房面积下降的情况下，提升空间利用率与居住体验的问题。针对小型居住空间进行设计，于是从折叠家具与全屋定制家具两种小居室空间解决方案进行分析，此次设计也希望将折叠家具这种较为优良的空间解决方案融入设计中并统一居室风格以提升人们的居住体验。

智能家具是在现有家具的基础上，融入智能科技，让人们生活更加便捷、舒适的产品。如何将智能家居产品引入住宅内让用户使用，也是此次设计涉及的方向。在用户调研中，用户对未来居住空间的愿景也涉及此点。

4. 调研总结

通过对年龄层、居住环境、居住体验等问题组成的问卷调研得知，此次设计应该满足小型居住空间人群的需要以及对居住空间有多重功能诉求人群的需要。

（1）空间灵活度低，空间规划不自由，如果有对空间格局的新想法就需要找工人重新装修，周期长、费用高。

（2）家具售后难，现有家具售后成本过高，与家具配套的产品损坏后很难购买与其匹配的配件。

（3）储存空间不足，公寓型房间面积小，利用率低，没有充足的收纳空间。

（4）电路分布不合理，插座布局的固定性导致室内电线错综复杂。

（5）舒适度问题，公寓型房间的活动空间较小，房间成为晚上睡觉的地方而失去了“家”的感觉。

（二）设计定位

根据不同的空间功能需求，通过可移动折叠家具改变空间格局。将居室内墙定义为大型产品，在满足居室的各个功能的前提下，是一个可移动式的墙体，它的移动可以改变空间格局，使空间实现重新分割。将家庭电路与家具功能集成，墙体本身具备家具收纳、床的功能，可具备家电控温、照明、空气净化等多种拓展功能，如果把居室比喻成人体，这个类墙型的家具就如同人体中的器官一样为整个居室提供服务，所以提出“器官墙”的概念。

（三）设计构想

1. 空间规划

将居室所具备的各个功能进行分区后，将产品分为不同的功能模块，如卧室模块、客厅模块、储物模块等，用户对居室有不同的需求可购置不同的功能模块并对其进行合理规划，以此来组建属于自己的家。而各个模块上部件的使用方式参照多功能折叠家具的结构，以此提高空间的利用率（图5-79）。

2. 设计风格

产品整体造型遵循简约设计风格，通过简约配色与木纹的搭配，营造舒适的住宅环境，提升居室生活的质量。采用环保材料，减少对资源的浪费以及对环境的污染（图5-80）。

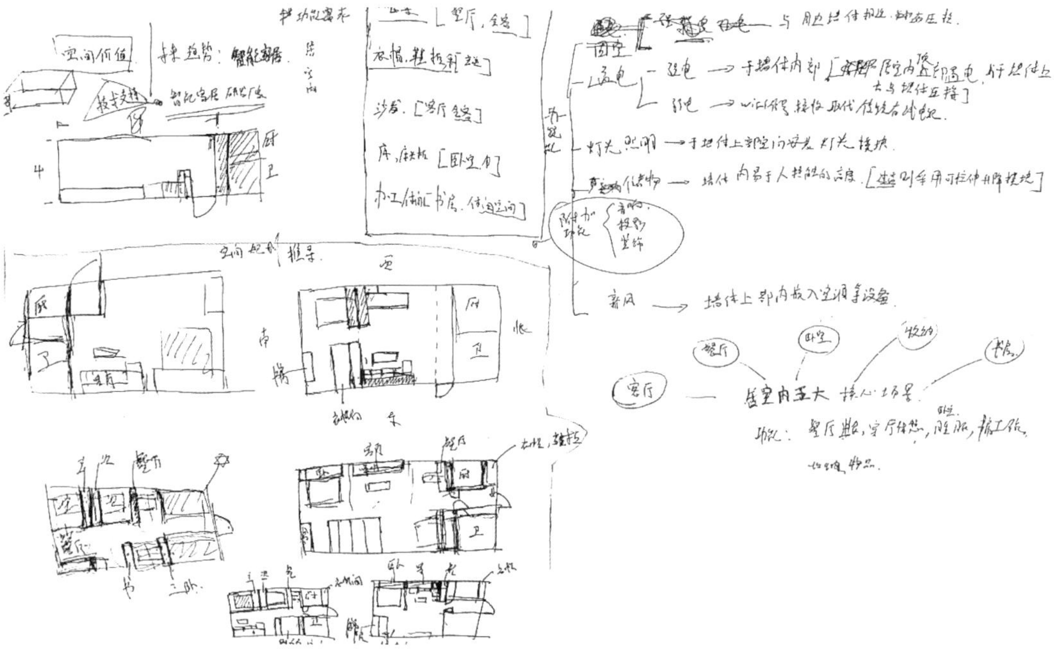

图5-79 功能需求与空间规划推导

3. 创意推敲

在住宅天花板设立限位槽，槽内通电。以折叠家具的形式将餐厅进食、客厅休闲娱乐、卧室睡眠休憩、书房工作阅读、储物收纳等功能置入不同的墙体内，在需要改变空间时通过独立的控制面板进行移动、开合等命令完成操控。顶部空间内置液压限位杆，到达设定区域后向上延伸至限位槽，达到限位效果。

通过收纳折叠家具、再移动的方式释放居室内空间，应对用户不同时间段对住宅空间不同需求，提高空间利用率（图5-81）。

图5-80 家居环境意向图

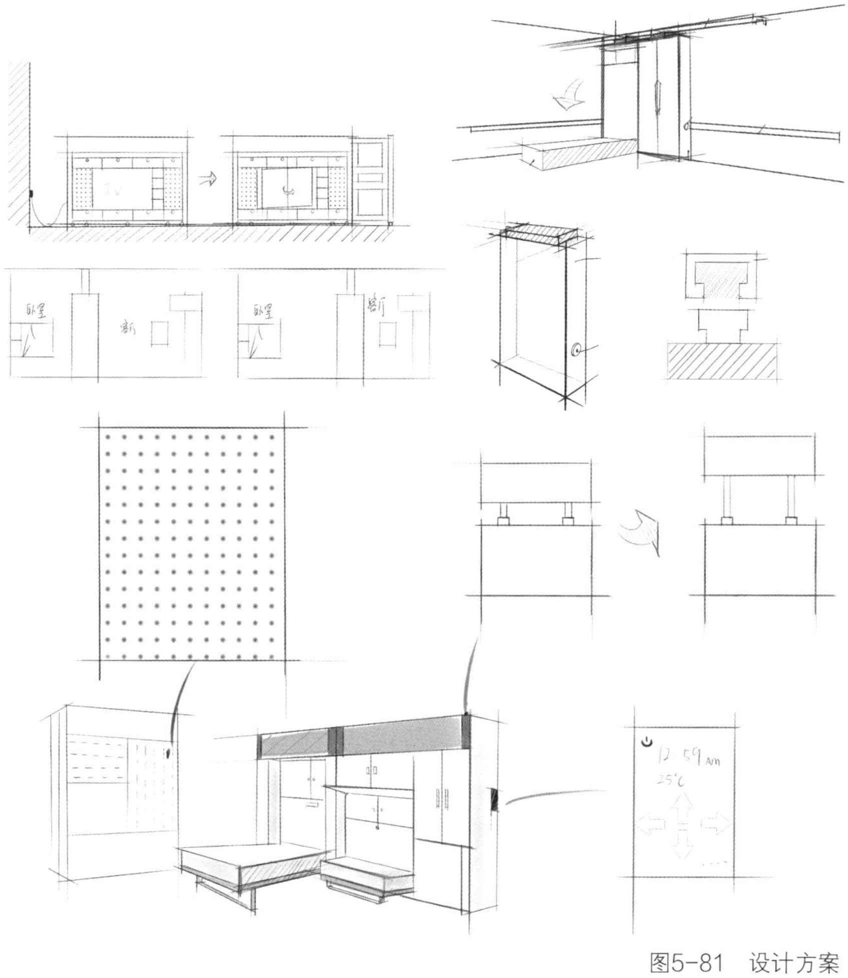

图5-81 设计方案

对比以上方案，以住宅侧面墙体解决电路与模块化组成方式，配合完整家庭功能模块与地面移动的方式相结合，确定设计方案并对其进行下一步深化与研究。

（四）设计深化

1. 移动轨道

深化各模块部件结构，设计具有家具移动轨道限位功能的导轨结构，并对其进行电路规划，优化使用方式及造型。限位导轨具备取电与电源控制的作用，加入智能模块可显示每日温度与时间，使用移动式插座可满足日常用电需求，导轨连接件的突起与导轨的滑槽插接后取电。限位导轨安装在墙体侧面预留的凹槽内，如图5-82、图5-83所示。

（1）功能分区。导轨的功能主要是控制电源与规划器官墙移动，导电部件在凹槽底部，日常操作时难以接触，保证用户使用安全。隐藏式灯带环绕导轨，可作夜间导视用，避免黑暗环境下的安全隐患。控制旋钮部分可看作空间内的智能管家，其有四个功能区，分别是断电状态、通电状态、开灯状态和灯光电路同时开启状态，电子屏幕则显示时间与室内温度（图5-84）。

（2）限位导轨壳体结构设计。确保导轨塑件的强度和刚性，避免导轨壳体的壁厚过厚，在壳体内部设置“井”字加强筋，“井”字加强筋交汇处与螺钉柱相连便于螺钉柱的定位。导轨与家庭电路相连接，在导轨内滑槽形成通路，将火地零线从预留的孔接入导轨内部的导电部件，完成对家庭电路的规划（图5-85）。

2. 墙体家具主模块设计

根据住宅空间五大核心场景划分不同功能区，器官墙功能模块以一个基础框架尺寸嫁接核心场景的功能。如在基础框架上加装了床与床头柜组件的模块即为卧室功能模块。附加客厅所需家具组件的则为客厅模块。基于现今国家规定层净高在2.8～3m，为了方便装配与安全考虑将每个基础框架设计成统一尺寸。高度为2600mm、宽度为1560mm、纵深为600mm，如图5-86所示。

（1）操作区间的分析及规划。参照人能够到的高度尺寸，将功能模块大致分为三个操作区间。

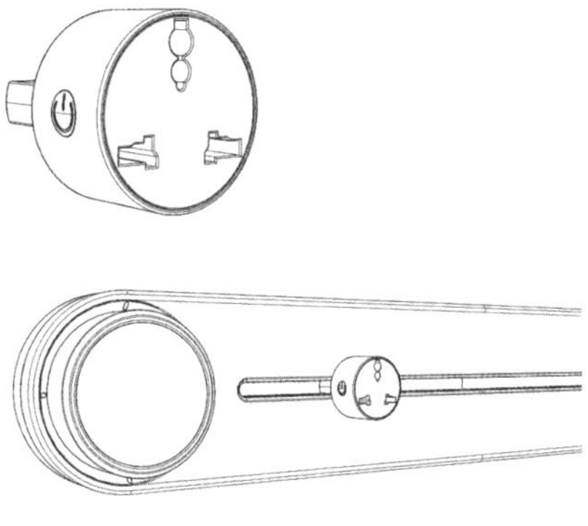

图5-82　沿导轨移动的插座

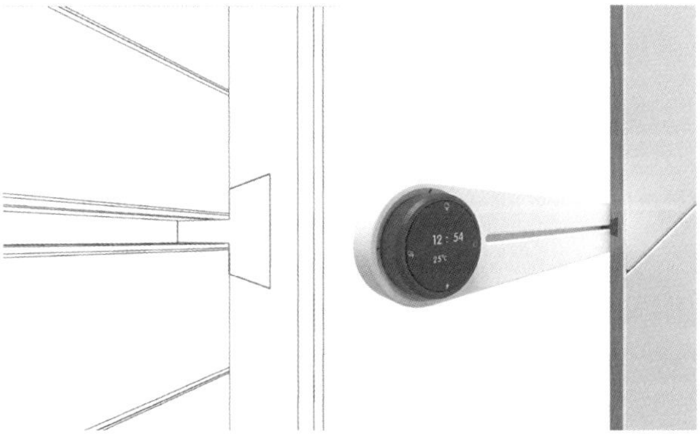

图5-83　连接件与导轨的关系

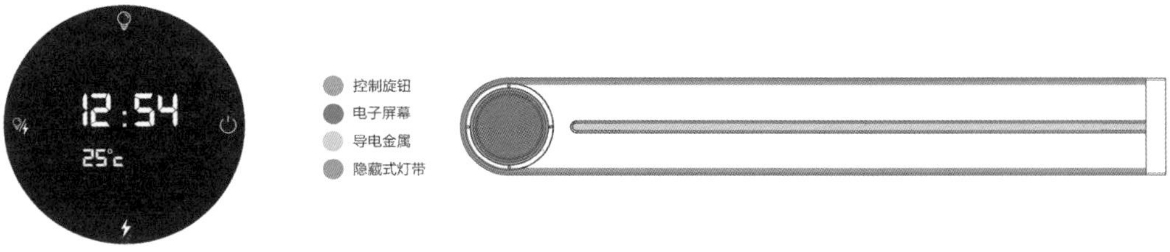

图5-84　轨道功能分区

第一区间只需要正常站立就能正常操作，用于放置高频率使用物件。第二区间位置较低，需要人前倾或下蹲操作，此区间的储物空间用于低频率使用物品或鞋子等需要符合人体前倾下蹲趋势使用的物品。第三区间位置较高，人须踮脚或者使用矮梯操作，此区间的储物空间用于放置闲置物品。分析用户对居住需求的层级，将住宅空间五大核心场景进行筛选，选择卧室、客厅与储物间三大场景所需的功能组成一个小型室内空间。此次设计中包含一个限位导轨产品与三个配件模块，三个配件模块分别是卧室模块、收纳柜模块、客厅模块。三个配件模块通过底部可锁死万向轮沿着限位导轨移动，以此方式布置室内空间格局（图5-87）。

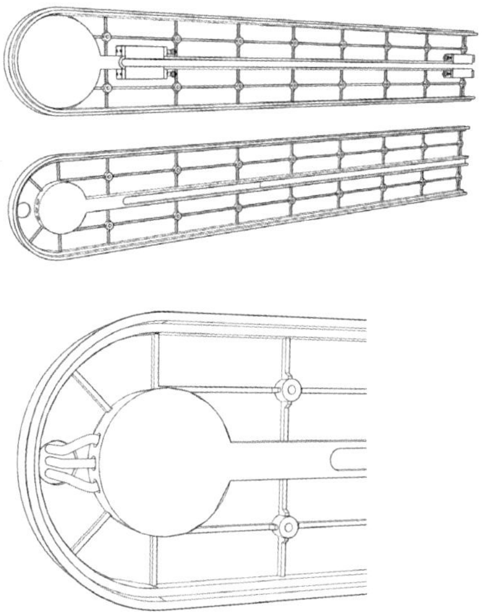

图5-85 轨道壳体结构设计

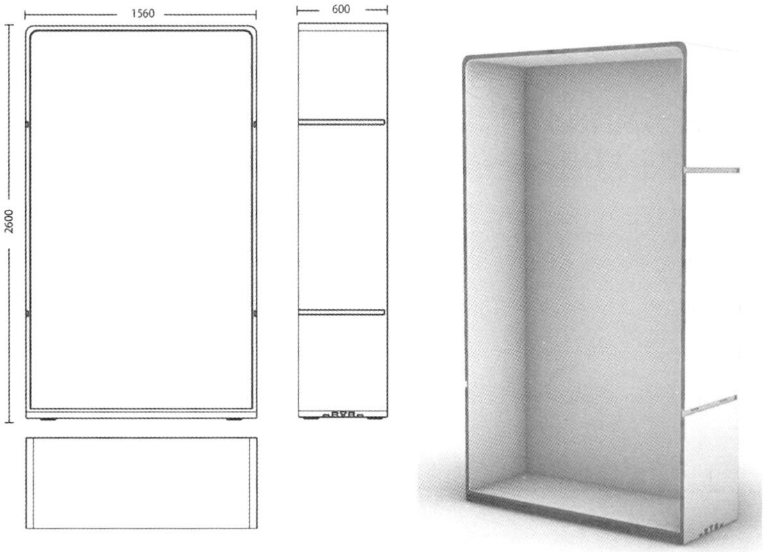

图5-86 单一墙体尺寸

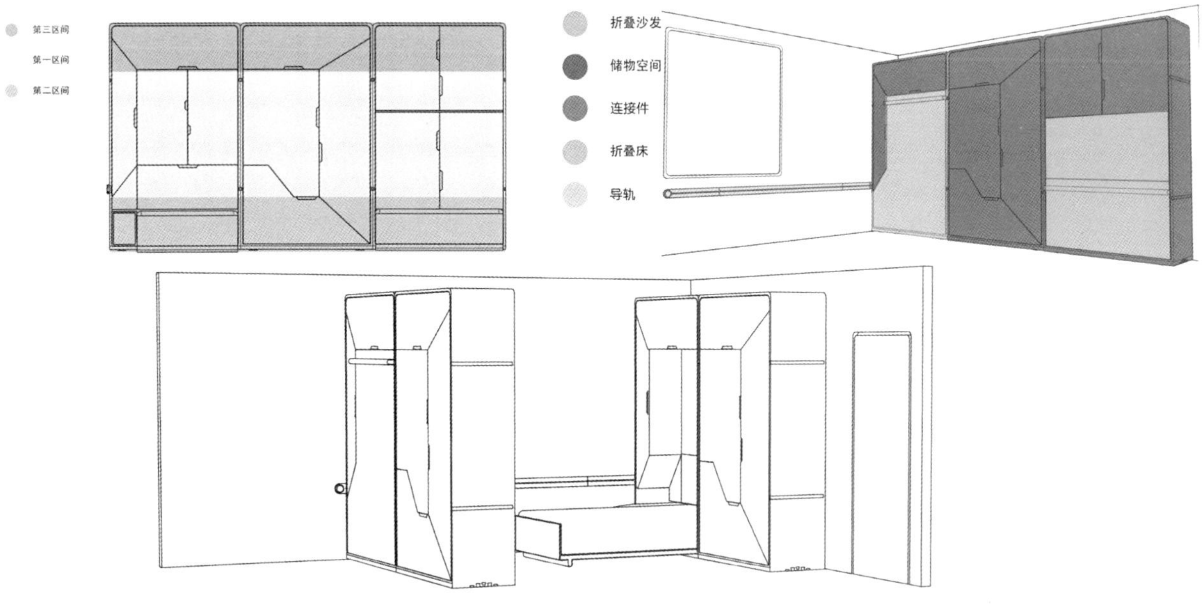

图5-87 墙体功能区间

（2）优化模块连接结构。每个模块两侧有四个限位槽，单个模块独立放置时插入单面燕尾连接件，这种连接方能保持模块侧面的平整度并使居室空间更加整体。需要多个模块相互连接时，则在两个模块下半部的限位槽插入双面燕尾连接件即可完成两个模块之间的固定与电源的连通（图5-88）。

功能模块需要接通电源时，取出置放在底部的导电连接件插入侧面限位槽内即可。每个模块下半部的限位槽留有导电部件，完成模块之间的电路串联。每个独立模块含有十个连接件以应对用户对器官组合方式的不同需求，暂时不需使用的可收纳在柜体模块底部的收纳槽内（图5-89）。

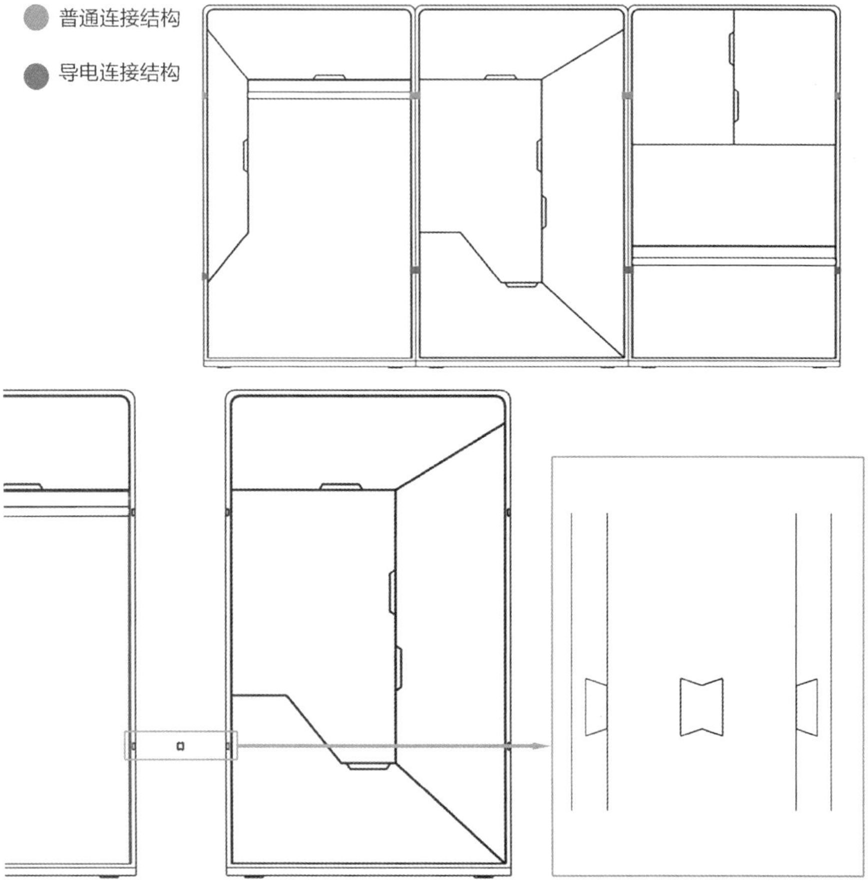

图5-88　墙体连接设计

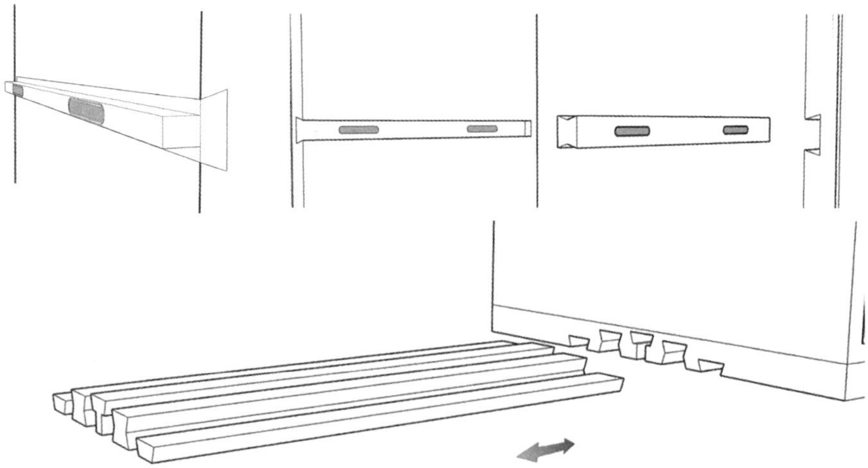

图5-89　结构设计

3. 产品CMF分析

家，本是一个充满温馨与洗刷疲惫的地方，由于定位人群是居住在大中型城市中小型空间的人群，所以整体配色风格选择现代简约风格，以简约的配色与木纹的搭配，营造舒适的住宅环境。

（1）限位导轨。为增强产品的亲和度，在接触材质上选择亲肤磨砂材质，旋钮部分采用硬度40～79度硅胶材料；因导轨壳体与连接件内有导电部件所以采用具有良好的绝缘性、耐热的酚醛塑料（俗称电木），导轨内滑槽部分是与器官墙连接的部件，需承受器官墙较大的作用力，但电木材质较脆，所以在此部分选择强度较高的铝制型材；导电部件采用导电性能较好的金属铜；电子显示屏采用使用特性与环保特性较好的有源矩阵液晶显示器。

（2）旋钮。在壳体为大面积白色光滑塑料的基础上，旋钮部分色彩选择偏灰的潘通412C色（图5-90）。柜门的凹槽与连接件的颜色运用同色进行标识，保证室内空间的色彩统一。

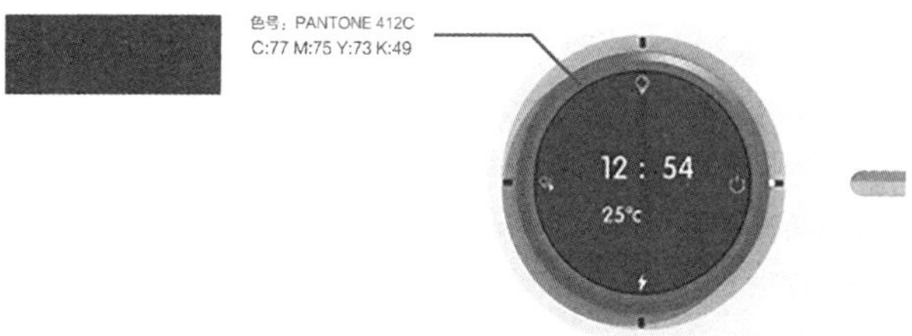

图5-90　界面效果

（3）墙体。器官墙功能模块选择白色，在柜门的开启凹槽与连接件运用小面积灰色标识，分开不同功能区的同时达到统一的视觉效果，加以质地细腻、色泽柔和的木纹边框点缀。采用较简洁的设计语言，配色自然舒适，以提高居室生活品质。器官墙模块白色主体与限位轨道的白色壳体互相呼应，连接件、柜门的标示与旋钮的色彩采用相同的灰色，使整套产品在室内形成一个完整和谐的整体。提高用户后期布置家具的容差率（图5-91～图5-93）。

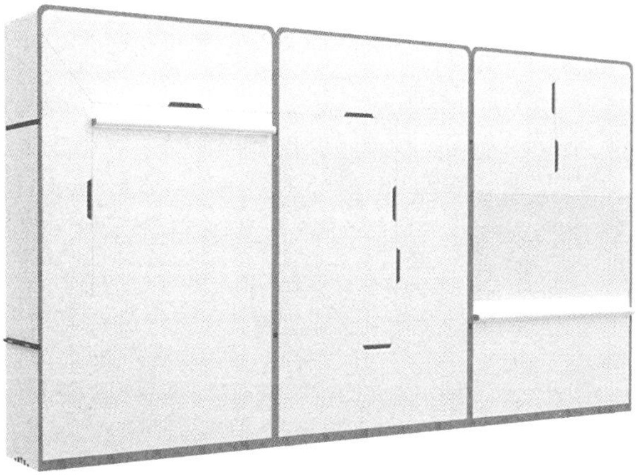

图5-91　墙体收纳效果

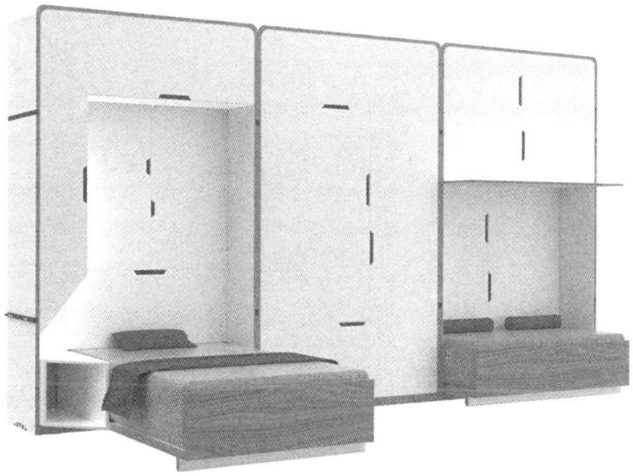

图5-92　墙体设计效果

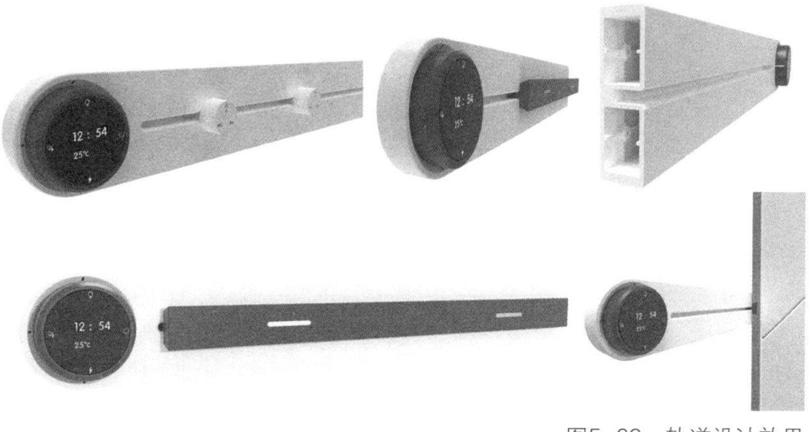

图5-93　轨道设计效果

（五）“器官墙”模块设计展示

如图5-94、图5-95所示为“器官墙”的模块设计展示情况。

（a）会客空间

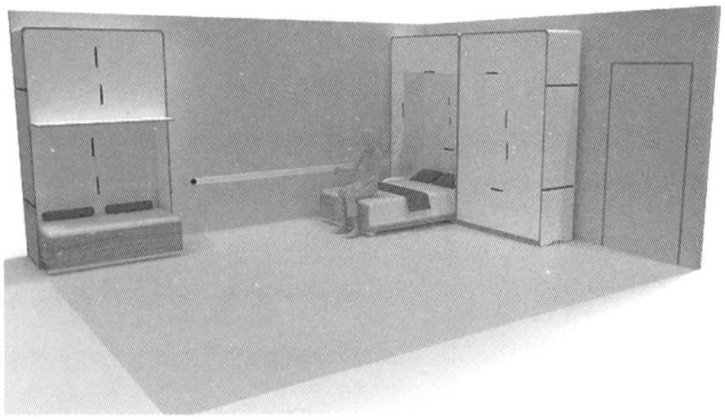

（b）私人空间

（c）移动“器官墙”形成开放与私密空间

（d）移动“器官墙”形成两个独立空间

图5-94 不同空间使用效果

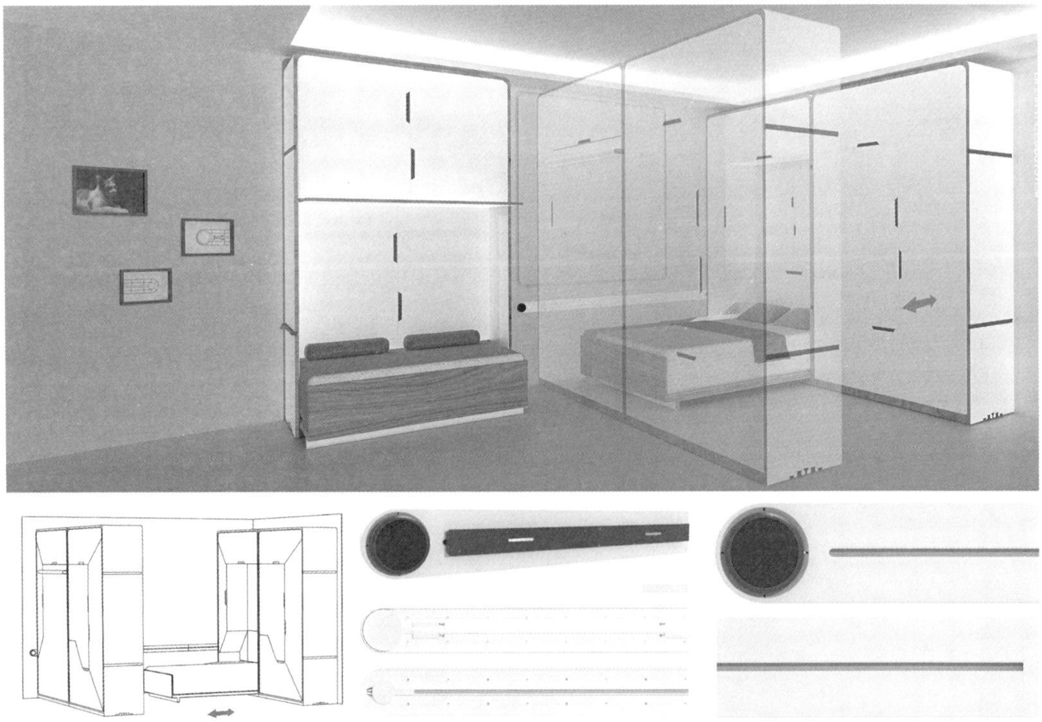

图5-95 产品效果

第四节　基于品牌形象的系统设计案例

一、激光电视系统设计

设计：林宇峰、张修迪、刘明良、蔡洁玉等

为初创品牌设计打造首代激光电视产品。作为市场同类视听品类的高端产品代表，如何打造符合其市场定位的高认知度品牌以及高辨识度产品，重点在于产品的设计定位、策略以及高水准的系统设计工作。

（一）调研分析

激光电视是通过激光投影机和特殊的金属幕布实现功能的。因为幕布材质比较特殊，能够反射除了激光投影机以外的光源，所以在亮度较高的环境下也能展现很好的画面效果，而不受外界光线影响。

1．人群定位分析

收集和分析对“激光电视”感兴趣的用户的基本信息以及他们对产品外观设计的偏好，建立目标人群模型（图5-96）。通过调研发现，大部分用户选择在品牌直营店和网上购买，在挑选激光电视质量的同时注重外观设计的用户占60%左右；一部分用户更倾向于家居感和现代感强的设计风格，偏爱几何形体的家居产品；在材料与色彩方面，更多人选择磨砂质感和黑白灰色调。

2．使用环境定位分析

在家居环境中，产品处于辅助色调的地位，具有点缀整个家居环境的作用，产品的配色不仅要融入整个大的家居环境中，还要作为家居环境中一个精致的点，来衬托整个居住环境的品质，所以产品的配色不宜太过明艳，主色调应为大面积黑白灰，以其他少量颜色为辅助色（图5-97）。

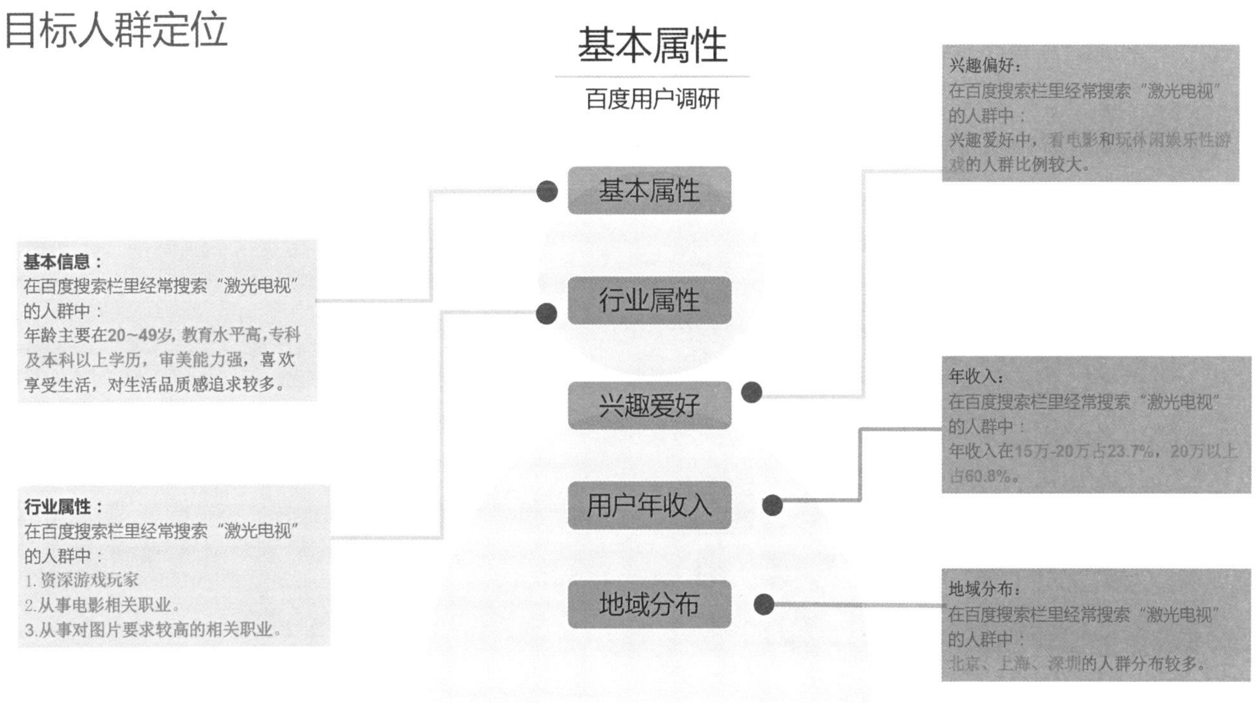

图5-96　目标人群模型

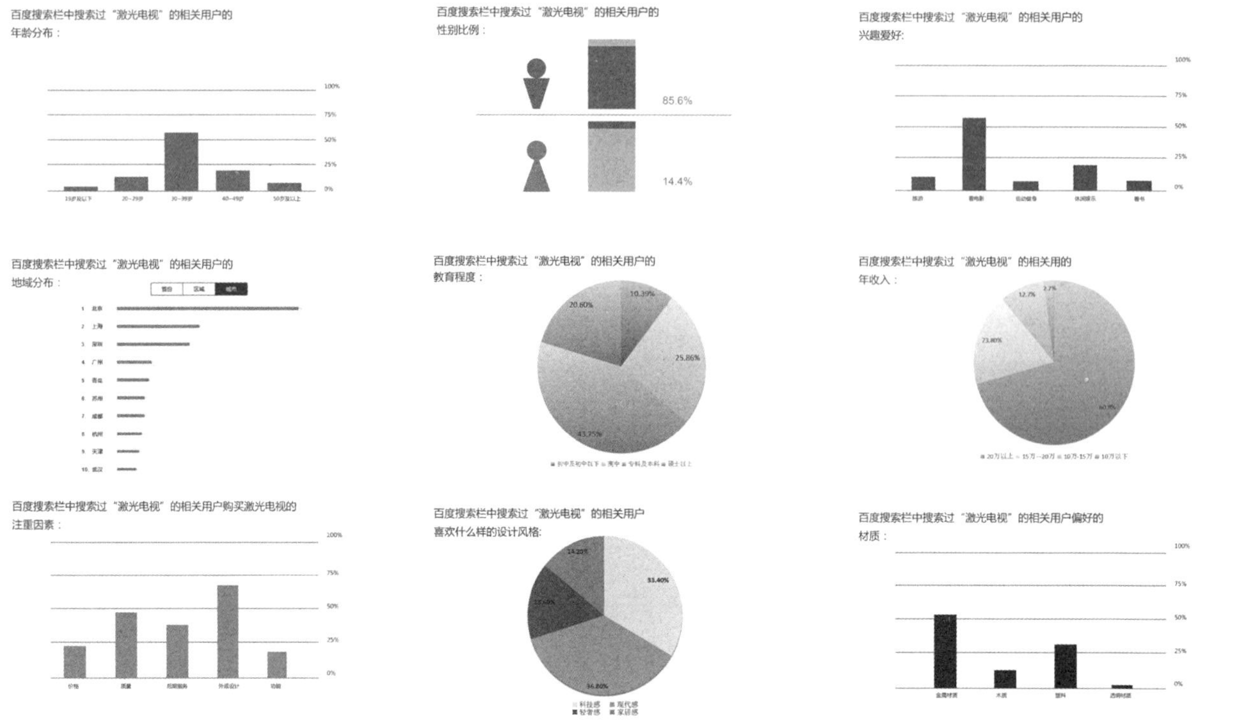

图5-97 产品调研分析

另外，产品造型是整个居住环境装修造型的连贯线，它起到连接的作用，产品造型应该简洁自然，不宜太过复杂，否则会影响各种家居环境中物品层次感的连接，产品的造型语义应表现出功能化、自然化、人性化、艺术化。综合调研分析产品使用空间尺寸，设计的激光电视盒的尺寸范围应是长45～49.5cm，宽≤40cm，高10～12.5cm（图5-98）。

图5-98 家居环境调研

3. 高档产品调研分析

激光电视由于受到技术、成本等多方面影响，售价远高于传统电视。同时，作为新技术产品，消费者并没有充分价值认知。因此，需要运用产品设计手段塑造激光电视高档产品的面貌与定位。通过针对高档视听类产品色彩、造型、材质以及工艺四个方面综合调研分析，确定产品的设计风格（图5-99～图5-103）。

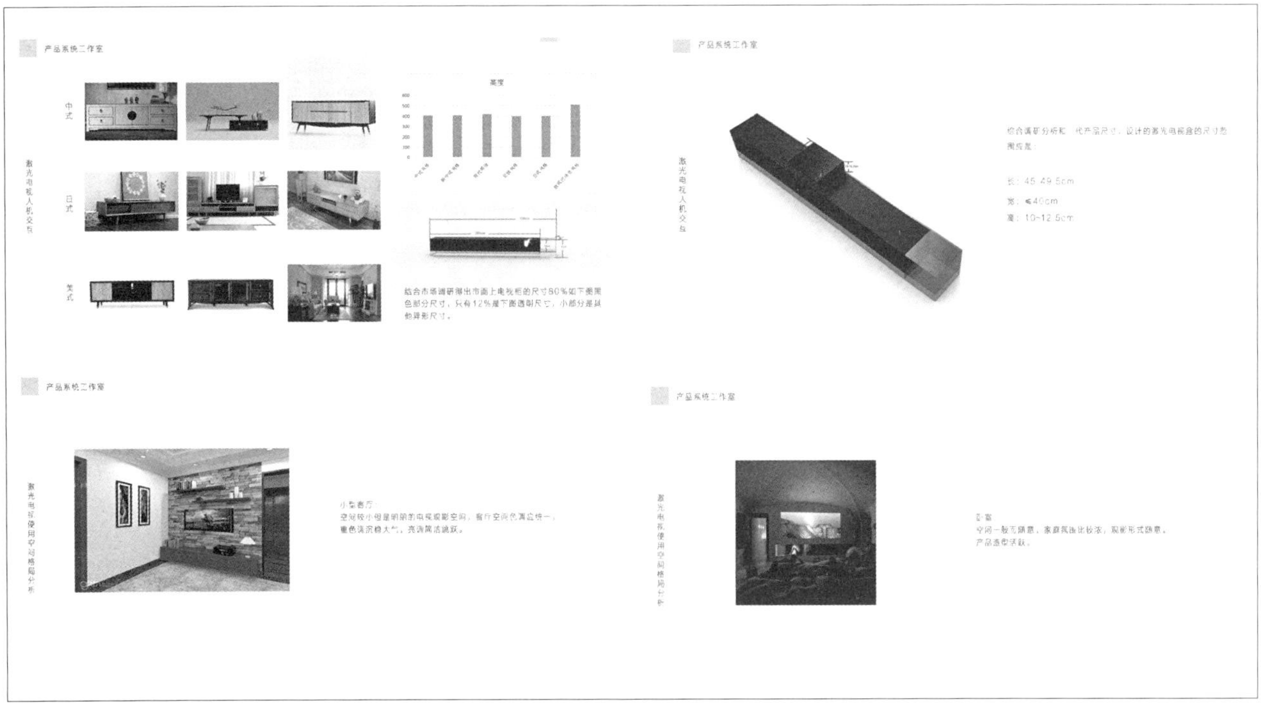

图5-99　产品使用环境尺度

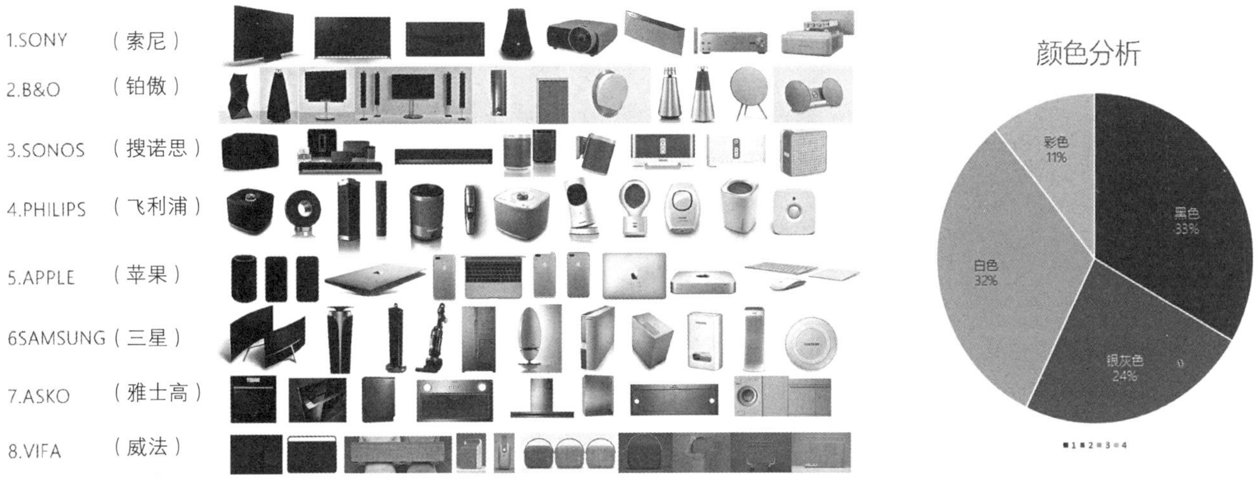

图5-100　颜色分析

4. 竞品分析

激光电视与激光投影仪或电视不一样，对市场上竞品激光电视的营销模式、销售价格、机体外壳材质、色彩等方面，进行全面整理分析。

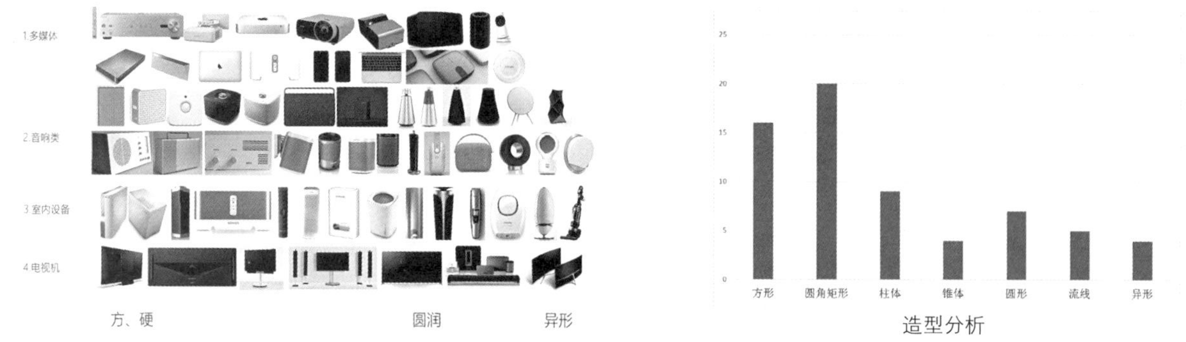

图5-101 造型分析

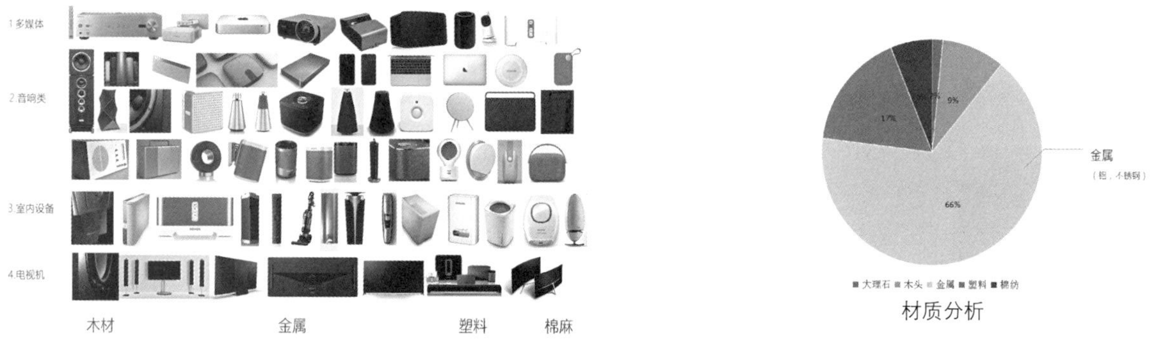

图5-102 材质分析

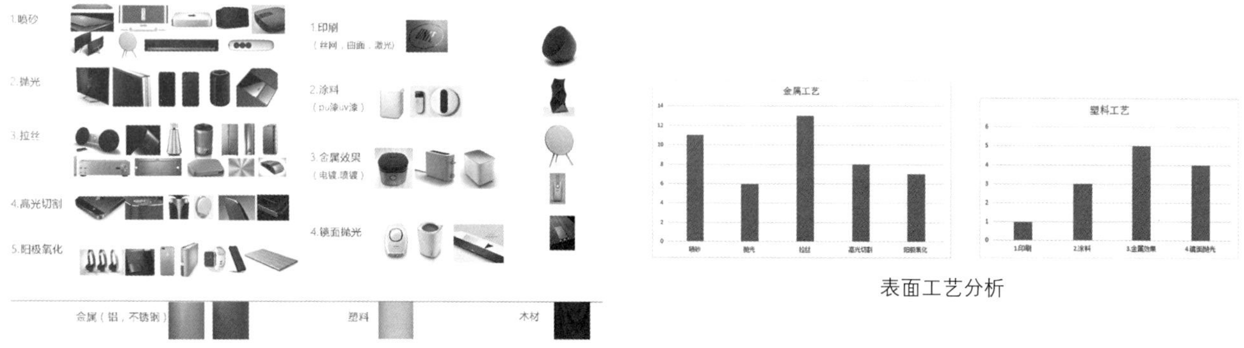

图5-103 工艺分析

（二）设计定位

激光电视造型设计应富有内涵和美感。造型不仅要表现出科技感，更要突显品质和品位。产品体积视觉效果达到小、巧、精、雅，实现独特、科技、健康、家庭、品质、品位的产品定位。机体色彩应该是高贵、现代以及有格调的，色相可丰富但明度不宜过高。材质上，机身材料可选用特殊材料，表现出科技、质感和高贵。功能上，除了保证画面高分辨率之外，音色应达到上佳，可增加些小功能，如散热快、方便移动、自动调节适应亮度等产品的增值功能。

（三）设计构思

根据前期调研分析成果以及设计定位目标，设计多款系列产品提案（图5-104、图5-105）。

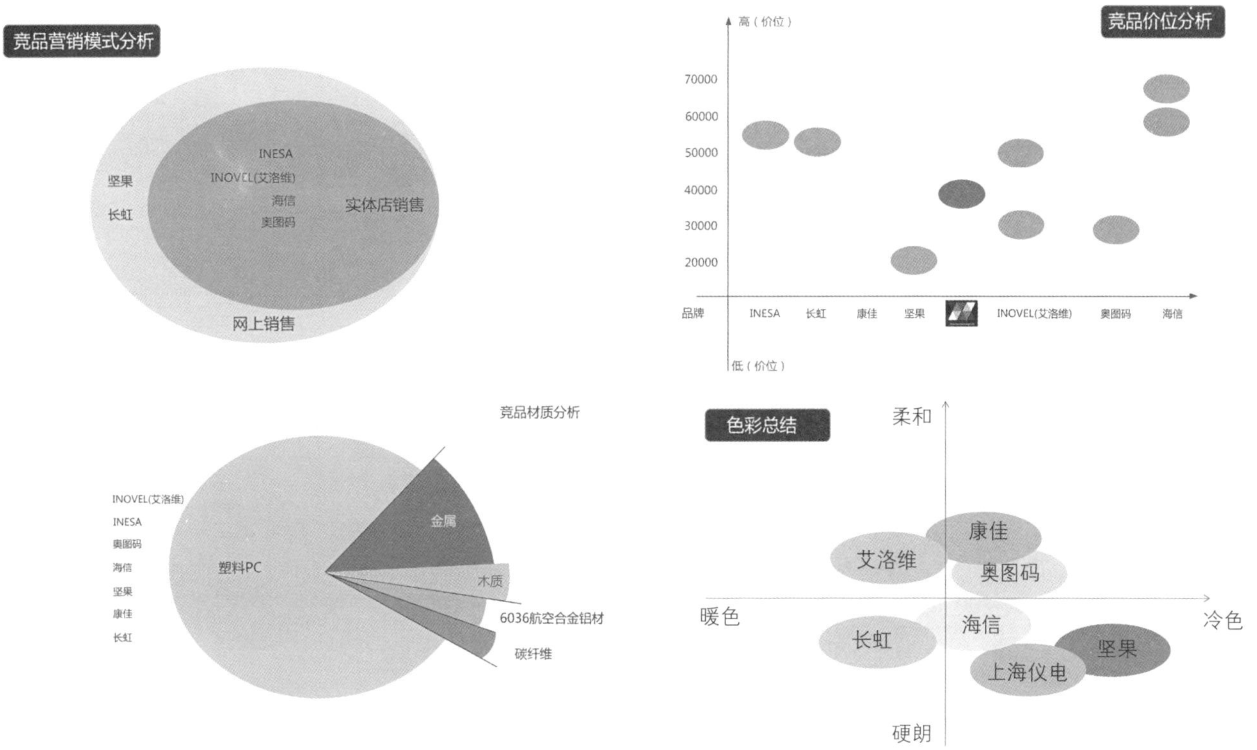

图5-104 竞品分析

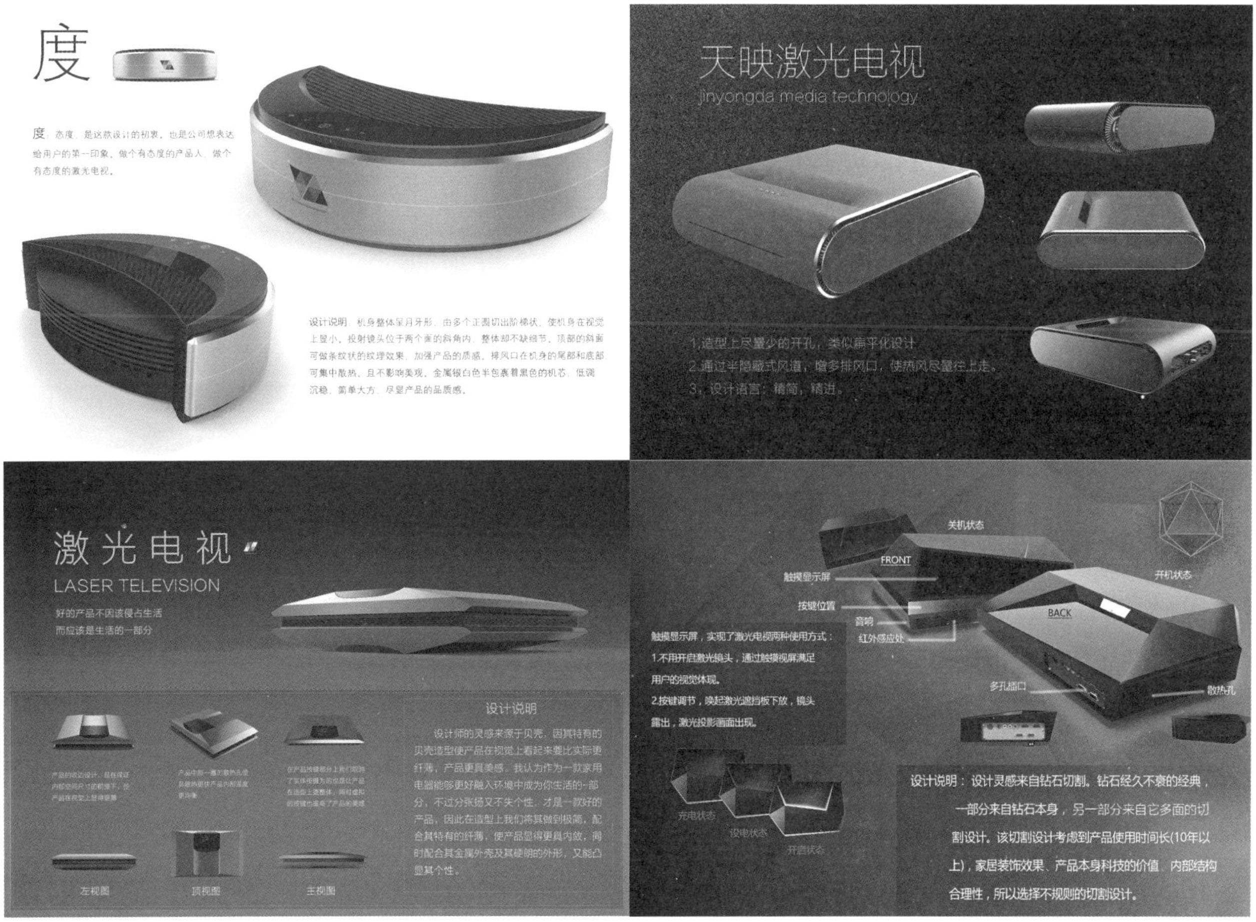

图5-105 设计提案

（四）设计深化

经过设计沟通评价，筛选5款设计提案，进行整体造型、结构设计、硬件尺寸、功能配合等多方面设计深化调整（图5-106）。

（五）设计定案及展示

基于激光电视产品市场定位、造型与功能配合完整及成熟度等各方面考量评价，最终确定两款设计进行样机打样加工，如图5-107、图5-109所示。

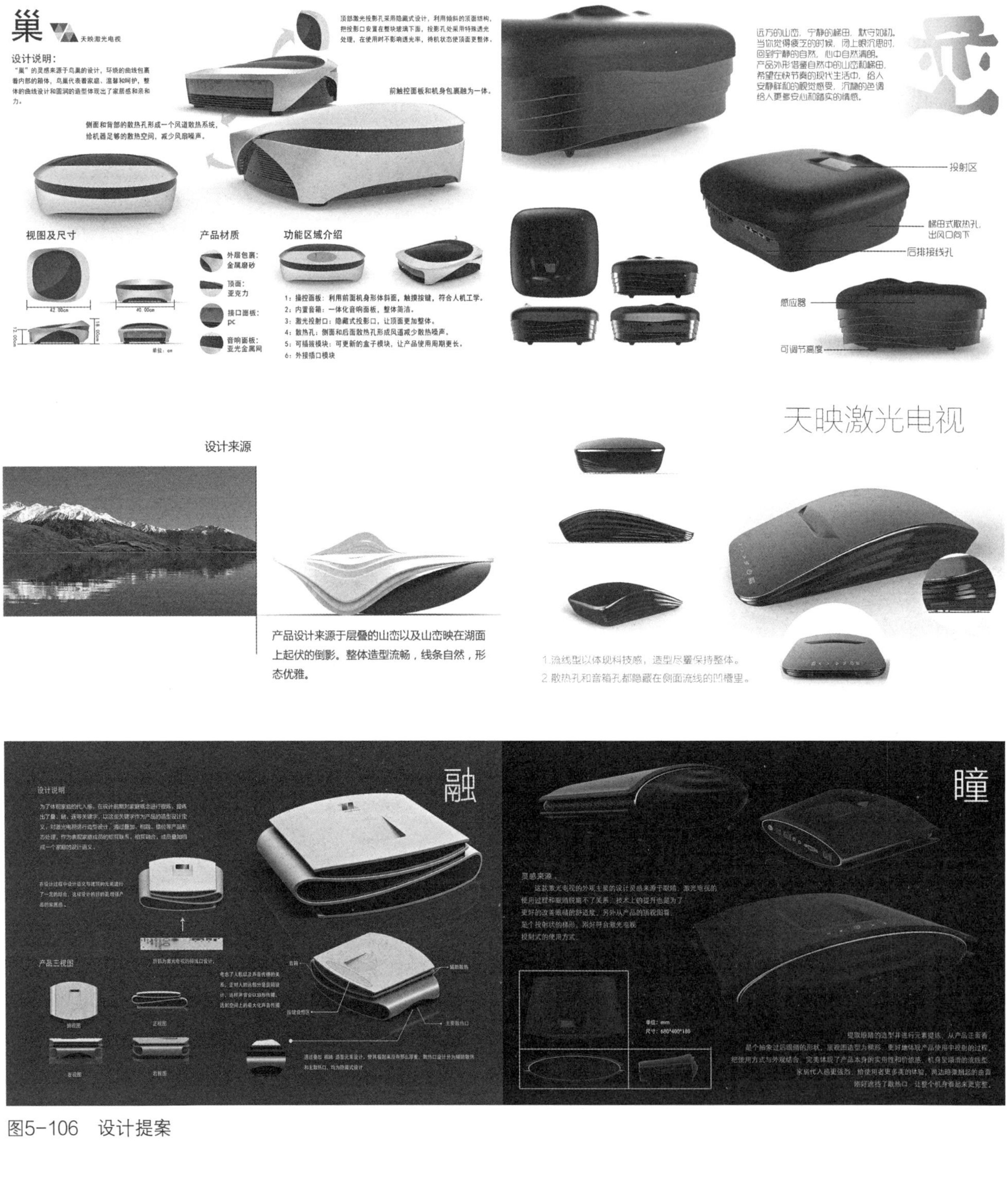

图5-106　设计提案

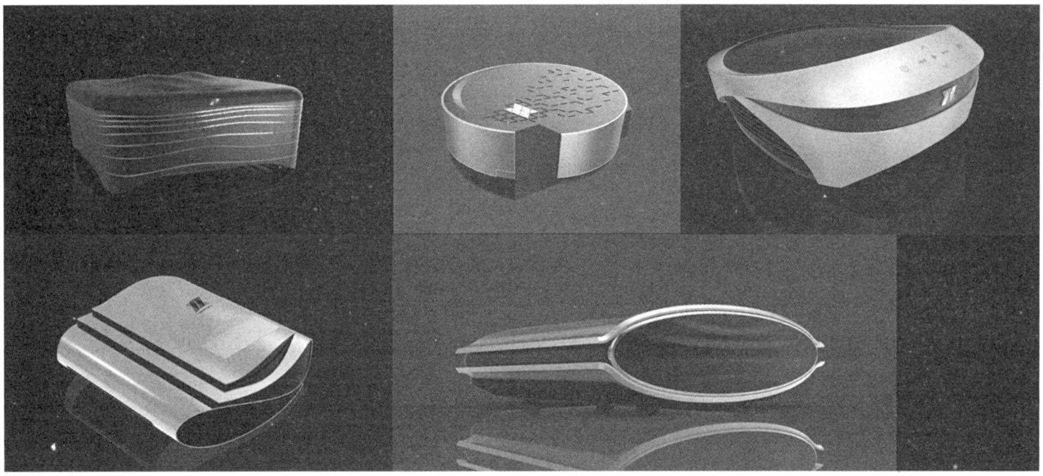

图5-107 设计深化方案

图5-108 “璇”设计效果

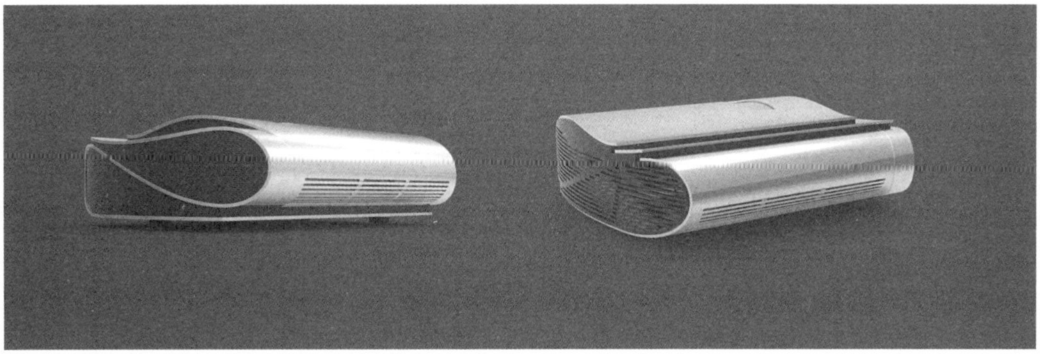

图5-109 “叠”设计效果

二、虚拟现实眼镜系统设计

设计：徐志刚

这是一款针对消费者开发的超轻薄VR眼镜搭配穿戴式主机。分体式VR套装，能有效把眼镜端做到极致轻薄，重量小于150g，减轻头部和面部负担；VR主机部分采用挂脖式穿戴设计，将重量均匀分布于脖颈两侧，长时间佩戴也不会有不适感（图5-110）。

（一）设计定位及构思

市面上的VR头显较为厚重，从用户佩戴体验来看，长期佩戴令人感觉不适。VR主机开口处为可调节设计，调节幅度为左右15度，可以覆盖所有使用人群。贴合皮肤采用环保TPU材质，表面直接素材成型，触感柔软对皮肤无刺激（图5-111）。VR眼镜端采用焦距可调节设计，近视用户无需佩戴眼镜即可使用。为了解决VR主机的散热问题，颈戴采用主动散热风扇结合液冷散热铜管，即使性能全开，也能将温度和噪声控制在合理范围内。

（二）设计深化

搭载高通XR1-VR专用处理器，10nm工艺，针对VR游戏和影音专门做了算法优化，功耗和性能上取得了很好的平衡。定制屏幕组件和光学模组，超短焦专利技术，体积更小，厚度更薄（图5-112、图5-113）。

（三）CMF工艺及制作加工

VR眼镜CMF工艺试制确定过程。产品表面工艺效果比较，如图5-114、图5-115所示，分别为喷涂、蓝色阳极氧化以及红色阳极氧化三个不同效果。不同部件加工工艺及模具加工，如图5-116～图5-117所示。

图5-110　VR眼镜系列设计

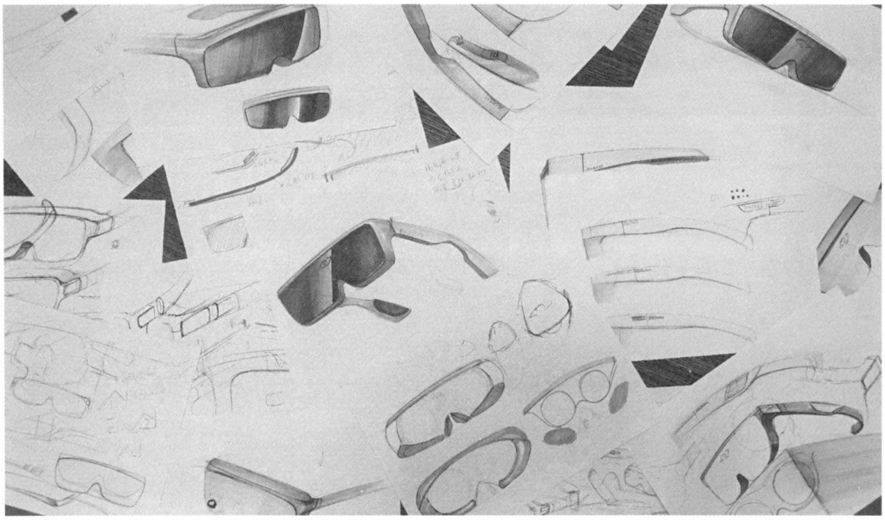

图5-111　设计手绘草图

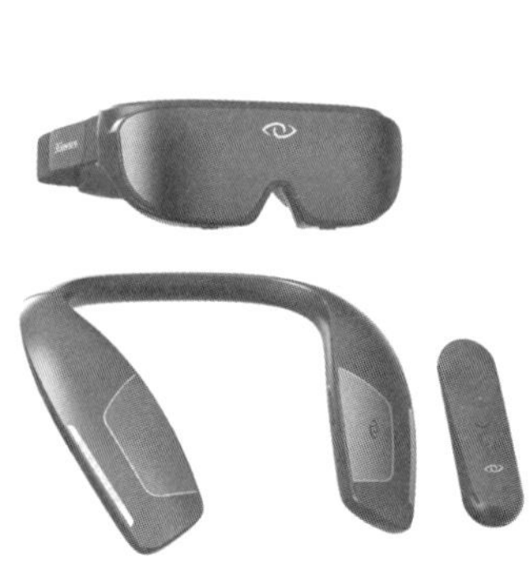

图5-112　设计效果图

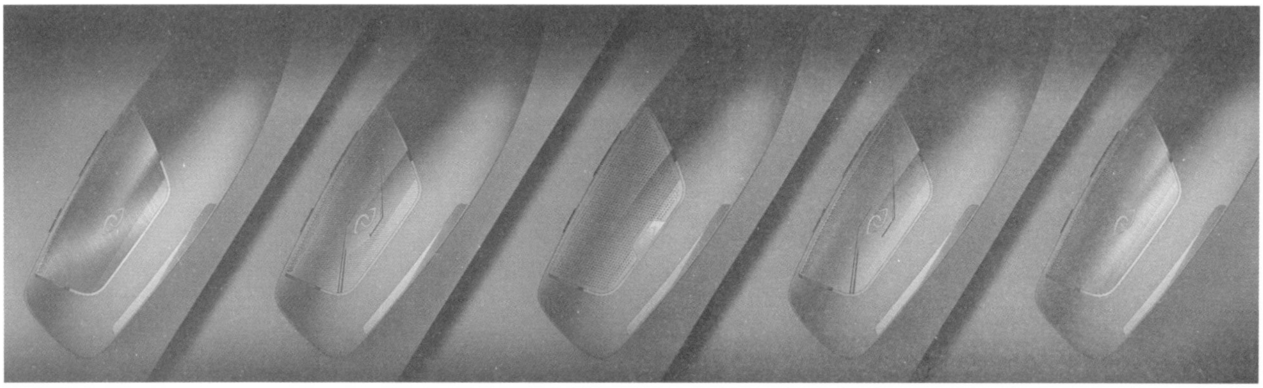

图5-113 产品细节设计深化

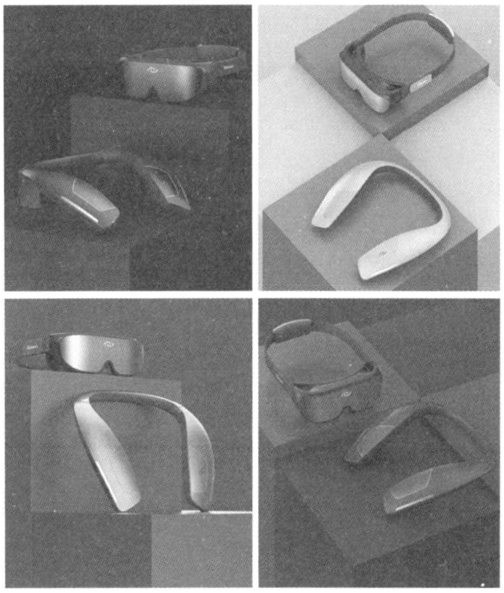

图5-114 色彩配色设计方案

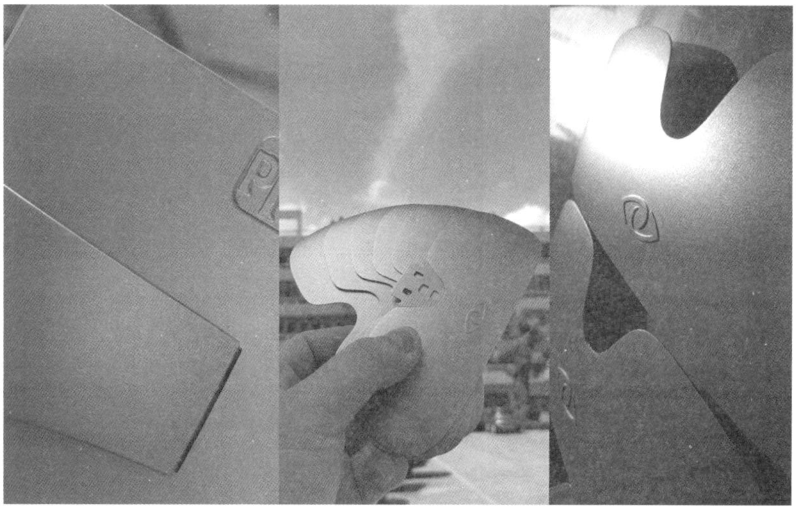

图5-115 喷涂及阳极氧化工艺效果

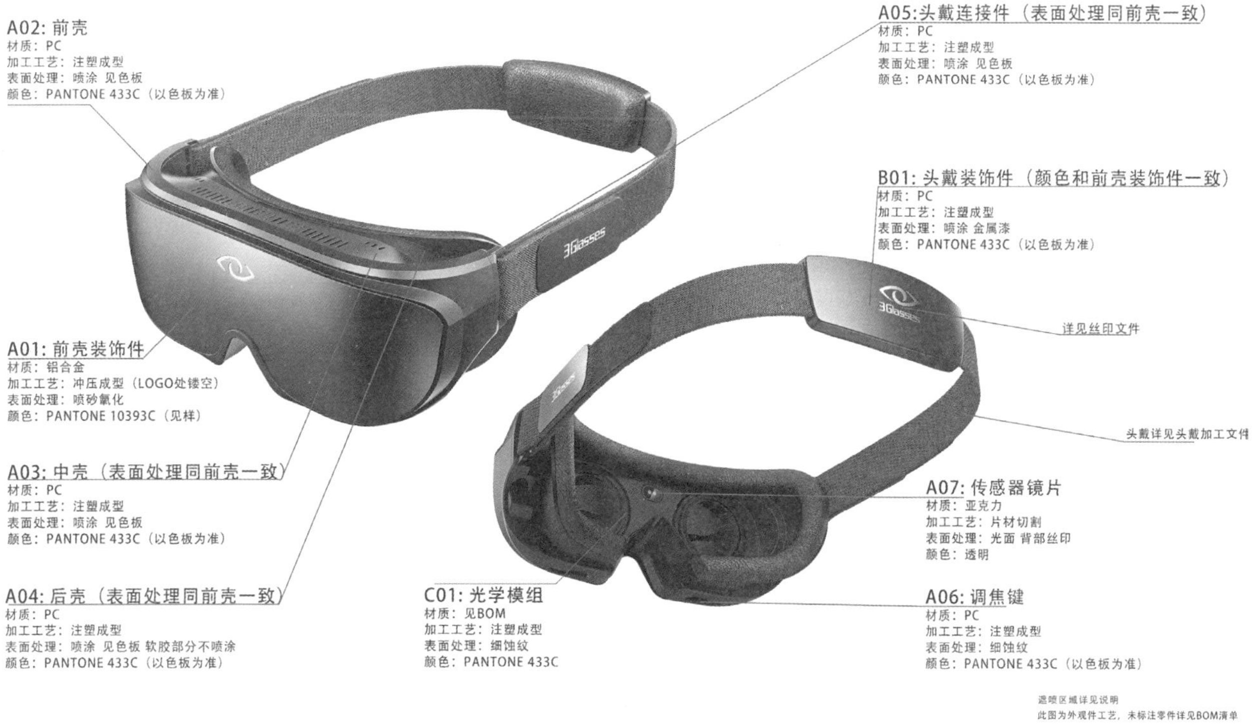

图5-116 眼镜工艺解析设计图

图5-117 加工模具

（四）设计定案

经过设计定位及构思、产品细节设计深化、色彩配色设计及产品CMF工艺试制等复杂而有序的过程，最终确定产品造型、结构、配色、生产等完整定案，随后进行样机试制、产品检测及测试（图5-118、图5-119）。

（五）设计展示

根据目标用户、产品功能及使用场景等定位，进行产品商业摄影工作。产品摄影是企业与消费者之间沟通信息的重要载体，也是产品宣传的重要方式，进而提高扩大社会影响力，如图5-120所示。为了更准确地体现产品的创意故事，形式要为内容服务，形象、色彩、模特、空间的组合结果是一张张照片，这一张张真实的有内容的照片感染着消费者。

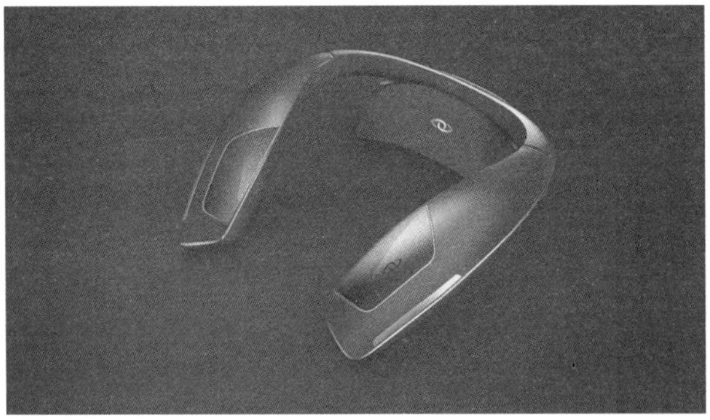

图5-118 设计定案效果图

图5-119 设计定案组合效果图

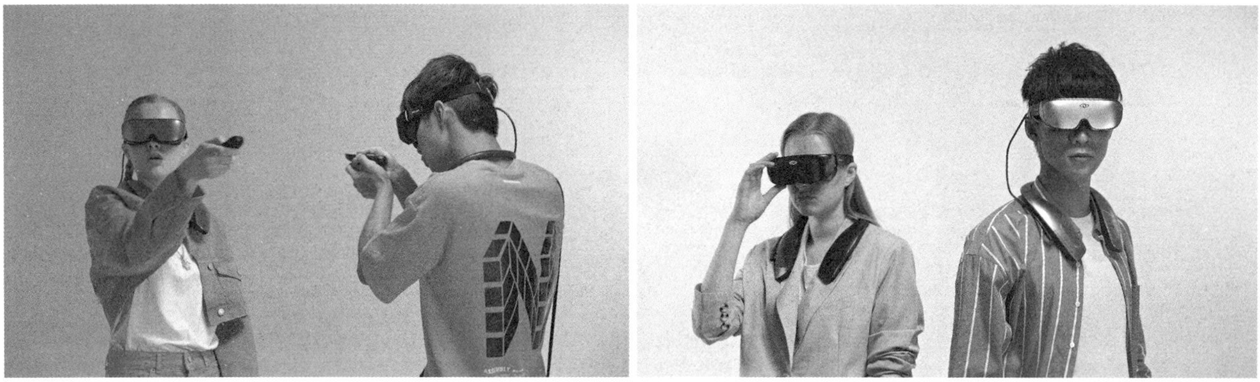

图5-120 产品使用场景

本章内容小结

本章针对产品系统设计中产品平台化、产品系列化、产品模块化以及品牌形象塑造四个方面内容，运用8个完整设计案例，帮助同学们学习掌握产品系统设计在具体设计过程以及不同设计环节的具体表现。

思考题

1. “儿童智能音箱设计”是否属于产品构成类型中的系列化设计？系列化产品在产品开发过程中和产品使用过程中的优点及缺点有哪些呢？

2. 为什么“建筑‘类皮肤’模块系统设计”采用模块化产品构成类型？有什么优点？

3. “轨道式移动器官墙”是基于年轻租房一族的需求，通过设计给予空间更改的可能性，让具有创造力、追求高品质生活的群体能够按照自己的需求、意愿来改变房屋的空间布局。从系统论的角度出发，设计师在设计过程中是如何考虑人的因素的？注意，人在产品系统中不是孤立存在的，不能脱离其他因素谈人因，可回顾第二章“产品系统体系的构成”中的内容。

4. 以“激光电视品牌产品系统设计”为例，在系统设计工作前期进行了哪些调研工作？这些调研准备工作为后期设计工作提供了哪些帮助以及起到什么作用？为什么？

参考文献

[1] 丁玉兰. 人机工程学 [M]. 北京：北京理工大学出版社，2017.

[2] 耿秀丽. 产品服务系统设计理论与方法 [M]. 北京：科学出版社，2019.

[3] 李奋强. 产品系统设计 [M]. 北京：中国水利水电出版社，2013.

[4] 李亦文，黄明富，刘锐. CMF设计教程 [M]. 北京：化学工业出版社，2019.

[5] 罗仕鉴，李文杰. 产品族设计DNA [M]. 北京：中国建筑工业出版社，2016.

[6] 计静，郑祎峰. 产品系统设计 [M]. 合肥：合肥工业大学出版社，2009.

[7] 卡尔 ·T. 乌利齐，史蒂文 ·D. 埃平格. 产品设计与开发 [M]. 杨青，杨娜，等译. 北京：机械工业出版社，2018.

[8] 凯文 ·N. 奥托，克里斯汀 · L. 伍德. 产品设计 [M]. 齐春萍，宫晓东，张帆，等译. 北京：电子工业出版社，2005.

[9] 缪元吉，张子然，张一. 产品结构设计：解构活动型产品 [M]. 北京：中国轻工业出版社，2017.

[10] 吴琼. 产品系统设计 [M]. 北京：化学工业出版社. 2019.

[11] 吴翔. 产品系统设计：产品设计（2）[M]. 北京：中国轻工业出版社，2000.

[12] 许继峰，张寒凝，崔天剑. 产品设计程序与方法 [M]. 南京：东南大学出版社，2013.

[13] 杨向东. 产品系统设计 [M]. 北京：高等教育出版社，2008.

[14] 张同. 产品系统设计 [M]. 上海：上海人民美术出版社，2004.